Anke Meyer-Grashorn

Spinnen ist Pflicht

Querdenken und Neues schaffen

Weitere Informationen über den Verlag und sein Programm unter:
www.allitera.de

Bibliografische Information der Deutschen Nationalbibliothek
Die Deutsche Nationalbibliothek verzeichnet diese Publikation in der Deutschen Nationalbib-
liografie; detaillierte bibliografische Daten sind im Internet über
http://dnb.d-nb.de abrufbar.

Juni 2009
Allitera Verlag
Ein Verlag der Buch&media GmbH, München
© 2009 Buch&media GmbH, München
Umschlaggestaltung: Kay Fretwurst, Freienbrink
Herstellung: Books on Demand GmbH, Norderstedt
Printed in Germany · ISBN 978-3-86906-049-1

Inhalt

Der Faktor Zeit

Techniken und Werkzeuge

Schnelle Alltagshilfen für Spinner

So machen Sie Ihr Umfeld spinntauglich

Mut und eine gesunde Einstellung zu Fehlern

Ihr Spinn-Programm für den nächsten Monat

Anhang

Herr Reisböck kommt auf Touren

Es war Urlaubszeit, Familie Reisböck hatte gerade Nachwuchs bekommen und stand vor dem Problem, dass vier Personen, Babyausstattung, Kinderwagen und Gepäck nicht in die BMW Limousine passten, die in ihrer Garage stand. Ein Kombi wäre die Lösung gewesen, doch damals, im Jahr 1985, hatte BMW noch keine Kombis im Programm. Dann baue ich mir meinen Kombi selbst, entschied Max Reisböck. Er erwarb einen BMW 323i mit Heckschaden, setzte seine Flex in Gang, versetzte den hinteren Holm und ergänzte die fehlende Dachpartie. Familie Reisböcks Urlaub stand somit nichts mehr im Weg. Fast nichts.

Max Reisböck arbeitete damals als Meister bei BMW und war mit dem Bau von Prototypen beschäftigt. Der Spezialist für Karosserien flexte und schweißte 500 Arbeitsstunden in seiner Garage und baute so aus einer Limousine den ersten BMW Touring. Bevor er sich damit in den geplanten Urlaub verabschiedete, zeigte er das neue Fahrzeug noch seinem Chef und der wiederum dem damaligen Vorstandsvorsitzenden Eberhard von Kuenheim. Dieser entschied, dass das Reisböcksche Fahrzeug das BMW-Gelände nicht mehr verlassen, sondern auf Machbarkeit und Kosten geprüft werden sollte. Der Touring, der kurz darauf in Serie ging, wies zu seiner handgefertigten Vorlage nur geringfügige Abweichungen bei der Hecklappe und den Leuchten auf und wurde von der Fachpresse hoch gelobt. Zudem wurde Max Reisböck mit seiner Idee unerwartet zum Trendsetter, denn Kombis avancierten in den darauf folgenden Jahren von gewerblich genutzten Fahrzeugen zu Autos, die durch ihren sportlichen Komfort einem neuen modernen Lebensgefühl entsprachen. Max Reisböck ist immer noch bei BMW und baut -mittlerweile als Abteilungsleiter - weiterhin Prototypen. In den Urlaub fuhr Familie Reisböck damals dann trotzdem noch. Nach Italien. Mit einem umgebauten VW-Bus.

Nur Mut

Offiziell führe ich den Titel Spinner seit 1988, zunächst als Mitarbeiterin verschiedener Werbeagenturen, seit 1996 als Inhaberin meiner eigenen Firma große freiheit, die sich auf das Thema Innovationsentwicklung und die systematische Produktion von Ideen spezialisiert hat.

Inoffiziell habe ich mir schon immer gerne Sachen ausgedacht, seltsame Geschichten erzählt und versucht, aus meinen Gedankenbildern etwas zu basteln.

Ich hatte das große Glück, in einem Elternhaus aufzuwachsen, in dem genau diese Dinge generell als gut empfunden und gefördert wurden. Nach dem Abitur habe ich mein warmes Nest trotzdem mit wehenden Fahnen verlassen, ging als Aupairmädchen nach Frankreich, war Skilehrerin in der Schweiz und Reiseleiterin auf Sizilien. Dann begann ich Latein und Französisch für das Lehramt zu studieren, da speziell Latein meine große Leidenschaft und einer der wenigen Gründe war, warum ich gerne in die Schule gegangen bin. Doch das Studium hat mich an meine Grenzen gebracht. Ich fühlte mich trotz aller Leidenschaft bei den Altphilologen und den Romanisten gleichermaßen fehl am Platz, konnte mich kaum motivieren, die Bücher in die Hand zu nehmen, und fand keinen rechten Zugang zur Geisteswissenschaft. Langer Rede kurzer Sinn: Das war nichts für mich und nach dem vierten Semester zu Ende. Dann ging ich in die Werbung, machte eine Lehre und studierte parallel Marketing. Ich arbeitete danach als Konzeptionerin und strategische Planerin in verschiedenen Agenturen, machte mich mit »Anke Pelzer. Agentur für filmreife Ideen« 1995 selbständig und gründete 1996 die große freiheit GmbH.

In meiner Arbeit wird mir täglich von neuem klar, dass nicht alle von uns in ihrer Kindheit und Jugend die Möglichkeit hatten, Dinge mit psychologischer Rückendeckung auszuprobieren, ihre Persönlichkeit in verschiedene Richtungen zu entwickeln und sich Freiheit im Denken zu genehmigen. Und im weiteren Prozess des Erwachsenwerdens geschieht zudem einiges, was unseren Ideenreichtum und unsere Fantasie entscheidend beeinflusst. Warum fällt es vielen von uns so schwer, sich etwas auszudenken, das neu ist? Ein geistiges Produkt zu entwickeln, das Menschen um uns herum dazu anregt, mitzudenken und mitzumachen? Das dazu führt, Dinge anders zu tun als andere und genau dadurch besser und erfolgreicher zu sein, ein Patent anzumelden, einen entscheidenden Wettbewerbsvorteil gegenüber der Konkurrenz zu haben?

Vielleicht ist Ihnen das Folgende nicht unbekannt: Sie haben eine Idee und erzählen aufgeregt Ihrem Kollegen oder Ihrer Kollegin davon, aber der erwartete tosende Beifall mit Schulterklopfen und das Ploppen des Champagnerkorkens bleiben aus. Stattdessen dringt ein »Du spinnst!« an Ihr Ohr. »Du spinnst!« steht in dieser Situation meist stellvertretend dafür, dass Sie etwas gesagt haben, das Ihr Gegenüber in dieser Form bisher noch nicht gehört hat. Es könnte sein, dass Sie gerade auf dem besten Weg sind, etwas Neues zu denken und zu tun. Jetzt dürfen Sie nur nicht die Schultern hängen lassen und enttäuscht aufgeben.

Die meisten Wirtschaftsexperten werden Ihnen bestätigen, dass Innovationen der Motor der Wirtschaft sind, besonders in schwierigen Zeiten und in heiß umkämpften Märkten. Folglich sind Unternehmen ohne solche Menschen, die sich Neues ausdenken und tun, künftig nicht mehr wettbewerbsfähig. Spinnen ist Pflicht, um im 21. Jahrhundert erfolgreich zu sein.

Dieses Buch soll Sie ermutigen, Neues zu schaffen, Neues zu denken, es auszusprechen und zu tun. Ich möchte Sie positiv verwirren und zugleich inspirieren, indem ich versuche, kleine Löcher in lieb gewonnene Strukturen zu schießen, um ungewohnten Gedanken Zutritt zu verschaffen. Ich werde an Bekanntem und Vertrautem rütteln und Ihnen im Gegenzug Verqueres und Vergnügliches anbieten, um Ihnen neue Perspektiven zu zeigen, um Ihr Innovationspotenzial zu wecken und zu Tage zu fördern. Ich möchte Ihre Magengegend stimulieren, Sie auf den Knoten hinweisen, der sich während des Lesens möglicherweise dort als Zeichen des Widerstands formieren könnte. Genau an diesen Stellen stecken großartige Chancen, die Sie zukünftig nutzen können. Ein gewisser innerer Widerstand ist eine durchaus normale Reaktion, wenn die Genie-Theorien von Kreativkoryphäen wie Daniel Goleman, Howard Gardner oder Mihaly Csikszentmihalyi mutig als Schnee von gestern abgetan werden. Doch das Besondere am Neuen ist für mich der bewusste Verzicht auf bekannte Erfahrungen, denn sonst wäre es ja nicht neu.

»Spinnen ist Pflicht« habe ich auch ganz speziell für Unternehmen geschrieben, die sich manchmal schwer tun mit den Spinnern in den eigenen Reihen. Dieses Buch soll zeigen, wie immens wichtig genau diese versponnenen Anders- und Querdenker sind, welche Bedeutung sie für den Gesamterfolg des Unternehmens haben und wie Unternehmen mit ihrer Hilfe den eigenen Innovationsprozess in Gang bringen und damit erfolgreicher am Markt agieren können. »Ersponnen in Deutschland« sollte das mittlerweile fast wertfreie »Made in Germany« ersetzen, Spinnen wird bald als neuartiges Lehrangebot an unseren Universitäten für Bewegung sorgen und zukünftig zum betriebswirtschaftlichen Einmaleins des Managements gehören. Viele unserer Unternehmen verfügen bereits jetzt und heute über ein gigantisches Spinn- und Innovationspotenzial, und es sollte zukünftig keine Frage mehr sein, ob sie es nutzen, sondern nur noch wo, wann und wie. Nur Mut!

»Alles auf Anfang«

»Alles auf Anfang!« ruft der Regisseur oder der Produktionsleiter immer dann, wenn eine Filmszene während der Produktion noch mal gedreht werden muss und sich alle auf ihre Ausgangsposition zurückbegeben sollen, um wieder von vorn anzufangen. »Oh Romeo. Meine Liebe zu dir ist grenzenlos, ich verzehre mich nach dir. Küss mich, sonst stürze ich mich vom Balkon!« »Cut!« (Filmdeutsch für »Stopp«). »Mensch Julia, das geht doch besser. Ein bisschen mehr Leidenschaft, sonst schlafen einem ja die Füße ein. Jetzt zeig Romeo mal, was wahre Liebe ist. Okay, alles auf Anfang. Und Action.« »Romeo. Meine Liebe zu dir ist grenz…« »Cut. Ne, Julia, da ist doch noch mehr drin! Alles auf Anfang. Und Action.« »Romeo …« Hier unterbrechen wir diese spannende Szene. Alles auf Anfang.

Endlich bin ich fertig mit Frühstücken, frisch geföhnt, habe meine Handtasche im Anschlag, nur dieser verdammte Schlüssel ist nicht da. Jeden Morgen dasselbe Spiel. Ich hab ihn doch auf den Tisch gelegt. Oder war ich gestern noch mal im Keller? In der Tasche ist er auch nicht. Alles auf Anfang. Ich stelle die Tasche ab, gehe zur Tür und versuche, das gestrige Hereinkommen in meine Wohnung noch einmal im Kopf nachzuvollziehen wie ein Skirennläufer seinen Slalomkurs. Ich hetze die Treppen hinauf, den imaginären Schlüssel schon in der Hand, drinnen klingelt das Telefon. Schnell, schnell, es könnte ein wichtiger Anruf sein, Schlüssel ins Schloss, Tür auf, reinstürzen, Tür zuwerfen, zu dem kleinen Tisch im Flur rennen, Handtasche abstellen, Hörer abheben: »Hallo Barbara« – Warum ruft die mich nicht auf dem Handy an?! – »Nö, nö … bin nur gerade erst heimgekommen … Morgen Abend? Warte mal …« Nach der Handtasche angeln, Terminkalender raus. »Um 7.00 Uhr ist perfekt. Bis dann, schönen Abend, tschau.« Mantel ausziehen, zur Toilette gehen, auf dem Weg dorthin Schuhe abstreifen. Ich habe Hunger, was koche ich denn jetzt? Moment, da fehlt doch was. Alles auf Anfang. An der Stelle zwischen Tür öffnen, reinstürzen und Tür zuwerfen hat mein Film eine kleine Unebenheit. Wo war die Aktion Schlüssel wieder abziehen? Ich öffne die Tür und da ist er, der Schlingel, steckt mutterseelenallein außen im Schloss. Er ist auch wirklich nicht zu übersehen, da ich eine leuchtgelbe Schnur daran befestigt habe, um ihn schnell, überall und sofort zu finden.

Ich bin bestimmt nur knapp einem Raubmord entgangen – schon sehe ich, wie eine dunkle Gestalt durchs Treppenhaus nach oben schleicht. Im Kegel der Taschenlampe leuchtet die gelbe Schnur verführerisch wie ein Wegweiser, eine Einladung für einen fiesen Dieb auf der Suche nach Perlen und Juwelen. Der ist bestimmt übers Dach gekommen wie seinerzeit Cary Grant, oder war es Gracia Patricia, bevor sie Fürst Rainier von Monaco geheiratet hat? Und ich schlummere friedlich und träume von weißen Stränden und mir als Prinzessin von Maribo, während Grace Kelly auf der Suche nach meiner Krone den Safe in der Bibliothek findet, eine Sprengladung anbringt und die ganze Bude in die Luft jagt. Die Explosion löst eine unglaubliche Kettenreaktion aus, ganze Häuserreihen bewegen sich plötzlich und … Aber das ist eine andere Geschichte. Alles auf Anfang.

»Die spinnt!« werden Sie sich beim Lesen vielleicht gedacht haben oder »Was für eine blühende Fantasie die hat!« Ja, tu ich, hab ich, vielen Dank für das Kompliment

und vielen Dank, dass Sie sich mit mir auf die Geschichte eingelassen haben. Ist Ihnen aufgefallen, wie Ihr Kopf Bilder produzieren kann und Sie innerhalb von 45 Sekunden, denn so lange hat das Lesen dieses Abschnitts ungefähr gedauert, vom Juwelendiebstahl in die fürstlichen Gemächer nach Monaco fliegen können? Und das alles wegen eines kleinen Haustürschlüssels. Haben Sie bemerkt, dass Sie diesen kurzen imaginären Film ohne große Anstrengung in Ihrem persönlichen Kopfkino ablaufen lassen konnten? Wussten Sie, dass Ihr Kino im Kopf 24 Stunden sieben Tage die Woche und 52 Wochen im Jahr geöffnet hat und sie dafür ein unbegrenztes Kontingent an Freikarten besitzen?

Und wissen Sie auch, was Sie darin tun können? Alles! Sie können Bundeskanzler oder -kanzlerin werden, Erdbeerkuchen backen, ein Unternehmen leiten, das versteckte Vertriebs-Know-how Ihrer Putzfrau entdecken, Ihre Kollegin von neuen Ideen überzeugen, ein Auto reparieren, »La Paloma« rückwärts pfeifen oder was Ihnen sonst noch so einfällt.

Heute kein Hirn

Vielleicht fanden Sie es aber auch schwierig, meiner kleinen Geschichte zu folgen. Vielleicht sind bei Ihnen gar keine Bilder im Kopf entstanden, aber Sie konnten Geräusche hören oder das Parfum von Gracia Patricia oder das Dynamit riechen. Eventuell haben diese scheinbar unzusammenhängenden Notizen Sie aber auch gleich dazu gebracht, dieses Buch wegzulegen, und Sie gehen bereits in Gedanken Ihre Geburtstagsliste durch und überlegen, an wen sie das gute Stück verschenken könnten.

Ich darf Sie an dieser Stelle bitten, den Arm zu heben, ihn über den Kopf zu legen, Ihren Zeigefinger auszustrecken und bis zu Ihrem Ohr zu führen. Dort müsste ein kleiner Haken sein, wie Sie ihn von Zigarrenkästchen kennen. Spüren Sie ihn? Legen Sie einfach den Haken nach oben und klappen Sie bitte den oberen Teil Ihres Kopfes zur Seite weg. Dann greifen Sie hinein, entnehmen Ihr Gehirn und legen es vorübergehend in ein passendes Behältnis Ihrer Wahl. Hierfür geeignet wäre zum Beispiel ein herumstehender Karton oder eine Salatschüssel, falls nichts Kleineres zur Hand ist, eventuell das Waschbecken, die Badewanne oder auch ein Putzeimer, wie er sich in vielen Haushalten unter der Spüle in der Küche befindet. Dann

klappen Sie bitte den Deckel wieder zu, schließen den kleinen Haken – und schon haben Sie einen völlig freien Kopf mit gelöschter Festplatte und sind somit unvorbelastet und unvoreingenommen, offen für Neues und aufnahmebereit für alles, was da kommen mag.

Es ist hilfreich, sich von Zeit zu Zeit der Wirrungen des eigenen Gehirns und seines gedanklichen Ballasts zu entledigen, bewusst auf Vergleichsmöglichkeiten zu bekannten Erfahrungen zu verzichten und sich einen neuen Blickwinkel zu

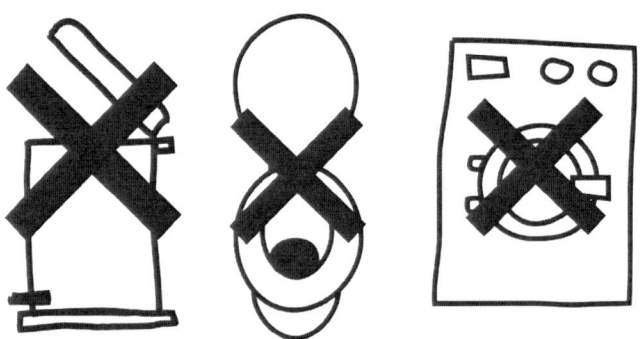

gönnen. Das hält uns manchmal davon ab, sofort Lösungen und Patentrezepte im Kopf und zur Hand zu haben, und macht uns aufmerksamer für das, was um uns herum passiert. Mit einem freien Kopf machen scheinbar unsinnige Dinge plötzlich Sinn und eröffnen ungeahnte Dimensionen im Denken, Fühlen und Handeln. Sie sind jetzt also optimal vorbereitet und können sich mutig ins Abenteuer Spinnen stürzen.

»Du spinnst«

Wann hat das letzte Mal jemand »Du spinnst« zu Ihnen gesagt? War es vor einer halben Stunde? Das wäre perfekt. Oder war es gestern? Hervorragend. Oder ist das schon so lange her, dass Sie sich gar nicht mehr erinnern können?

»Du spinnst!« ist das größte Kompliment, das Ihnen jemand machen kann. »Du spinnst« bedeutet sehr oft, dass Sie gerade etwas gesagt oder getan haben, das Ihr Gegenüber so noch nicht gehört, gesehen oder erlebt hat. Es könnte sich dabei womöglich um etwas Neues handeln und Sie sind gerade einer Idee auf der Spur, die Großartiges bewirken und Ihr Leben verändern wird. Oder es könnte eine dieser Ideen sein, die einen ersten Impuls geben und dann schnell wieder verworfen werden, um einer anderen, noch besseren Platz zu machen. Vielleicht befinden Sie sich bereits mitten in einem Ideenfindungsprozess, ohne es zu wissen. Gott sei Dank haben Sie laut über Ihre Gedanken gesprochen und konnten so von Ihrer Umwelt als Spinner identifiziert werden, sonst hätten Sie es womöglich gar nicht bemerkt.

»Du spinnst« sind zwei mystische Wörter eines alten Zaubers, den wiederzuentdecken sich lohnt und den Sie für sich nutzen können. Achten Sie doch in der nächsten Zeit einmal bewusst auf diesen Ausdruck. Es ist möglich, dass die Jüngeren den Begriff weniger verwenden, in der Umgebung von Menschen im Alter zwischen 30 und 50 könnte das Wort »spinnen« möglicherweise öfter auftauchen. Und sollte tatsächlich jemand die beiden Zauberwörter »Du spinnst« zu Ihnen sagen, dann genießen Sie den Augenblick, überlegen Sie in Ruhe, welch gute Idee sich hinter Ihrer versponnenen Aussage verbergen könnte und nehmen Sie die Chance wahr, etwas Neues zu entdecken.

Woher kommt der Begriff »Spinnen«?

Der Begriff des Spinnens ist ein sehr interessanter, denn es gibt dazu nur wenige Untersuchungen und aktuelle Marktforschung. Das wundert mich, da doch so gut wie alles detailliert untersucht wird, vom sozio-ökologischen Einfluss der Tauchsieder bis hin zur Bedeutung des spontanen Räusperns. Doch das Thema Spinnen scheint es nicht wert zu sein, näher betrachtet zu werden, was zeigt, dass wir mit diesem Begriff womöglich Schwierigkeiten haben. Das könnte auch daran liegen, dass sich viele Menschen vor den behaarten Spinnentierchen ekeln, schon bei deren Erwähnung bleich werden und auf einen Stuhl steigen. Instinktiv spüren wir vielleicht auch, dass ein Spinner ein etwas unrunder Mensch ist, vergleichbar mit einem nicht ausgewuchteten Reifen am Auto, der die Fahrt holprig bis unangenehm machen kann.

Wenn ich die spontanen Reaktionen von Menschen auf den Begriff »Spinner« beobachte, dann finde ich die gesamte Palette, die pure Begeisterung, »Ja-mehr-davon«-Rufe, unverständliches Kopfschütteln, die typische Links-Rechts-Bewegung mit der Hand vor dem Gesicht oder »Alle-einsperren«-Parolen umfasst. Wie haben Sie spontan reagiert? Wie ist Ihre erste subjektive Einschätzung dazu, ob die meisten Menschen den Begriff »Spinner« als positiv oder negativ empfinden? Spinner ist per se ein männliches Wort: der Spinner. Sind nur Männer Spinner? Oder gibt es auch weibliche Spinner und heißen die dann Spinnerinnen? Das führt uns irgendwie in eine andere Richtung und bekommt sofort diesen produktiven Touch. Könnte dies bedeuten, dass Männer unproduktiv spinnen und weibliche Spinnerinnen Wolle produzieren? Doch das ist eine andere Geschichte und ich verwende aufgrund dieser ungelösten Fragen das Wort »Spinner« in diesem Buch als Bezeichnung sowohl für Männer als auch für Frauen.

Im Lexikon der Gebrüder Grimm[1] stehen unter dem Begriff »Spinnen« zum Beispiel folgende Erläuterungen:

Spinnen, *verb. nere, filare, fila ducere.*

---

[1] Lexikon der Gebrüder Grimm unter www.gebr-grimm.de. In ihrem Wörterbuch haben die beiden Brüder verschiedene Bedeutungen deutscher Wörter aus mündlichen und schriftlichen Überlieferungen zusammengetragen.

1. als menschliche thätigkeit.

spinnen heiszet flachs, werg, hanff, wolle oder baumwolle, und floretseide, die an einen rocken geschlagen, davon abziehen und zu einem langen, gleichen faden, vermittelst der spindel oder eines spinnrades drehen. *öcon.lex 2778.*

Gesponnen werden neben oben Genanntem auch Gold, Silber, Glas, Tabak, Stroh, Garn – normales und das von Seemännern – oder Seile. Um das Spinnen herum rankt sich allerlei Aberglaube, der es früher zum Beispiel verbat, zu bestimmten Zeiten zu spinnen.

… ist ein alter weiber aberglaube, … es dürfte keine sechswöchnerin binnen solcher zeit spinnen, denn sonsten verursachte sie darmit, dasz ihr kind an galgen kähme und auff gehenket würde. *frauenz.-lex.* 1886. *über das spinnverbot für den abend.*

2. spinnen, *als thätigkeit von insekten.* die spinne spinnt

3. *in festgeprägten redensarten:* er spinnt grob, er spinnt zu grob *sagt man von einem, der sehr starke scherze macht, im spott allzu ausgelassen ist*

nicht viel seide mit jemandem spinnen, *nicht glimpflich mit ihm verfahren, einander miszwollend, gehässig sein.*

das stroh vom dache spinnen, *etwas schädliches, verderbliches unternehmen. ursprünglich wol nur als kennzeichnung des schädlichen übereifers.*

über die silberne spule spinnen, *nicht selbst spinnen, sondern andere gegen bezahlung für sich spinnen lassen*

Und das Spinnen im übertragenen Sinn:

… *allerlei gedankenarbeit wird als das abspinnen eines rockens in fäden gefaszt … als bild einer gleichmäszigen, stätig sich abwickelnden arbeit, s. auch oben* II, 1, *h.*

in der älteren sprache noch gröszere deutlichkeit des bildes: etwas aus seinem kopfe; spinnen etwas aus eigenem hirn spinnen, einen leitfaden spinnen, gedanken spinnen, seine gedanken weiter spinner

mehr als thätigkeit des gemütes; träume spinnen

scherzhaft auch von einem wacker, tüchtig essenden, wie von einem, der eine (grosze) arbeit leistet: er spinnt gut, iszt tüchtig. Frischbier 2, 352[a]

Im Etymologischen Wörterbuch des Deutschen[2] findet man unter anderem den Hinweis auf das griechische Wort *pènesthai*. Es steht im Zusammenhang mit »sich anstrengen, sich abmühen, bearbeiten« in Bezug auf häusliche Arbeit, zu der auch die Tätigkeit des Spinnens gehören könnte.

Spinner m. »wer spinnt, Fasern zu Fäden verarbeitet« (15. Jh.), dann Bezeichnung für Schmetterlinge, deren Raupen sich in gesponnenen Kokons verpuppen (18. Jh.), umgangssprachlich »wer sich unrealistische, phantastische Dinge ausdenkt, wunderliche Gedanken hat« (19. Jh.).

Bei Asterix ist das Spinnen eindeutig einem bestimmten Volksstamm zugeordnet. »Die spinnen die Römer«, sagt Obelix meist kurz bevor oder kurz nachdem er die Eroberer Galliens ordentlich verprügelt hat und seinen Stapel Römerhelme nach Hause trägt. Nach Aussage moderner Zeitgenossen spinnen die Finnen, was wohl eher dem netten Reim als einem detaillierten Wissen über die Eigenheiten und Sitten dieses Volkes zuzuschreiben ist.

Traditionell war das Spinnen Frauenarbeit, verbunden mit gewissen Fähigkeiten, die über die reine Handarbeit hinausgingen, manchmal gar mit einer mystischen Macht. Bei Homer gab es zum Beispiel die »alten Spinnerinnen«, bei den Römern die so genannten Parzen, bei den Germanen die »Nornen«, eine Gruppe von Frauen, die den Lebensfaden der Menschen spannen und ihn auch wieder abschnitten, wenn die Lebensuhr abgelaufen war.

Die Inder wiederum erklären das Entstehen und Vergehen, den Lauf der Welt oder Tag und Nacht mit dem Bild der göttlichen Weltspinne, die in konstantem Wechsel aus ihrem Bauch heraus den Weltenschleier webt und wieder auffrisst. Und auch die Tätigkeit des Spinnens mit der Hand hat in Indien große Bedeutung, denn Mahatma Gandhi und seine Anhänger spannen ihre Wolle selbst, um in der Wollproduktion von den Engländern unabhängig zu sein. Deswegen wurde auch das Spinnrad als Symbol der Unabhängigkeit in die indische Nationalflagge aufgenommen.

---

[2] Etymologisches Wörterbuch des Deutschen unter www.spinn.de/ethym.html.

Diese Geschichte, andere Bilder und Metaphern rund um das Spinnen hat Ekkehard Martens in seinem Buch »Der Faden der Ariadne oder Warum alle Philosophen spinnen« zusammengetragen. Martens betrachtet die Spinn-Metapher aus Sicht der Philosophen unterschiedlicher

Epochen, das Spinnen aus dem Bauch, mit der Hand und aus dem Kopf. »Man könnte kreatives, philosophisches Denken selbst geradezu als Weiterspinnen definieren: Gedankenfäden anderer aufgreifen und fortentwickeln, eigene Fäden entspinnen und daraus ein neues, eigenes Gedankennetz weben und knüpfen. Das kreative Spinnen mit dem Kopf trägt somit als innovatives und intuitives Denken Züge vom Spinnen aus dem Bauch des Spinnentiers.«[3] Martens erwähnt zum Beispiel die Geschichte von Arachne (Lassen Sie sich nicht verwirren, das ist nicht die Frau mit dem Faden, die heißt Ariadne), die mutig einen Wettstreit mit der Göttin Athene anzettelte, um zu beweisen, dass Sie besser weben und spinnen kann als die darauf spezialisierte Göttin. Arachne gewann den ungleichen Kampf, weil sie in ihr Webbild ihr eigenes Weltbild eingesponnen hat. Darin eingearbeitet waren menschliche Symbole der Dichtkunst und Kreativität sowie Bilder, in denen sie die Laster der Götter zur Schau stellte, wodurch deren Machtverlust auf Erden offensichtlich wurde. Als Reaktion auf ihren Sieg verwandelte die erboste Athene Arachne in eine Spinne. Auf diese Göttin geht das griechische Wort *arachne* für Spinne zurück, Arachnologie ist die Wissenschaft der Spinnenkunde. »Die Geschichte des kreativen Denkens als Weiterspinnen beginnt mit Arachne«, schreibt Martens.[4]

Eine andere Geschichte handelt von den europäischen Spinnstuben des 16. bis 19. Jahrhunderts, in denen wohl nicht nur gemeinsam gearbeitet wurde. Sie waren Orte ausgelassener Geselligkeit für Männer und Frauen, speziell auch für jüngere Menschen, die dort getanzt und getrunken haben, gerne auf Tuchfühlung

---

[3] Martens, Ekkehard: Der Faden der Ariadne oder Warum alle Philosophen spinnen. Reclam Leipzig 2000, S. 13.

[4] Ebd., S. 21.

gingen und Körperkontakt suchten. Dort wurde aktiver Austausch betrieben, viel geredet und neben den wollenen wurden auch allerlei Gedankenfäden gesponnen. Die seriösen Philosophen bezeichneten dieses Herumphilosophieren etwas abwertend als Rockenphilosophie, in Anlehnung an den Rocken, ein meist hölzernen Stab, an dem die zu spinnenden Fäden befestigt werden.

Martens liefert zudem eine Erklärung für die Verbindung zwischen dem Begriff »Spinner« und »Verrückter«. Spinnen war wie das Tütenkleben als Zwangsarbeit in Gefängnissen und Anstalten für »Verrückte« üblich, im 18. Jahrhundert wurden zudem Arbeitslose und soziale Randgruppen in den Spinnanstalten eingesetzt. Martens zitiert dazu Bernd Nitzschke[5], der sagt, dass »einer nicht nur deshalb ›spinnen‹ muß, weil er verrückt ist, sondern auch verrückt werden kann, weil er spinnen muß«.[6]

Umfrage zum Thema Spinnen[7]

Um der Bedeutung des Begriffs »Spinnen« im 21. Jahrhundert auf die Spur zu kommen, habe ich eine Umfrage gestartet, die das Thema ganz aktuell aus verschiedenen Blickwinkeln beleuchten sollte. Für mich ist Spinnen etwas sehr Positives, sonst hätte ich dieses Buch nicht geschrieben. Und auch in meinem direkten Umfeld scheint Spinnen größtenteils als wertvolle Tätigkeit geschätzt zu werden. Doch die angespannte wirtschaftliche Situation in Deutschland konfrontiert uns alle mit einer Realität, die bei vielen Unsicherheit und Angst hervorruft. Diese Gefühle könnten der Grund dafür sein, dass Spinnen und scheinbar unrealistische Gedanken momentan nicht angebracht erscheinen. Schwermütige Ernsthaftigkeit macht sich breit, die vielleicht sogar dazu führt, dass wir uns vor Spinnern fürchten. Oder ist es im Gegenteil so, dass verstärkt auf sie gebaut wird, um mit ihren neuen Lösungen aus der Krise herauszukommen? Ich war sehr gespannt, welche Ergebnisse meine Umfrage bringen würde. Zu diesem Zweck sprachen meine Mitarbeiter unbekannte Menschen in der Fußgängerzone, in Geschäften oder in der U-Bahn an und nahmen deren Aussagen auf Video auf. Darüber hinaus habe

---

[5] Nitzschke, Bernd: Die Zerstörung der Sinnlichkeit. Matthes und Seitz 1981.

[6] Martens, Ekkehard: Der Faden der Ariadne oder Warum alle Philosophen spinnen. Reclam Leipzig 2000, S. 69.

[7] Stand 2004

ich über das Internet einen kleinen Fragebogen an 95 Personen verschickt, mit der Bitte, diesen an möglichst viele Freunde, Bekannte, Unbekannte, an die Oma oder die Kinder weiterzuleiten.

Die Reaktionen waren verblüffend. Kaum hatte ich die letzten E-Mails in den Cyberspace gesandt, kamen auch schon die ersten Antworten zurück. Das Thema lag anscheinend ganz vielen Menschen am Herzen und wurde heftig diskutiert. Einige haben sich sogar bei mir bedankt, weil ich Ihnen mit meinen Fragen einen Anstoß gegeben habe, mal wieder quer zu denken und das Spinnen in den Alltag zurückzuholen. Eine andere Antwort war, dass ich spinnen würde, wenn ich ein Buch über Spinner schreiben wolle und glaube, dass das jemand freiwillig kauft. Leider kann ich im Rahmen dieses Buches die Antworten nicht eins zu eins wiedergeben, sondern nur in komprimierter Form zusammenfassen, einzelne spezielle Spinnereien herausgreifen und einen Trend aufzeigen.

So viel zur Statistik

Geantwortet haben innerhalb von zwei Monaten insgesamt 93 Personen, davon 51 Frauen und 42 Männer. Die jüngste Teilnehmerin ist zehn, der älteste 65 Jahre alt, das Durchschnittsalter liegt bei 32 Jahren. Die Befragten stammen aus den unterschiedlichsten Berufsgruppen, beteiligt haben sich zum Beispiel Schüler, Studenten, Handwerker, Kosmetikerinnen, Geschäftsführer, Steuerberater, Grafiker, Marketingmanager, Designer, Rentner, Künstler, Autoren, Informatiker, Unternehmensberater, Hausfrauen, Controller, Vertriebsverantwortliche, Journalisten oder Investmentmanager.

Das waren die Fragen

1. Was ist für Sie ein Spinner?
2. In welcher Situation könnte Spinnen positiv sein? In welcher eher negativ?
3. Halten Sie sich selbst für einen Spinner? Warum?
4. Wann hat das letzte Mal jemand »Du spinnst!« zu Ihnen gesagt? Und warum?
5. Welcher berühmte Mensch ist für Sie ein Spinner und warum?
6. Spontane Ideen, Assoziationen, Sprüche, Anmerkungen zum Begriff »Spinnen«

Und das waren die Antworten

Für mich ist ein Spinner absolut/eher positiv: 19
Für mich ist ein Spinner absolut/eher negativ: 13
Kann positiv und negativ sein: 61

Ja, ich halte mich selbst für einen Spinner: 37
Nein, ich halte mich nicht für einen Spinner: 24
Ich kann mich nicht entscheiden, mal ja, mal nein: 32

Das Interessante an diesem Ergebnis ist für mich, dass sich die meisten Befragten nicht zwischen positiv und negativ entscheiden konnten und bei der Beantwortung dieser sechs Fragen große Stimmungsschwankungen – von totaler Ablehnung, über Bewunderung, Naserümpfen bis hin zu freudigem Lachen – auftraten. Ein Teil derjenigen, die Spinnen spontan für absolut/eher negativ hielten, bezeichnete sich aber im weiteren Verlauf der Befragung selbst als Spinner. Das zeigt mir, dass sie ihre erste negative Reaktion auf das Wort bei genauerer Betrachtung und der Überlegung, was daran möglicherweise positiv sein könnte, bereits ein Stück weit revidiert hatten.

Die Typologie der Spinner

Aus allen Antworten habe ich eine Art von Klassifizierung, eine Typologie der Spinner entwickelt, bei der sich sechs Hauptgruppen herausgebildet haben. Natürlich verallgemeinert eine solche Typologie stellenweise sehr stark, polarisiert und wird nicht allen Einzelaspekten gerecht. Doch das kann und soll sie auch gar nicht. Vielmehr geht es darum, einen Trend aufzuzeigen und deutlich zu machen, wie unterschiedlich die Facetten des Spinnens sind.

Gruppe 1:   Die auffälligen Regelbrecher
Gruppe 2:   Die kreativen Querdenker
Gruppe 3:   Die Netzwerker
Gruppe 4:   Die Unberechenbaren
Gruppe 5:   Die Wahrnehmungs-Autisten
Gruppe 6:   Die unheimlich Ver-rückten

Die Gruppen 1 bis 5 wurden von den Befragten weitgehend als positiv bewertet, Gruppe 6 fast einstimmig als negativ. Die unheimlich Ver-rückten sind auch genau die Art von Spinnern, die ich nicht meine, die für den schlechten Ruf der gesamten Gattung verantwortlich sind und bei den meisten ihrer Zeitgenossen auf gnadenlose Ablehnung stoßen. Sie haben deshalb eine Sonderstellung und werden in meiner Typologie als Erste abgehandelt.

Die unheimlich Ver-rückten

Bei einigen Spinnern sind die Grenzen zwischen Genie und Wahnsinn fließend, ihre verrückten Ideen sind oft hart am Limit des Zumutbaren und sie bewegen sich, im eigentlichen Sinn des Wortes ver-rückt, konstant ein Stück neben der Spur. Manche von ihnen sind so besessen von ihren Ideen und ihrer Person, dass sie sich, und damit meist auch andere, wirtschaftlich, gesundheitlich oder gesellschaftlich zugrunde richten. Sie werden im Sprachgebrauch der »Normalen« als irre, total daneben, plemplem, nicht ganz klar im Kopf, gaga oder ähnlich bezeichnet. In der schlimmsten Vorstellung der Befragten ist ein Spinner ein verrückter Psychopath.

Prototypen der unheimlich Ver-rückten finden Sie vor allem in den Geschichtsbüchern unter der Rubrik böse Buben, Tyrannen oder Diktatoren. Manche von ihnen erweckten anfangs den Eindruck, ein Retter oder ein Genie zu sein. Ihr ganzer Wahnsinn und die Auswirkungen für den Rest der Menschheit wurden meist erst rückwirkend in vollem Ausmaß sichtbar. Die noch unbekannten unheimlich Ver-rückten der Gegenwart sind überall. Manche von ihnen finden Sie in der Wohnung nebenan, in der Fußgängerzone oder im Bus. Menschen, die gerne mit sich selbst sprechen, wild schimpfend mit dem Zeigefinger nach oben deuten oder andere Menschen spontan mit überraschenden, aber meist unverständlichen Äußerungen beglücken. Wohin ihre Verrücktheit führt, ist ungewiss. Vielleicht wird eines Tages über sie in Zeitungsartikeln oder TV-Reportagen berichtet und dann schreiben auch diese Menschen Geschichte. Wenn die Verrücktheit Einzelner allerdings zur Gefahr für sie selbst und für die Menschen in ihrem Umfeld wird, hat das mit Spinnen nichts mehr zu tun, sondern fällt unter die Rubriken Krankheit, Fanatismus oder Straftat.

Berühmte Vertreter von unheimlich Ver-rückten:
Nero, Adolf Hitler, Hannibal Lecter, Max Mustermann von nebenan

Die unheimlich Ver-rückten betrachte ich als Teil unserer Gesellschaft, sie sind die schwarzen Schafe unter den Spinnern, die dem Begriff eine falsche Bedeutung geben. Prinzipiell habe ich nichts gegen schwarze Schafe, aber in diesem Fall mache ich eine Ausnahme und verbanne sie aus meinem Buch.

Doch widmen wir uns nun den Spinnern, die das Neue in die Welt und die Welt somit nach vorn bringen werden. Während Sie die folgenden Seiten lesen, werden Sie das ein oder andere Aha-Erlebnis haben, sich an manchen Stellen selbst wiedererkennen oder an Menschen in Ihrem Umfeld erinnert werden. Die Typologie ist eine Beschreibung, sie wertet nicht, sie unterteilt nicht in gut oder schlecht. Sie soll Ihnen vielmehr die verschiedenen Aspekte, Eigenarten und Chancen des Spinnens aufzeigen und für mehr Verständnis sorgen. Und auch mehr Toleranz schaffen für eigene quere Gedanken und Menschen in Ihrem Umfeld, die anders denken und handeln als Sie. Vielleicht helfen Ihnen die Beschreibungen, das Verhalten Ihres Gegenübers besser einzuschätzen, Reaktionen zu verstehen und großzügiger damit umzugehen. Wer zum Beispiel seinen Kollegen als Wahrnehmungs-Autisten identifizieren wird, erkennt aber zugleich das Potenzial, das in ihm steckt. Es muss nur an der richtigen Stelle zur richtigen Gelegenheit eingesetzt werden und könnte dadurch viel Gutes bewirken. Lassen Sie die fünf Typen, die Ihnen gleich begegnen werden, möglichst unvoreingenommen auf sich wirken. Versuchen Sie, neutral zu bleiben, und geben Sie jedem von ihnen eine Chance. Manchmal sind die Grenzen hier fließend, manche Eigenschaften überschneiden sich, sodass Sie sich selbst vielleicht als Mosaik aus verschiedenen Typen erkennen. Kein Grund zur Beunruhigung, das ist für Spinner Teil der Normalität.

Die auffälligen Regelbrecher

Die auffälligen Regelbrecher sprengen bewusst die Grenzen der Normalität und bewegen sich abseits der Norm. Sie halten sich nicht an allgemein gültige Regeln, ignorieren Vorgaben und gesellschaftliche Konventionen, orientieren sich selten an Aktionen, Reaktionen oder Einstellungen anderer. Sie schwimmen gegen den Strom, bürsten gegen den Strich oder tanzen aus der Reihe. Dadurch agieren, reagieren und funktionieren sie nicht oder anderes als erwartet, überraschen und fallen auf. Ein solcher Regelbrecher hebt sich von der großen Masse ab, macht sich damit zum Außenseiter und provoziert zwangsläufig Widerspruch. Oft stehen diese Spinner mit ihren Ansichten und Ideen konträr zur geltenden wissenschaftlichen Meinung und den erwiesenen Gesetzmäßigkeiten. Sie wählen die unbequemen, nichtlinearen, noch unbefahrenen Wege, gehen Risiken ein und leben ganz nach dem Spruch von Franz Josef Strauß »Everybody's darling ist everybody's Depp«. Der auffällige Regelbrecher ist der Fehler im System, das veränderte Gen in der DNS, das zu Mutationen führt. Mutationen wirken sich auf das System aus, können es im schlimmsten Fall vernichten oder aber zu einer Weiterentwicklung der Evolution führen.

Woran Sie auffällige Regelbrecher erkennen

1. An der Sprache: Diese Gruppe besteht aus Menschen, die wir nicht immer sofort verstehen, weil sie wirre, verunsichernde, lustige oder gefährlich anmutende Dinge sagen, die nicht unbedingt einen Zusammenhang erkennen lassen. Je nach Selbstbewusstsein und Spinner-Identifikationsgrad gibt es sprachlich harmlose Regelbrecher, aber auch solche, die bewusst durch markige Sprüche provozieren. Sie verwenden gerne Sätze, die mit »Nein« beginnen, Äußerungen wie »Das ist ja total langweilig«, »So kommen wir keinen Schritt weiter, ich dreh das Ganze hier mal komplett um« oder »Wer sagt, dass man Denken nicht sehen kann und dass Strom nicht lila ist?«. Sie reagieren äußerst allergisch auf die bekannten Verhinderersätze der Nicht-Spinner wie: »Das haben wir aber noch nie so gemacht«, »Das kann nicht funktionieren«, »Da bleiben wir lieber beim Altbewährten«, »Das würde ich lieber nicht tun«, »Das müssen Sie verantworten«.

2. Am Tatendrang: Die auffälligen Regelbrecher, die sich bewusst exponieren, wollen ihre Ideen meist auch in die Tat umsetzen. Sie geben selten auf, sind stur und hartnäckig, ignorieren unter Umständen auch die Ansagen der Vorgesetzten, wenn sie von ihrer Sache überzeugt sind und keinen anderen Ausweg als Renitenz oder Rebellion sehen. Sie testen immer wieder neue Möglichkeiten, so lange, bis sie ihr Ziel erreicht haben. Widerstand spornt sie an.

3. An der Unruhe: Dort, wo Regeln gebrochen werden, herrscht zwangsläufig Unruhe und Bewegung. In diesem Umfeld können Sie spontane Freude und laute Wutausbrüche beobachten, das Knallen von Türen hören oder Menschen beobachten, die ihren Schritt beschleunigen oder im Entengang an Fenstern vorbeilaufen, um unbemerkt zu bleiben. Vielleicht hören sie auch gegenüber das Geräusch eines Hammers, mit dem die alten, für alle geltenden Gesetze in Stein gemeißelt werden. Und genau hier sind im Normalfall auffällige Regelbrecher zu finden, die sich wie oben beschrieben verhalten.

Auffällige Regelbrecher sind lebensnotwendig,
◆ wenn es höchste Zeit ist, neue Lösungen zu suchen, da ein Problem auf herkömmlichen Wegen nicht mehr bewältigt werden kann.
◆ um wirklich Neues zu schaffen.
◆ um die Pflänzchen des Neuen am Leben zu erhalten und nach allen Seiten zu verteidigen.
◆ wenn Mut gefordert ist, um Regeln zu brechen.
◆ um Bewegung ins Denken zu bringen.
◆ um neue Impulse zu geben, auf Dinge hinzuweisen, die außer ihnen anscheinend keiner sieht.
◆ um Energien freizusetzen.
◆ um sich von Glaubenssätzen und vom Schubladendenken zu lösen.
◆ um zu einem Abenteuer aufzubrechen.
◆ wenn die »Normalos« nur noch Probleme sehen, wo dringend Lösungen gefragt sind.
◆ um echte Visionen zu entwickeln und groß zu denken.
◆ wenn es darum geht, dass nichts unmöglich ist.
◆ bevor es langweilig und eintönig wird.
◆ um Traditionalisten zu irritieren, Angsthasen zu erschrecken und Innovatoren weiterzubringen.

Nebenwirkungen und Grenzen
Ziel- und Inhaltslosigkeit: Wer nur anders ist um des Andersseins willen, gehört nicht unbedingt zu den Spinnern, sondern befriedigt oft nur seine Eitelkeit oder sucht nach Aufmerksamkeit. Wer erkennbar auf Provokation und Randale abzielt, ist selten lösungs- und nutzenorientiert, in den wenigsten Fällen an der

Sache, sondern oftmals nur an seiner eigenen Person interessiert. Wenn auffällige Regelbrecher keine inhaltlichen Ziele haben, sind sie nicht spinntauglich.

Systemgefährdung: Nicht alle Mutationen in der Evolution sind gut, ganz im Gegenteil, die meisten gefährden das System und so bedarf es wirksamer Schutzvorkehrungen. Denn wer Regeln brechen will, braucht dringend Regulative, die ihn anleiten und zugleich schützen, ohne ihn allerdings zu bremsen.

Isolation: Auffällige Regelbrecher sind oft Einzelkämpfer, die in ihrem Umfeld Menschen brauchen, mit denen sie sich unvoreingenommen austauschen können, damit nicht aus begnadeten Spinnern einsame, unberechenbare Außenseiter werden. Um den Abstand zwischen den Regelbrechern und denen, die die Regeln aufstellen und verteidigen, möglichst gering zu halten, sollte dieser Typ sich vielfältige soziale Strukturen schaffen. Besonders geeignet sind Banalitäten im Alltag, zum Beispiel Hungergefühl, das gemeinsam gestillt wird, Gespräche über das Wetter auf dem Flur, Festivitäten oder das Übernehmen spezieller Gemeinschaftsaufgaben in einer Gruppe.

Wo finden wir die typischen auffälligen Regelbrecher?
In Forschungs- und Entwicklungsabteilungen, unter den Zuhörern in den Universitäten und manchmal auch dort am Rednerpult, in Sportvereinen, Musikgruppen, in kreativen Berufen, in Büros und in Handwerksbetrieben. Weniger verbreitet sind sie meiner Meinung nach leider im mittleren Management, unter Lehrern, Beamten, Ärzten, Unternehmensberatern und im Einzelhandel.

Berühmte Vertreter der auffälligen Regelbrecher
Nina Hagen, Reinhold Messner, Christoph Schlingensief, der junge Joschka Fischer, Jesus

Die kreativen Querdenker

Kreative Querdenker sind Menschen mit viel Fantasie, sympathische, liebenswerte Spinner mit kleinen Macken, kreative Köpfe voller Ideen, Kopfkinobesucher. Spinner, die über den Tellerrand schauen, Humor haben (oder das, was sie dafür halten), gelenkig und unkonventionell sind und dabei Konzentration und Spinnerei in ein ausgewogenes Verhältnis setzen können. Spinnen ist für den kreativen Querdenker Ausdrucksmittel und Ventil zur Entfaltung seiner Persönlichkeit. Die

Spinner dieser Gruppe sind meist entspannte, freiheitsliebende Menschen, die intensiv über sich und die Welt nachdenken, ausgestattet mit starker Sensibilität und einem guten Instinkt. Als Entdeckertyp unternehmen sie gerne Ausflüge in fremde Länder und springen ins kalte Wasser, sind momentverliebt und selten umsetzungsorientiert. Kreative Querdenker haben mehr Fragen als Antworten, lassen sich als leidenschaftliche Überzeugungstäter von ihren Gefühlen packen und mitreißen und teilen diese auch gerne mit anderen. Vielfach sind ihre Ideen für andere nicht nachvollziehbar, weil es dem kreativen Querdenker manchmal schwer fällt, seine Gedanken unmissverständlich in Worte zu fassen.

Woran Sie kreative Querdenker erkennen

1. **Am Äußeren:** Diese Art von Spinner ist aufgrund seiner äußeren Erscheinung relativ leicht zu identifizieren, denn Kreative suchen nach Möglichkeiten, ihrer Persönlichkeit Ausdruck zu verleihen, zum Beispiel durch ihre Kleidung, die schräg, bunt oder besonders unauffällig ausfallen kann. Sie richten sich gerne unkonventionell ein, fahren spezielle Autos, Fahrräder, Roller oder mit Sesamöl getriebene Dreiräder und sind immer auf der Suche nach dem ganz Speziellen, was bei manchen zu einer gewissen Exzentrik oder Pseudo-Kreativität führen kann.

2. **Am Wissen:** Kreative Querdenker kennen sich aus in ihrer Szene, zum Beispiel in der Literatur, der Kunst, der Werbung, der Architektur, beim Blumenbinden oder in der Mode. Oder sie verfügen über Informationen aus allen Bereichen gleichzeitig, denn sie interessieren sich für vieles, saugen Neues auf wie ein Schwamm und können zwischen den einzelnen Disziplinen verblüffende Verbindungen herstellen.

3. **An der Sprache:** Kreative sprechen meist gern, oft viel und besonders häufig in Bildern. Sie lieben Geschichten, die sie beim Erzählen inszenieren, berichten gestenreich von ihren Erlebnissen oder theatralisch von ihrem Frust.

Kreative Querdenker sind lebensnotwendig,

◆ in der Kunst und in kreativen Berufen.
◆ um das Mögliche im Unmöglichen zu sehen und es beim Schopf zu packen.
◆ um etwas zu umrunden, herumzudrehen, von allen Seiten zu betrachten und herumzuwirbeln, bis die Welt verschwimmt und neue Bilder entstehen.

- für ein gutes Raumklima.
- wenn für eine Aufgabe verschiedene Ansätze gesucht werden.
- wenn Lust auf Neues und auf Inspiration gestillt werden soll.
- um den eigenen Kopf zu entleeren und neuen Gedanken Platz zu machen.
- um frei zu assoziieren, ungewöhnliche Lösungen zu finden und mal alles rauszulassen, was in einem steckt.
- um eine angespannte Situation zu entkrampfen und den Druck herauszunehmen.
- wenn es um Lebensfreude und Zuversicht im Leben geht.
- in der Liebe und bei der Partnersuche.
- um der Realität zu entfliehen.
- um in die Zukunft zu blicken.
- um im Alter den Verfall der Synapsen ein wenig zu verlangsamen.
- um sich zu entspannen und neue Energie zu tanken.
- für die eigene Motivation und die der anderen.
- um Leute zu unterhalten.
- um die Reaktionen seiner Umwelt zu testen.
- um andere in Erstaunen zu versetzen und neue Perspektiven aufzuzeigen.
- damit die »normalen« Leute etwas haben, worüber sie sich aufregen können.

Eine spezielle Antwort, die aus meiner Umfrage stammt, möchte ich Ihnen in voller Länge gönnen, und zwar die von Christof Hintze, 38, geschäftsführender Gesellschafter der note Werbeagentur und bekennender Spinner: »Spinnen sind die Blue Notes im Jazz. Es sind die Noten, die auf keinem Blatt stehen, aber aus einfachen Melodien unvergesslichen Jazz machen. Man kann sie nicht abspielen oder nachspielen, man muss sie selbst spielen lernen, erleben oder Spinnern lauschen, die einen dazu einladen, bei diesem wunderbaren Gedankenspiel zugegen sein zu dürfen. Natürlich glauben aber auch weiterhin die meisten, das sei nur nervöses Geklimper. Damit müssen Spinner eben leben. Den anderen bleibt im Gegenzug eine ganze Welt verborgen.«

Nebenwirkungen und Grenzen
Wenig Umsetzungsdrang: Die kreativen Spinner sind eher harmlos in dem, was sie ihrer Umwelt zumuten. Kreatives Spinnen wurde von fast allen Befragten als sehr positiv bewertet, weil es neue Ideen bringt und das Leben schöner macht.

Nebenwirkungen für die Umwelt bestehen nur in sehr geringem Maß, wenn überhaupt am ehesten für die umsetzungsorientierten Macher, denen Kreative und ihre ständigen Ideen ohne Plan und Ziel irgendwann auf den Keks gehen. Liebe Umsetzer, ich verrate Euch einen Trick: Sobald wir uns einmal klargemacht haben, dass es in der Natur der Kreativen liegt, mehr Ideen zu haben, als sie jemals umsetzen können, dann fällt es uns leichter, großzügig zu sein. Und wenn wir dann noch wissen, dass es für viele Kreative das Größte ist, ihre Ideen laut loszuwerden, egal wo, wie oder wann, sie aber in den seltensten Fällen davon ausgehen, dass diese auch umgesetzt werden, dann fällt uns doch ein Stein vom Herzen und wir können einfach entspannt zuhören.

Verkannte Ernsthaftigkeit: Wenn Kreative glauben, dass Spinnen bei einem gemütlichen Gläschen Prosecco außerhalb von Raum und Zeit abläuft, irren sie. Mitnichten, denn kreatives Querdenken ist ein Arbeitsprozess wie jeder andere auch, er benötigt ebenso Ziele, Regeln und Werkzeuge. Darauf werde ich später im Kapitel »Techniken und Werkzeuge« noch ausführlich eingehen.

Mangelnder Respekt: Ein anderer negativer Aspekt ist eine gewisse Geringschätzung kreativer Leistungen von Seiten der Auftraggeber, die manchmal dazu neigen, kreative Spinner nicht ganz ernst zu nehmen. Besonders auffällig sind hier diejenigen mit den steifen Krägen und maximal kreativen Krawatten, deren Aufgabe es ist, Ideen im Vorfeld zu bewerten und die schlechten sofort zu eliminieren. Sie tun dies manchmal sehr leichtfertig mit einer schnellen Handbewegung und den flotten Sprüchen der Ahnungslosen. Kreative Querdenker brauchen nicht nur Ziele und Anleitung, sondern auch Motivation und Wertschätzung, sonst funktionieren sie nicht. Wertschätzung wird unter anderem auch dann spürbar, wenn ein anderer versucht, fremdartige Gedankengänge nachzuvollziehen und selbst ein bisschen quer zu denken, um gute Ideen nicht bereits im Vorfeld aus Versehen auszusortieren. Ich habe nicht selten Papierschnipsel und Skizzen aus Papierkörben gezogen, weil manche Ideen erst bei intensiverer Betrachtung oder in Kombination mit einem anderen Schnipsel ihre volle Wirkung entfalten.

Wo finden wir die typischen kreativen Querdenker?
Eine große Zahl der kreativen Querdenker arbeitet, wie der Name schon sagt, in kreativen Berufen im Bereich Kunst oder Musik, andere üben gestalterische

oder handwerklichen Tätigkeiten aus. Kreative Querdenker finden Sie aber auch in den Führungsetagen vieler erfolgreicher Unternehmen. Oftmals sind sie die Gründer oder Leiter mittelständischer Betriebe, Menschen mit herausragenden kreativen Fähigkeiten und zugleich Macherqualitäten. In den Großkonzernen ist es meist eine Frage der Haltung und der Unternehmenskultur, ob Menschen, die kreativ sind und quer denken, »nur« die entsprechenden kreativen Ressorts leiten oder auch entscheidenden Einfluss auf den Gesamtkonzern haben.

Berühmte Vertreter der kreativen Querdenker
Sir Peter Ustinov, Thomas Gottschalk, Hella von Sinnen, Loriot

Die Netzwerker

Netzwerker sind imstande, aus linearen Fäden ein Netz zu knüpfen, weil sie ungewöhnliche Verbindungen herstellen können und somit aus vielen Einzelteilen ein Ganzes schaffen. Das Prinzip ist das eines Spinnennetzes: Von einem Ausgangspunkt werden Fäden in alle Richtungen geworfen und miteinander verbunden. Ein besonderer Faden ist dabei der rote, der sich als Leitfaden durch alle Spinnereien ziehen sollte. Die Netzwerker verstricken sich auch manchmal in ihrem Netz oder verspinnen sich in eine Sache, sodass ihnen die Zusammenhänge verloren gehen und die Gesamtkonstruktion undurchschaubar wird. Dann ersticken sie beinahe oder werden zur Spinne, die sich in die Mitte ihres Netzes begibt und selektiert, wer oder was als Beute in Frage kommen könnte.

Aus dieser 360-Grad-Sicht heraus umrunden Netzwerker gedanklich ihr Objekt, lassen Ideen in alle Richtungen schießen und finden dabei Lösungen, die innovativ, ergonomisch, rationell oder einfach ungewöhnlich sind. Sie bewegen sich dabei geschickt in ihrem eigenen Netz und weben es so dicht, dass irgendwann nichts und niemand mehr durchfallen kann. Zumindest so lange nicht, bis jemand mit einem Besen oder Staubsauger kommt und das Gewebe zerstört.

Woran Sie Netzwerker erkennen
1. An ihrer 360-Grad-Sicht: Netzwerker können, wie manche Insekten, mit ihren Augen in alle Richtungen schauen. Sie interessieren sich für vieles, lieben den Austausch mit Gleichgesinnten und Menschen, die ihnen Neuigkeiten erzählen. Komplexität ist ihre Leidenschaft und sie haben Wege gefunden, diese zu beherrschen. Dies erreichen sie, indem sie abstrahieren,

Wesentliches von Unwesentlichem unterscheiden und ihre gut entwickelten Filtermechanismen einsetzen. Netzwerker lesen viel, gerne auch quer, sind oft Sammler und Jäger und versuchen ständig, ihr Chaos aus kleinen Zetteln, herausgerissenen Artikeln und eigenen Aufzeichnungen in den Griff zu bekommen.

2. **Am Zeitmanagement:** Netzwerker sind meist unter Zeitdruck, da es immer mehr zu tun, zu sehen, zu besprechen oder zu denken gibt, als an einem Tag zu schaffen wäre. Sie verabreden sich gerne, bringen noch spontan zehn andere Personen mit, kommen einen Tag zu spät oder sagen kurzfristig ab.

3. Am Energiepotenzial: Diese Menschen stehen oft unter Strom, weil sie ständig den Spagat zwischen Komplexität und einfacher Lösung versuchen. Da wird viel Energie freigesetzt, von der auch andere profitieren können.

Netzwerker sind lebensnotwendig,
* wenn wir auf eine Situation sofort reagieren müssen, von einem Punkt zum anderen springen und anschließend weiterspinnen sollen.
* wenn neue Zusammenhänge gesucht werden und neue Verknüpfungen die Lösung sind.
* wenn die gesamte Komplexität einer Angelegenheit aufgezeigt werden soll.
* wenn man versucht, durch Konzentration und Reduktion zum Punkt zu kommen.
* weil sie ein Thema aus verschiedensten Richtungen beleuchten können.
* weil sie den berühmten roten Faden suchen und finden.
* weil sie Beute machen wollen.
* wenn wir uns im Kreis gedreht und verzettelt haben.
* wenn Menschen von einer Idee überzeugt werden sollen.
* wenn ein Netz gebraucht wird, durch das nichts durchfallen kann.
* um die Hysterie, die von Spinnentierchen ausgelöst wird, zu verlieren.

Nebenwirkungen und Grenzen
Hoher Ressourcenverbrauch: Das Bilden von Netzen, Fäden und Knoten ist arbeitsintensiv, personal- und kostenaufwendig. Zudem wird Zeit für Recherchen und die Methode Versuch und Irrtum benötigt. Diese verschiedenartigen Ressourcen sind bei manchen Aufgabenstellungen einfach nicht in erforderlicher

Menge vorhanden. Steht für die Lösung eines Problems einmal wenig Zeit zur Verfügung, könnte es sein, dass diese den Netzwerkern nicht reicht, da sie häufig zu komplex denken. Geht es zum Beispiel um die Frage, wie ich innerhalb der nächsten drei Minuten am besten von A nach B komme, sind Ideen, die über D, H und das hohe C führen, möglicherweise kontraproduktiv.

Handlungsunfähigkeit: Wer zu viele Querverbindungen herstellt, könnte sich in seinem eigenen Netz verfangen und handlungsunfähig werden. Eine breite Auswahl an Möglichkeiten macht Menschen manchmal machtlos. Sie kennen sicher die Speisekarten in italienischen oder chinesischen Restaurants, die einen spätestens ab Gericht Nummer 186 völlig überfordern, einem den Appetit nehmen oder dazu verleiten, schon wieder Spagetti Bolognese zu bestellen. In manchen Situationen ist eine kleine Speisekarte gefragt und eine extreme Reduktion der Komplexität vonnöten, um alle Sinne beisammen zu halten und aktiv werden zu können.

Wo finden wir die typischen Netzwerker?
Umfelder für Netzwerker sind Gebiete, in denen es oftmals um extrem komplexe Aufgaben und Strukturen geht. Ein Beispiel ist der Teilbereich der Automobilindustrie, in dem es darum geht, mechanische, elektrische, elektronische, blecherne, weiche, designlastige, funktionale, sicherheitsorientierte oder andere Komponenten in einer einzigen Karosse unterzubringen. Da werden Menschen gebraucht, die in Netzen und am besten noch dazu dreidimensional denken können. Netzwerker sind auch oft unter Existenzgründern zu finden, da sie praktisch aus dem Nichts gleichzeitig eine Bankverbindung, Logo und Briefpapier, ein Büro, eine Mannschaft, Kaffee, Klopapier und Kekse, Kunden, Versicherungen, eine Präsentationsmappe, gute Kontakte und ein entspanntes Lächeln zaubern können. Auch dort, wo viel organisiert werden muss, etwa bei Events und komplexen Veranstaltungen, finden sich häufig Netzwerker. Oder wo unterschiedliche Interessen in Einklang zu bringen sind, zum Beispiel unter Bürgermeistern, sozial engagierten Menschen, in den Vorständen von Business Clubs oder in Gemeinderäten.

Berühmte Vertreter der Netzwerker
Inspektor Columbo, McGyver, Monika Scheddin, Karl-Heinz Böhm

Die Unberechenbaren

Es gibt Spinner, die verfügen über gute Rhetorik, sind begnadete Selbstdarsteller und Schauspieler, selbst ernannte Gurus, skurrile Egozentriker oder alles zusammen. Sie haben die Fähigkeit, abstrakte Zusammenhänge herzustellen, die Nicht-Spinnern verborgen sind, und beeindrucken oftmals mit neuen spektakulären Wortschöpfungen. Den Beweis, dass sie wirklich etwas draufhaben, bleiben sie aber oftmals schuldig und sind damit schwer einzuschätzen. Auch Spinner mit starken Stimmungsschwankungen und Launenhaftigkeit gehören in diese Gruppe. Diese Eigenschaften treten zutage, indem sie zum Beispiel heute 1.000 konstruktive Ideen liefern und morgen nur die eine, nämlich die ganze Welt in die Luft zu jagen. Die Unberechenbaren gehen ihren Gedanken oft ohne einen für andere erkennbaren Grund nach und sind bei Rückfragen selten in der Lage oder willens, die Umwelt an ihren geistigen Streifzügen teilhaben zu lassen.

Das Wesen des unberechenbaren Spinners ist, dass er ständig Dinge tut, mit denen keiner rechnet. Das kann inspirierend und beflügelnd sein oder einfach nur die Nerven strapazieren. Die Unberechenbaren sind Menschen, die wir an einem Tag bewundern, am anderen in kleine Stücke rupfen und an die Vögel verfüttern könnten. Sie sagen manchmal »warum«, manchmal »warum nicht« und interessieren sich heute schon nicht mehr für ihr Gerede von gestern.

Woran Sie die Unberechenbaren erkennen

1. **Am Gedächtnis:** Unberechenbare Spinner scheinen so manches Mal an extremem Gedächtnisverlust zu leiden. Kaum sprechen sie etwas aus, haben sie es schon vergessen. Sie erinnern sich manchmal auch nicht daran, ob die zündende Idee, die sie gerade zum Besten geben, von ihnen oder einem anderen stammt, zum Beispiel von dem, der gestern beim Abendessen mit am Tisch saß.

2. **Am eigenen Bauchgefühl:** Sicherheit ist in unserer Welt ein hohes Gut, die Sicherheit des eigenen Lebens, der Familie, des Arbeitsplatzes und auch die emotionale Sicherheit, wenn wir anderen Menschen vertrauen und uns auf sie verlassen. Unberechenbare Menschen stellen ein emotionales und faktisches Risiko dar, was dazu führt, dass wir häufig rein instinktiv Abstand zu ihnen halten.

3. **Am Lehrgeld:** Es ist in keinster Weise verwerflich, sich von den unberechenbaren Spinnern anstecken zu lassen, denn sie sind in den meisten Fällen fas-

zinierende, unterhaltsame Persönlichkeiten, die andere leicht um den Finger wickeln können. Es ist auch nicht falsch, sich mit ihnen einzulassen, sie zum Freund zu haben oder mit ihnen Geschäfte zu machen. Allerdings sollte man nicht überrascht sein, wenn dabei manchmal Lehrgeld zu zahlen ist. In der Form nämlich, dass wir enttäuscht werden, vielleicht eigene Versprechen nicht einhalten können oder bares Geld verlieren. Die Höhe des Lehrgeldes hängt dabei ganz von der eigenen Schmerzgrenze ab.

Die Unberechenbaren sind lebensnotwendig,
- um für Bewegung in einer sehr starren Struktur zu sorgen.
- damit auch diejenigen eine Chance bekommen, denen man bisher bestimmte Dinge nicht zugetraut hätte.
- wenn es in bestimmten Momenten nur einen geben kann, der aber gerade nicht da ist.
- wenn Sie einen Guru oder externen Leithammel suchen.
- wenn die Normalen überhand nehmen.
- wenn Entertainment und Überraschungseffekte gefragt sind.

Nebenwirkungen und Grenzen
Verantwortungslosigkeit: So sehr überraschendes Spinnen bei einem Künstler als Tugend bezeichnet werden kann, so gefährlich ist es zum Beispiel bei einem Airbuspiloten, einem Herzchirurgen, dem Fahrer des Schulbusses, dem Anlageberater, einem Richter oder bei anderen Menschen in wirklich verantwortungsvollen Positionen. Für solche Aufgaben sind die Unberechenbaren im Regelfall nicht geeignet.

Machtmissbrauch: Auch in der Politik und in der Wirtschaft können die unberechenbaren Spinner großen Schaden anrichten. Man braucht nur einmal an die ganzen Spendenaffären und die noch immer nicht aufgeklärten Zusammenhänge zu denken. Oder an Hilmar Kopper, Vorstandsvorsitzender der Deutschen Bank, der 1994 Aufsehen erregte, als er Verluste von 50 Millionen Mark, die wegen der Immobilienspekulationen des Unternehmers Jürgen Schneider entstanden waren, als »Peanuts« bezeichnete. Zumal diese »Ungereimtheiten« Rechnungen von Handwerkern betrafen und dadurch etliche Betriebe vom Konkurs bedroht waren.

Auf die Unberechenbaren treffen wir in Umfeldern, die von Überraschungseffekten leben, zum Beispiel in der Kunst, der Musik oder der Erlebnis-Gastronomie, insbesondere wenn es nicht in erster Linie auf Kontinuität, sondern auf schnelle und sichtbare Veränderungen ankommt. Ebenso sind sie dort zu finden, wo ein großes Bedürfnis nach Auflehnung und Rebellion besteht, zum Beispiel in der Mode oder der Musikindustrie, in der jeden Tag die Welt neu erfunden und nach neuen Idolen gesucht wird. Oder in der Kunst, wenn es darum geht, das Establishment zu stören und wachzurütteln.

Berühmte Vertreter der Unberechenbaren
Madonna, Robbie Williams, Prinz Ernst August von Hannover, Matthias Horx, Mike Tyson

Die Wahrnehmungs-Autisten

Zu diesem Spinnertyp gehören Menschen, die gerne auf ihren eigenen Ideen beharren und sich weniger gern auf Diskussionen mit Andersdenkenden einlassen. Manchmal verrennen sie sich in ihre Ideen, die zum Lebensinhalt werden können, ernennen sich zum beseelt-besessenen Missionar in eigener Sache und versuchen viele Schäfchen aus der Nachbarschaft, der Familie und dem Schützenverein für die Ideengemeinde zu gewinnen. Oft leben diese Spinner in ihrer eigenen Welt, für die sie auch spezielle Regeln und Lösungen erfinden. Wahrnehmungs-Autisten sind meist Menschen, die sich erst auf den zweiten Blick zeigen, äußerlich eher unauffällig, aber mit inneren Werten, nach denen allerdings erst gegraben werden muss. Eine spezielle Variante in dieser Gruppe sind die Spaß-Autisten, die durch besonders witzige Geschichten auf sich aufmerksam machen wollen, indem sie zum Beispiel behaupten, Marilyn Monroe sitzt bei ihnen in der Küche und isst Käsekuchen oder sie müssten mit einem Ufo zum TÜV, bevor ihr letzter Alienbesuch weiterfliegen kann. Wahrnehmungs-Autisten sind nicht selten der Meinung, dass sie selbst völlig normal sind, aber alle anderen einen Sprung in der Schüssel haben.

Woran Sie Wahrnehmungs-Autisten erkennen
Wahrnehmungs-Autisten verwenden häufig das Wort »ich« anstelle von »wir« und sehen die Welt ausschließlich mit ihren Augen. Nur selten reagieren sie

auf feine Hinweise und Anspielungen, weil diese in einer für sie nicht wahrnehmbaren Frequenz liegen. Erst eindeutig formulierte, gut hörbare Aussagen erregen ihre Aufmerksamkeit. Die Angehörigen dieser Gruppe besitzen selten Kalender, dafür kennen sie aber Leute, die es gut mit ihnen meinen und auf sie aufpassen. Sie merken sich maximal ihren eigenen Geburtstag, verschlafen Weihnachten, vergessen seit fünf Jahren immer wieder den Namen ihres Kollegen und bleiben gern am Ende von Rolltreppen stehen, wo sie andere beim Aussteigen behindern.

Wahrnehmungs-Autisten sind lebensnotwendig,
- weil sie als Ideen-Legionäre eine Sache durchziehen, auch wenn alle anderen schon längst aufgegeben haben.
- weil sie Mechanismen entwickeln, um unangenehme Situationen auszuhalten, auch wenn sie vermuten, dass alle anderen sie für bescheuert halten.
- weil sie die Begabung haben, über Grenzen hinweg zu denken, da sie gar nicht merken, wo diese liegen.
- weil sie oft herausragende Spezialbegabungen haben.
- weil sie durch ihre sture Leidenschaftlichkeit andere mitreißen.
- weil sie nicht von den Launen ihrer Umwelt abhängig sind.
- weil sie keine Motivation von außen brauchen, um aktiv zu werden.
- weil sie sich mit sich selbst beschäftigen, sich selbst immer wieder neu entdecken und erleben und nur selten andere mit ihrer Selbstfindung behelligen.
- weil sie weniger schüchtern und unterdrückt sind, sondern geradeheraus und ehrlich.
- weil sie eine gute Chance haben, glückliche Menschen zu sein, die sich nicht zu viele Gedanken um gesellschaftliche Zwänge oder die Zukunft machen.

Nebenwirkungen und Grenzen
Soziale Unverträglichkeit: Im schlimmsten Fall werden aus Wahrnehmungs-Autisten Sonderlinge, die durch zunehmende Besessenheit andere belästigen und nicht mehr in der Lage sind, sozialverträglich am gesellschaftlichen Leben teilzunehmen. Sollte ihr Missionarseifer und ihr Überzeugungswille auf ihrem jeweiligen »Spezialgebiet« überhand nehmen, ist damit zu rechnen, dass sie nicht auf die erhoffte Begeisterung stoßen, sondern Unmut von ihren Mitmenschen auch einmal laut und deutlich zu hören bekommen.

Der erste Eindruck: Häufig entfalten Wahrnehmungs-Autisten ihre volle Wirkung erst beim zweiten Hinsehen. Dafür müssen diejenigen, die mit ihnen zu tun haben, Vorurteile und schnelle Meinungen im Zaum halten und sich Zeit nehmen, um diese Menschen zu entdecken.

Tunnelblick: Wahrnehmungs-Autisten achten zuweilen wenig auf die Belange ihrer Mitmenschen. Ihrer Umwelt vermitteln sie mithilfe ihrer rhetorischen Fähigkeiten, dass alles völlig klar und logisch wäre, um sie dann nach Beseitigung aller Klarheiten im Regen stehen zu lassen. Diese Spinner sind mit Vorsicht zu genießen, wenn sie so tun, als läge ihnen das Gemeinwohl am Herzen und sie zum Beispiel ihr Geld in der Politik oder mit der Erziehung unserer Kinder verdienen.

Wo wir die typischen Wahrnehmungs-Autisten finden
Wahrnehmungs-Autisten sind dort anzutreffen, wo Probleme nicht mehr auf einen Blick erkennbar sind und Themen erforscht werden, deren Namen Sie und ich nicht mal aussprechen können. Zum Beispiel in technischen Labors, Forschungszentren und Fachabteilungen, in die selten ein Außenstehender kommt, in denen Spezialwissen gehütet oder autistische Genies vor sich und anderen in Sicherheit gebracht werden. Ebenso stehen Wahrnehmungs-Autisten dort hoch im Kurs, wo es neue Länder zu erobern gilt oder verwegene Entdecker gefragt sind, die Fans und Mitstreiter für die gemeinsame Sache gewinnen und begeistern sollen. Dazu gehört auch, dass ihre Vorstellung von Moral und Ethik sich manchmal der jeweiligen Aufgabe und den äußeren Umständen flexibel anzupassen hat.

Berühmte Vertreter der Wahrnehmungs-Autisten
Christoph Kolumbus, Jürgen Möllemann, Ludwig II., Richard Wagner, der junge Bill Gates

Nachdem Sie nun die Spinn-Typen kennen gelernt haben, wissen Sie, dass Spinner keine Bedrohung für die Menschheit darstellen, weder gewalttätig noch irre oder psychopathisch sind. Denn in solchen Fällen handelt es sich nicht um Spinner, sondern um Kranke, Fanatiker oder Straftäter. Die Typologie der Spinner zeigt vielmehr, dass jede Form des Spinnens, auch wenn sie auf den ersten Blick grenzwertig erscheint, viele positive Auswirkungen hat, wenn man sie in Relation zu Einsatzgebiet, Umständen und der jeweiligen Aufgabe stellt.

Dabei ist es genauso wichtig, sich die genannten Nebenwirkungen bewusst zu machen, um diese frühzeitig erkennen und ihnen entgegensteuern zu können. Jeder Spinner unter uns hat spezielle Fähigkeiten und sollte diese gezielt in bestimmten Situationen und Aufgabenbereichen einsetzen. Schließlich holen Sie sich ja auch keinen Deckenmaler aus der Sixtinischen Kapelle, wenn Sie Ihr Wohnzimmer neu gestrichen haben wollen.

Was zeichnet einen Spinner aus?

Die Ergebnisse meiner Umfrage weisen darüber hinaus auf die Gemeinsamkeiten und Eigenschaften hin, durch die sich alle Spinner auszeichnen, einige mehr, andere weniger, manchmal deutlich erkennbar, manchmal etwas im Geheimen verborgen.

1. Spinner sehen was, das du nicht siehst
Spinner können quer, vernetzt, rückwärts, dreidimensional oder ums Eck denken, stellen Verbindungen her, die für andere nicht sichtbar sind, und kombinieren Bestehendes immer wieder neu.

2. Spinner sind widersprüchlich
Spinner-Persönlichkeiten können scheinbar widersprüchliche Eigenschaften oder Vorlieben in sich vereinen. Es gibt zum Beispiel Spinner, die offen und ignorant, faul und fleißig zugleich sind, sich für die schönen Künste interessieren und dreimal in der Woche mit ihrem Kegelclub die Biervorräte in der Eckkneipe niedermachen.

3. Spinner sind offen und interessiert
Spinner verfügen über sensible Antennen für das, was um sie herum passiert. Sie nehmen sehr intensiv wahr und verarbeiten ihre Eindrücke weiter. Ihre vielseitigen Interessen betreffen sowohl Fachthemen als auch die Belange ihrer Mitmenschen. Spinner sind ständig auf der Suche und offen für Neues.

4. Spinner sorgen für Bewegung
Spinner rütteln an Bekanntem, brechen Regeln, ignorieren Vorgaben und Normen, stören bestehende Abläufe und lassen sich schwer in Schubladen stecken.

Dort, wo Spinner sind, herrscht Bewegung im Denken und im Handeln, sie können andere motivieren, begeistern und mitreißen.

5. Spinner sind Überzeugungstäter

Spinner verfolgen leidenschaftlich die Umsetzung ihrer Ideen, sie sind mutig und geben nicht auf, bevor sie ihr Ziel erreicht haben. Als extreme Arbeitstiere leisten sie ein immenses Pensum an Überstunden und arbeiten auch dann noch, wenn andere schon ins Wochenende gefahren sind. Das liegt daran, dass sie ihre Arbeit nicht als Belastung, sondern als Bereicherung empfinden.

6. Spinner motivieren sich selbst

Spinner haben eine eigene Energiequelle, aus der immer wieder Ideen und Impulse sprudeln, einen natürlichen Motor, der sie jeden Tag aufs Neue anschiebt. Sie motivieren sich aus sich selbst heraus, machen sich von der Meinung anderer unabhängig, sind geistig autark. Ihre Gedanken kreisen um Chancen, nicht um Probleme und sie suchen lieber nach Argumenten dafür als dagegen.

7. Spinner haben eine gesunde Fehlerkultur

Spinner kultivieren die Methode Versuch und Irrtum, probieren aus, verwerfen eine Sache, um sie von einer anderen Seite aus neu anzugreifen. Denn sie wissen, dass das Ergebnis zählt, nicht die Anzahl der Fehlversuche, und dass Fehler Lerneffekte bringen und damit notwendig sind.

8. Spinner tun einfach gut

Durch sie wird das Leben bunter, denn Spinner blasen anderen ordentlich den Kopf durch, sorgen für Abwechslung und Bewegung, inspirieren und motivieren. Sie erzählen Geschichten, kennen Witze, können singen, imitieren Tiere, verblüffen, machen wach und sind gut gegen Langeweile.

9. Spinner sind manchmal einsam

Zwangsläufig geschieht es manchmal, dass sich Spinner durch die Art ihres Denkens isolieren, vor allem, wenn sie in einem Umfeld leben, das nicht offen und interessiert ist. Auch eine große Menge von Menschen, die einen Spinner umgibt, ist per se kein Garant dafür, dass er sich nicht trotzdem geistig einsam fühlt.

10. Spinner sind Zündung und Motor für Neues

Dort, wo Spinner am Werk sind, werden Ideen geboren. Hier liegt die Quelle für Neues, innovatives Denken, neuartige Produkte, die Chance, sich gegen andere im Wettbewerb zu behaupten, und der Schlüssel zum persönlichen Erfolg.

Test: Wie hoch ist Ihr persönliches Spinn-Potenzial?

Um herauszufinden, wie es um Ihr Spinn-Potenzial bestellt ist, brauchen Sie nur die folgenden 30 Fragen zu beantworten. Überlegen Sie bei jeder Antwort nicht länger als drei Sekunden, dann sind Sie in 90 Sekunden, also in eineinhalb Minuten, damit fertig. Ihre Antworten tragen Sie bitte auf der Skala von –6 bis +6 ein, pro Frage machen Sie ein Kreuz. –6 bedeutet ein entschiedenes »Nein, überhaupt nicht, unter keinen Umständen, pfui«, +6 heißt »Ja, ganz genau, in jedem Fall, absolut richtig«. In der Mitte liegt die Null, die für »Weiß nicht, kann mich nicht entscheiden, will mich nicht festlegen, fifty-fifty« steht. Damit ist für jeden etwas dabei.

1. Glauben Sie an das Christkind?

2. Können Sie spontan einen Witz erzählen?

3. Ignorieren Sie von Zeit zu Zeit die Anweisungen Ihrer Vorgesetzten?

4. Sagen andere über Sie, dass Sie spinnen?

5. Sammeln Sie irgendetwas Ausgefallenes?

6. Haben Sie in den letzten zwei Wochen jemanden zu einem Event (Kino, Party, Theater, Essen, Natur) begleitet, ohne das Programm oder Ziel zu kennen?

7. Haben Sie in den letzten vier Tagen Freunde oder Bekannte getroffen?

8. Fällt Ihnen spontan eine Geschichte ein, die Ihnen jemand vor kurzem erzählt hat?

9. Wissen Sie, was ein Knallerbsenstrauch ist?

10. Sind Sie kreativ?

11. Können Sie gut zuhören?

12. Stellen Sie in Gesprächen mehr Fragen als Ihr Gegenüber?

13. Haben Sie in den letzten zwei Wochen etwas Unsinniges getan?

14. Haben Sie einen Traum von sich selbst, Ihrem Leben, der vielleicht ganz weit weg ist, aber immer in Ihrem Kopf herumspukt?

15. Kennen Sie drei Menschen, mit denen Sie sich gerne über das Thema Wüste unterhalten würden?

16. Hatten Sie in der letzten Woche eine gute Idee, wie ein bestimmtes Problem gelöst werden kann? Jedes noch so kleine Problem zählt.

17. Setzen Sie selbst einen Teil Ihrer Ideen in die Tat um?

18. Sind Sie handwerklich begabt?

19. Versinken Sie manchmal in Ihren Gedanken?

20. Haben Sie sich schon einmal mit einem Taubenzüchter unterhalten?

21. Halten Sie Einstein für einen Spinner?

22. Denken Sie, dass die chinesische Medizin auch bei uns in der westlichen Welt funktioniert?

23. Kennen Sie zwei Techniken oder Werkzeuge, mit denen sich die Kreativität steigern lässt?

24. Haben Sie in einem Restaurant schon mal etwas bestellt, das Sie nicht kannten?

25. Mögen Sie Oliven?

26. Halten Sie Dieter Bohlen für fleißig?

27. Denken Sie, dass Thomas Alva Edison mehr als 500 Versuche benötigt hat, um eine Glühbirne herzustellen?

28. Können Sie sofort sehen, was dieses Wort bedeutet: sträwkcür?

29. Probieren Sie morgens auf dem Weg zur Arbeit, in die Uni, in die Schule unterschiedliche Wege aus?

30. Finden Sie diesen Test aufschlussreich?

Haben Sie alle Fragen beantwortet und überall ein Kreuz gemacht? Dann verbinden Sie bitte die Kreuze bei den Fragen von 1 bis 30 senkrecht miteinander und betrachten Sie die Linie, die sich daraus ergeben hat. Der Verlauf dieser Linie bestimmt den Grad Ihres Spinnens. Bitte blättern Sie jetzt um, falls Sie es nicht eh schon längst getan haben, weil Sie neugierig auf die Auswertung waren. Halten Sie nun die Seite mit Ihrer Linie und die mit der Auswertung übereinander gegen das Licht und finden Sie heraus, in welchem Bereich der Skala sich der größte Teil Ihrer Linie befindet. Liegt sie hauptsächlich im dunkelgrauen Bereich, links zwischen –6 und –2, im grauen Bereich zwischen –2 und +2 oder im hellgrauen Bereich zwischen +2 und +6?

1. Glauben Sie an das Christkind?
2. Können Sie spontan einen Witz erzählen?
3. Ignorieren Sie von Zeit zu Zeit die Anweisungen Ihrer Vorgesetzten?
4. Sagen andere über Sie, dass Sie spinnen?
5. Sammeln Sie irgendetwas Ausgefallenes?
6. Haben Sie in den letzten zwei Wochen jemanden zu einem Event (Kino, Party, Theater, Essen, Natur) begleitet, ohne das Programm oder Ziel zu kennen?
7. Haben Sie in den letzten vier Tagen Freunde oder Bekannte getroffen?
8. Fällt Ihnen spontan eine Geschichte ein, die Ihnen jemand vor kurzem erzählt hat?
9. Wissen Sie, was ein Knallerbsenstrauch ist?
10. Sind Sie kreativ?
11. Können Sie gut zuhören?
12. Stellen Sie in Gesprächen mehr Fragen als Ihr Gegenüber?
13. Haben Sie in den letzten zwei Wochen etwas Unsinniges getan?
14. Haben Sie einen Traum von sich selbst, Ihrem Leben, der vielleicht ganz weit weg ist, aber immer in Ihrem Kopf herumspukt?
15. Kennen Sie drei Menschen, mit denen Sie sich gerne über das Thema Wüste unterhalten würden?
16. Hatten Sie in der letzten Woche eine gute Idee, wie ein bestimmtes Problem gelöst werden kann? Jedes noch so kleine Problem zählt.
17. Setzen Sie selbst einen Teil Ihrer Ideen in die Tat um?
18. Sind Sie handwerklich begabt?
19. Versinken Sie manchmal in Ihren Gedanken?
20. Haben Sie sich schon einmal mit einem Taubenzüchter unterhalten?
21. Halten Sie Einstein für einen Spinner?
22. Denken Sie, dass die chinesische Medizin auch bei uns in der westlichen Welt funktioniert?
23. Kennen Sie zwei Techniken oder Werkzeuge, mit denen sich die Kreativität steigern lässt?
24. Haben Sie in einem Restaurant schon mal etwas bestellt, das Sie nicht kannten?
25. Mögen Sie Oliven?
26. Halten Sie Dieter Bohlen für fleißig?
27. Denken Sie, dass Thomas Alva Edison mehr als 500 Versuche benötigt hat, um eine Glühbirne herzustellen?
28. Können Sie sofort sehen, was dieses Wort bedeutet: sträwkcür?
29. Probieren Sie morgens auf dem Weg zur Arbeit, in die Uni, in die Schule unterschiedliche Wege aus?
30. Finden Sie diesen Test aufschlussreich?

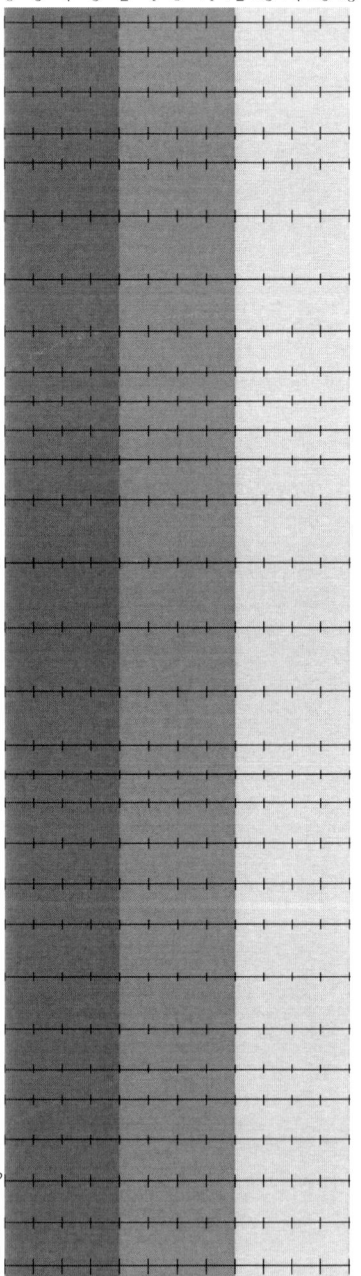

Auswertung

Ihre Linie ist hauptsächlich im dunkelgrauen Bereich
Ihr Spinn-Potenzial ist vorhanden, aber momentan noch wenig sichtbar. Sie hadern mit sich, ob sie den Begriff »Spinner« wirklich gut finden und ob er zu Ihnen passt. Sie sind in jedem Fall ein Macher, der Dinge umsetzt und Ergebnisse vorweisen kann. Wenn Sie öfter auf Ihr Spinn-Potenzial zugreifen und die Chancen daraus nutzen würden, hätten Sie die ideale Kombination, um Ihre Sache noch besser zu machen und Ihre geheimen Ideen Wirklichkeit werden zu lassen. Nur Mut und schnell weiterlesen.

Ihre Linie ist hauptsächlich im grauen Bereich
Sie verfügen über ein sehr gutes Spinn-Potenzial, das sie manchmal hervorragend in Ihren Lebens- und Arbeitsalltag einbringen, manchmal aber auch schlichtweg ignorieren oder vergessen. Nicht weil sie nicht spinnen können, sondern weil sie bisher noch nicht auf die Idee gekommen sind, dass Spinnen auch in scheinbar spinnfreien Zonen zu hervorragenden Lösungen führen kann. Das tut es, also schnell ein paar neue Techniken aus dem Buch ausprobieren und öfter mal spinnen.

Ihre Linie ist hauptsächlich im hellgrauen Bereich
Ich verleihe Ihnen das Prädikat »besonders spinntauglich«, denn Sie sind ein Spinner mit Naturtalent und leben dieses auch aus. Sie vertrauen auf sich selbst und haben bereits erkannt, dass Spinnen eine ausgesprochen gute Methode ist, um Ihre Fähigkeiten zu optimieren und aktiv zu leben. Weiter so und schnell neue Impulse aus diesem Buch saugen.

Ihre Linie weist ein wildes Zickzack auf?
Super, dann haben Sie entweder eine oder mehrere Fragen falsch beantwortet, unbewusst geschummelt oder die besten Voraussetzungen dafür, ein waschechter Spinner zu sein, der nicht linear denkt, sondern in Schleifen und Biegungen. Damit erhalten Sie die Spinnersonderauszeichnung »ganz besonders spinntauglich«.

Bitte ausschneiden und auf die Brust heften, kleben oder legen.

Wenn Sie meinen Zeitvorgaben gefolgt sind, haben Sie für die Beantwortung der Fragen ein Zeitinvestment von eineinhalb Minuten, für das Lesen der Anleitung und der Auswertung noch einmal maximal fünf Minuten aufgebracht. Der gesamte Aufwand betrug dann gerade einmal sechseinhalb Minuten. Und in so kurzer Zeit haben Sie ein paar geistige Purzelbäume geschlagen und sich warm gesponnen. Wenn sich das nicht gelohnt hat!

Warum Spinnen Pflicht ist

Spinnen sollte kein Luxus sein, den wir uns ab und an großzügig gönnen, um uns etwas Gutes zu tun. Zum Beispiel dann, wenn alle wichtigen beruflichen Themen geregelt sind, der Kühlschrank prall gefüllt ist und das erholsame Wochenende naht. Spinnen stellt kein Kann-Kriterium oder einen temporären Ausnahmezustand dar, sondern ist unser tägliches Brot und selbstverständlicher Bestandteil unseres Lebens – wie Zähneputzen oder das Einschalten des Computers.

Wettstreit der Spinner

Wir leben in einer Wettbewerbsökonomie und Wettbewerb lebt qua Definition davon, dass Menschen und Unternehmen im Wettstreit miteinander stehen und versuchen, sich von den Mitstreitern abzuheben. Das tun sie, indem sie Dinge anders, schneller, größer oder besser machen, um sich Vorteile zu verschaffen und als Sieger durchs Ziel zu gehen. Innovationen sind es, die wettbewerbsorientierte Systeme lebendig halten und langfristig erfolgreich machen. Neue Ideen, die umgesetzt werden und damit Wissen vermehren oder auf andere Wege führen, Geld in die Kassen spülen, das Image stärken und den wichtigen Vorsprung vor der Konkurrenz verschaffen. Hinter diesen Innovationen stehen Menschen, die mit ihren Ideen Neuheiten ermöglichen, eine kluge Auswahl treffen, die Machbarkeit abklären, Ressourcen zur Verfügung stellen, Umsetzungsstrategien entwickeln und ihre Vorstellungen Realität werden lassen. So entstehen zum Beispiel Autos, die mit Wasserstoff betrieben werden, Handys, die fotografieren können, »intelligente« Kühlschränke, die via Internet Lebensmittel nachbestellen, oder »Work-Life-Balance-Agenten«, die dafür sorgen, dass bei unserem Lebensentwurf das Gleichgewicht gewahrt bleibt.

Die einfache Konsequenz daraus ist, dass wir es uns überhaupt nicht leisten können, nicht innovativ zu denken und zu handeln. Weder in unserem beruflichen Umfeld als Führungskraft und Vorbild noch im privaten Bereich, wenn wir als Ehepartner, Elternteil oder Freund Energien freisetzen und Lösungen finden wollen, um unser Leben genau so zu gestalten, dass wir uns wohl fühlen. Darüber hinaus bedeutet es, dass Gemeinschaften und Unternehmen ohne Menschen, die Neues denken und tun, nicht wettbewerbsfähig sind. Wer heute keine

Spinner in den eigenen Reihen hat, hat morgen keine Chance. Hatte er übrigens auch bisher nicht. Verschärft wird diese Konsequenz derzeit durch die engen Märkte und konjunkturellen Schwierigkeiten. Gerade jetzt ist es besonders wichtig, frische Energie und neue Ideen zu entwickeln. Unternehmen tun also gut daran, das Spinn- und Innovationspotenzial ihrer Mitarbeiter zu fördern, um wettbewerbsfähig und damit erfolgreicher als die Konkurrenz zu sein.

Diese grundlegende Einsicht ist nicht neu und wird von wirtschaftswissenschaftlicher Seite immer wieder durch Zahlen und Fakten belegt. Ein Beispiel: Prof. Dr. Tom Sommerlatte, Vice President der Arthur D. Little, Inc. und Prof. Dr. Ulrich Grimm, Inhaber des Lehrstuhls für Allgemeine Betriebswirtschaftslehre an der European Business School in Oestrich-Winkel, haben über einen Zeitraum von sechs Jahren besonders innovative Unternehmen beobachtet und analysiert. Als ein wichtiges Ergebnis ihrer Untersuchung entwickelten die beiden die »Innovation Scorecard« – ein Instrument, mit dem »ein Unternehmen bestimmen kann, inwieweit es die Voraussetzungen für hohe Innovationsleistung erfüllt beziehungsweise was es verändern muss, um den größtmöglichen Innovationserfolg zu gewährleisten.«[8]

Die innovativsten Unternehmen Deutschlands und ihre Spinner[9]

Bei ihrer Analyse konnten Sommerlatte und Grimm aufzeigen, dass vorbildliches Innovationsmanagement und Unternehmenserfolg eng miteinander verknüpft sind. Anhand ihrer Ergebnisse definieren sie die notwendigen Strukturen im Unternehmen, legen dar, welche Voraussetzungen geschaffen werden müssen, und zeigen, welche Spielregeln im Umgang mit Innovationen gelten. Zu den innovativen und erfolgreichen Firmen zählen nach dieser Untersuchung:

SAP, Infomationstechnik
Schering, Chemie/Pharma
Altana, Chemie/Pharma

----

[8] »Kreativität besser managen« in: Harvard Businessmanager 2/2003, Seite 49–55.
[9] Stand 2003

Veritas, Automobil
Sixt, Transport/Tourismus
Beiersdorf, Chemie/Pharma
Hugo Boss, Textilindustrie
Sartorius, Anlagen-/Maschinenbau
Siemens, Elektrotechnik
Porsche, Automobil

Den Artikel im *Harvard Businessmanager,* in dem die Ergebnisse dieser Analyse unter dem Titel »Kreativität besser managen« vorgestellt wurden, habe ich mit Begeisterung gelesen. Die Untersuchung macht klar, dass innovatives Denken und Handeln kein Kann-Kriterium für den Unternehmenserfolg ist, sondern ein absolutes Muss. Und dass es sich bei der Entwicklung und Realisierung des Neuen um nachvollziehbare Prozesse mit klaren Strukturen und messbaren Größen handelt. Das Hauptaugenmerk im genannten Artikel richtete sich auf innovative Unternehmen mit klangvollen Namen. Was mich aber noch viel mehr interessierte, waren die Helden, die in diesen Unternehmen arbeiten, die Menschen, die für diese innovativen Prozesse verantwortlich sind. Ich war sicher, dass sich unter ihnen großartige Spinner befinden, und die wollte ich gerne kennen lernen, um von ihnen zu lernen. Außerdem war ich neugierig, wie diese erfolgreichen Unternehmen es schaffen, die Spinner in ihren Reihen zu fördern, deren Spinn-Potenzial optimal zu nutzen und so im Ranking der innovativsten Unternehmen ganz vorn zu stehen. Darum habe ich mit Dr. Tom Sommerlatte Kontakt aufgenommen und ihn gebeten, mir Ansprechpartner zu nennen, die ich zum Thema Spinnen näher befragen könnte. Dr. Sommerlatte war sehr kooperativ, nannte mir einige Namen und ich vereinbarte Gesprächstermine, um mit einigen der innovativsten Köpfe Deutschlands zu reden.

Beispiel Beiersdorf

Die Beiersdorf AG hat weltweit 18.000 Mitarbeiter, ist in den Bereichen Körperpflege/Kosmetik, Wundversorgung/Gesundheit und Klebetechnologie tätig und mit starken Marken wie zum Beispiel Nivea und Hansaplast in Geschäften auf der ganzen Welt vertreten. In Hamburg traf ich Dr. Hans-Henry Wendt, Corporate Vice President des Bereichs Technology/QM medical. Dr. Wendt ist verantwortlich für Forschung und Entwicklung, Produktion, Qualitätsmanagement und -sicherung und einiges mehr. Die wohl bekanntesten Produkte aus seinem Bereich sind die verschiedenen Pflaster von Hansaplast.

Ich habe mich schon sehr auf das Gespräch gefreut, weil Herr Dr. Wendt trotz Urlaub einen spontanen Termin möglich gemacht und mein Anliegen am Telefon mit einem »Oh ja, über Innovationen spreche ich gerne« kommentiert hat. Gut verständliche Informationen zum Unternehmen fand ich im Internet unter www.beiersdorf.de. Der sehr kurze Abschnitt »Unser Erfolgsprofil« enthält die beiden einfach anmutenden Sätze: »Wir sind seit 120 Jahren erfolgreich, weil wir ständig Innovationen auf den Markt bringen. Unermüdlich forschen wir, entwickeln neue Ideen, verbessern unser Angebot.« Wie schafft Beiersdorf das? Wo stecken die innovativ denkenden Spinner und wie wird deren Potenzial zu Marktanteilen und Umsätzen umgewandelt? »An Ideen mangelt es uns nicht, was wir irgendwann klären mussten, war, wofür wir Ideen brauchten und entwickelten«, sagt Dr. Wendt. Ideen seien wie Gold-Nuggets, die manchmal nur der Fachmann erkennen kann und die erst gereinigt und poliert werden müssen, damit sie verwertbar sind. Man bräuchte die Ideen dann nur zu nehmen, ins richtige Körbchen zu legen und dann eine nach der anderen abzuarbeiten. »Und das können wir Normalos auch.«

Die Herausforderung bestand also darin, ein System zu schaffen, um alle Ideen zu sammeln, aufzuschreiben, zu bewerten und etwas daraus zu machen. Dafür hat Beiersdorf unter anderem eine Datenbank eingerichtet, in der alle Ideen landen, keine wird aus Versehen weggeworfen, weil sie momentan vielleicht nicht relevant ist. Und: Wer seine Vorstellungen etwa über das Intranet ins System eingeben möchte und sich fachlich wie formal schwer damit tut, findet im Netz Adressen von Kollegen, an die er sich wenden kann und die ihn bei der Formulierung und Publizierung seiner Idee unterstützen.

Dr. Wendt erzählt von den kreativen Köpfen in den eigenen Reihen, die als Ideenexperten zu internationalen Brainstormings geladen werden, und von Günter Netzer. (Netzer? Den kenne ich doch, der hat doch mal Fußball gespielt!) Es ging um das Pokalendspiel 1973 zwischen Borussia Mönchengladbach und dem 1. FC Köln, als Netzer in der Verlängerung beim Stand von 1:1 kurz vor Ende des Spiels von der Reservebank aus einen seiner Mannschaftskollegen an den Spielfeldrand winkte, sich selbst eigenmächtig einwechselte, auf den Platz ging, sich den Ball erkämpfte und das Granatentor zum 2:1-Sieg schoss. »Netzer war ein Spinner«, sagt Wendt, »als er das tat, wie er es tat, und es hat funktioniert. Aber kennen Sie Hucky Wimmer?« »Nö, noch nie gehört.« »Sehen Sie, keiner kennt Hucky

Wimmer, das war der, der immer auf den Netzer aufgepasst hat, wenn der mal zu lange in der Disco war, der für ihn gerannt ist, die Gegner von ihm fern hielt, ihm Raum verschaffte und die richtigen Vorlagen gab.« Spinner sind wichtig, aber ohne Hucky Wimmers geht es auch nicht. Die Mannschaft muss richtig aufgestellt sein, damit jeder an der optimalen Position spielen kann.

Was für ein Glück für mich, gerade auf Dr. Wendt zu stoßen, einen promovierten Physiker mit herausragenden Spinnereigenschaften. Vor mir saß ein extrem guter Trainer-Spielführer-Funktionär-Mittelstürmer-Torwart, der Spaß am Umgang mit Menschen hat und sein Wissen gerne teilt. Kein Wunder, dass jemand wie er Bewerber mit verqueren Lebensläufen nicht sofort ausfiltert und dass bei ihm kreative Spinner nicht automatisch nach dem ersten Gespräch rausgekegelt werden, weil ihnen das Hemd aus der Hose hängt. Oder weil sie der Aufforderung, in maximal drei Minuten kurz über ihre Arbeit zu sprechen, nur schwerlich bis gar nicht nachkommen können. Wer nach dem zwei- bis dreistufigen Bewerbungsgespräch, in dem zum einen das technische Know-how, zum anderen der Mensch und die Einstellung zu seiner Arbeit bewertet werden, einen interessanten Eindruck macht, hat auch dann noch Chancen weiterzukommen, wenn er die Fachprüfung nicht bestanden hat.

Beiersdorf begann 1994 systematisch über Innovationen nachzudenken und mithilfe der Unternehmensberatung Arthur D. Little einen Prozess zu entwikkeln, der seitdem konsequent weitergeführt wurde, in seiner heutigen Form dreistufig aufgebaut ist und grob skizziert so aussieht:

Innovationsprozess Beiersdorf

Das strategische Board gibt die Richtung vor, entscheidet über Investment und Ressourcen, das Innovationsteam ist der Schmelztiegel und die Keimzelle der Ideen. Letzteres wird von außen, zum Beispiel über die Ideendatenbank, gespeist oder kann bei Bedarf auch externe Expertengremien, etwa eine Gruppe von Medizinern, hinzuziehen. Hier wird der Projektantrag entwickelt, formuliert und an das zuständige Projektteam gestellt, das die Projekte auf die Schiene setzt und im Schnitt innerhalb von zwei Jahren realisiert. Dieses System gibt klare Strukturen vor, lässt aber trotzdem Platz für Neues. Es funktioniert nicht nur von oben nach unten, sondern auch in umgekehrter Richtung, horizontal und durch Input von außen. Damit reguliert es sich größtenteils selbst und ermöglicht ständige Evolution. So hat sich bei Beiersdorf eine Innovationskultur entwickelt, die Ideen fördert, systematisiert und überprüft.

Beiersdorf formulierte unter anderem in der Innovationsstrategie, dass eine Innovation nur dann eine solche ist, wenn der Kunde (nicht die Entwicklungsabteilung!) das Ergebnis als neu erkennt und gab jährlich zu realisierende Innovationsraten als Ziele vor. Im Startjahr 1994 wurde eine Innovationsrate von 17 Prozent erreicht, das heißt 17 Prozent des Umsatzes wurden mit Produkten erzielt, die jünger als fünf Jahre waren. Diese Rate stieg kontinuierlich an und hatte sich im Jahr 2000 verdoppelt. Auf meine Frage, über welche besonderen Eigenschaften ein Spinner verfügen sollte, antwortete Dr. Wendt: »Manchmal nicht über die Folgen seines Tuns nachdenken, sich freuen können, auf Menschen aktiv zugehen, mit Menschen gemeinsam arbeiten und nicht so schnell erwachsen werden.«

Beispiel Sartorius

Sartorius wurde 1870 gegründet. Damals produzierte und verkaufte die Firma spezielle Waagen zu Analysezwecken. Heute ist die Sartorius AG hauptsächlich in den Sparten Mechatronik – der interdisziplinären Kombination von Mechanik, Elektronik und Informationstechnologie – und Biotechnologie sowie in der Umwelttechnik tätig und zählt zu den internationalen Markt- und Technologieführern. Klickt man sich durch die Website (www.sartorius.de), stößt man unter anderem auf die Überschrift »Das Sartorius-Unternehmensprofil: Wachstum durch Innovation«. Sartorius wächst und gedeiht weltweit und erhielt den Innovationspreis 2000 der deutschen Wirtschaft für Genius, eine hochauflösende Analysewaage, die auf ein Millionstel genaue Ergebnisse liefert und den Unterschied zwischen einem leeren Blatt Papier und demselben Papier mit einer Unterschrift darauf messen kann.

Wie werden bei Sartorius Innovationen gemacht? Wo entstehen Ideen und wo sitzen die Spinner, frage ich Helge Hentschel, Leitung Personal und Soziales. Frau Hentschel ist 34 Jahre alt, seit 1997 bei Sartorius, war vorher Projektverantwortliche für Vorstandsangelegenheiten und Assistentin des Vorstandsvorsitzenden Prof. Utz Claassen. »Sartorius fördert gute Leute aus den eigenen Reihen«, sagt Frau Hentschel, die selbst die Aufstiegsmöglichkeiten nutzte und heute als erste Frau zum erweiterten Vorstandskreis gehört. »Über eine Talentbank entwickeln wir das Potenzial unserer Mitarbeiter und bieten eine Art internes MBA zur fachlichen und persönlichen Weiterbildung.« Diese Möglichkeiten sollen zukünftig nicht nur späteren Führungskräften angeboten werden, sondern auch projektbezogen und Themen übergreifend zur Verfügung stehen, um die wissenschaftlichen Laufbahnen von Experten im Unternehmen zu fördern.

Während der vergangenen fünf bis sechs Jahre wurde Sartorius stark vom Vorstandsvorsitzenden Dr. Claassen geprägt, einem ziel- und ergebnisorientierten Visionär, der selbst viele Ideen für strategische Projekte eingebracht, konsequent verfolgt und die technische Kompetenz in Ertragskraft sowie Marktorientierung umgesetzt hat. Sartorius hat es in dieser Zeit auch geschafft, eine Unternehmenskultur der offenen Information und Kommunikation aufzubauen, und Konzepte entwickelt, um das eigene Wissen optimal zu managen und für konstanten Zufluss von außen zu sorgen.

Für gedankliche Anregungen, internationalen Input und neue Ideen ist der Chief Scientific Advicer zuständig, dessen Status mit dem eines internen Forschungs- und Entwicklungsvorstands vergleichbar ist. Diese Stelle wurde mit einem Externen, Prof. Thomas Scheper, Dekan der Universität Hannover und Inhaber des Lehrstuhls für technische Chemie, besetzt. Diese Wahl soll Betriebsblindheit vorbeugen und helfen, über den eigenen Tellerrand zu blicken, Grenzen zu überschreiten und neue Lösungen auch außerhalb der eigenen Kernkompetenzen zu suchen. Prof. Scheper sorgt dafür, dass Sparten übergreifende Projekte definiert und auch ungewöhnliche Ideen als Vorschläge für neue Produkte aufgegriffen werden. In regelmäßigen Abständen beruft er den Innovationsausschuss ein, der zum einen aus dem Sartorius-Vorstand und zum anderen aus den Forschungs- und Entwicklungsleitern der einzelnen Sparten sowie den Tochterfirmen besteht. Auf meine Frage, was erfolgreiche Innovatoren und Querdenker auszeichnet, antwortet Helge Hentschel: »Kreativität und Konsequenz. Mutig ungewöhnliche Ideen generieren und diese in der Umsetzung konsequent bis zur Marktreife nachhalten.« Diese Mischung macht einen großen Teil des Erfolgs von Sartorius aus, neben dem organischen Wachstum wurden innerhalb weniger Monate sechs Unternehmen als Kunden akquiriert, die das Innovationsportfolio wieder erweitert und neue Kompetenzen hinzugefügt haben.

Beispiel Schering

»Wir investieren als erfolgreiches Pharma- und Biotechnologieunternehmen in die Zukunft der Medizin« lautet der erste Satz des Unternehmensprofils unter www.schering.de. Die Schering AG konzentriert sich auf vier strategische Geschäftsfelder: erstens Gynäkologie und Andrologie, also Hormon- und Testosteronpräparate, zweitens Spezial-Therapeutika für lebensbedrohliche Krankheiten, drittens Diagnostika und Radiopharmaka – das bedeutet Verfahren, die bildliche Darstellungsmöglichkeiten zur Diagnose liefern – sowie viertens Dermatologie. Der letzte Bereich beschäftigt sich mit Lösungen, um kranke Haut zu heilen.

Wer weitersurft, findet im Mission Statement unter anderem den Satz: »Neue Ideen setzen wir schnell und flexibel um.« Wie machen Sie das, frage ich Prof. Björn Wallmark, Leiter Corporate Research, der dem Begriff »schnell und flexibel« eine ganz neue Dimension gibt. Der Pharmabereich ist, vor allem aufgrund der rechtlichen Umstände, einer der langsamsten und starrsten Industriezweige überhaupt. Von der Idee bis zum Verkauf eines Produkts vergehen ganze 15 Jahre, wobei die Produktion eines Arzneimittels vielmehr eine Frage der Dokumentation als der Herstellung ist. Zum einen werden die gewünschten Effekte und Vorteile für den Patienten erfasst, zum anderen die Nebenwirkungen und der Grad der Sicherheit. Allein die Zulassung eines Medikaments durch die entsprechenden Behörden dauert ein Jahr. Ist zum Beispiel eine Idee entstanden, wie eine Krankheit modifiziert und besser behandelt werden kann, muss in der Screeningphase zunächst aus etwa 600.000 Substanzen eine Candidate Drug ausgewählt werden. Sie ist die Spitzenkandidatin unter den Trägersubstanzen, die den langen Entwicklungsprozess durchgehen wird, der durch behördliche Vorschriften geregelt ist. 80 bis 90 Prozent aller neuen Produktideen sterben auf diesem beschwerlichen Weg, nur zehn Prozent kommen letztendlich auf den Markt.

Neue Ideen leben also gefährlich und die Bedrohung kommt von mehreren Seiten gleichzeitig. »Mein früherer Chef hat immer gesagt, es gibt kein erfolgreiches Projekt, das nicht mindestens zweimal vom Management getötet wird«, sagt Wallmark. Früher hat der Professor selbst geforscht, heute gehört er zum Management, doch er macht auf mich keinen gefährlichen Eindruck. Ganz im Gegenteil: Prof. Wallmark verwendet sehr oft Worte wie »Team«, »gemeinsam«, »Führungsfähigkeiten«, »Kontakte« oder »Austausch«. Kreativität bedeutet für ihn, neue Ideen im Umgang mit anderen zu schaffen. »Ich allein habe gar nicht so viele Ideen, aber wenn ich Kollegen treffe, dann entsteht viel Neues.«

Trotz des stark regulierten Herstellungs- und Dokumentationsprozesses kommen bei Schering ständig Ideen für neue Produkte und innovativeTechnologien auf. Produkte werden in internationalen, interdisziplinären Teams entwickelt, die lokale Umfelder nutzen und Kontakte pflegen. An den einzelnen Forschungsprojekten, zum Beispiel in der Krebsforschung, ist jeweils ein Team in Deutschland, ein zweites in Japan und ein drittes in den USA beteiligt – mit der Hoffnung, dass jedes Team anders denkt und sie sich gegenseitig befruchten. Jedes Land nutzt zudem das Wissen und die Erfahrungen vor Ort, indem die Forschungsteams mit Universitäten, Biotech-Unternehmen oder großen Pharmafirmen zusammenarbeiten. Darüber hinaus gibt es innerhalb eines jeden Forschungsprojekts Gruppen, die sich mit speziellen Fragen zu einem Thema und entsprechenden Einzelaspekten beschäftigen. Sie setzen sich aus Wissenschaftlern unterschiedlicher Disziplinen sowie aus Personen, die eine Vielzahl von Kompetenzen mitbringen, zusammen. Alle Projekte müssen zuerst vor diesem wissenschaftlichen Gremium bestehen, bevor sie dem Management vorgeschlagen werden.

Innovative Technologien zur Unterstützung des Drug-Discovery-Prozesses werden teilweise inhouse aufgebaut, teilweise von anderen Biotechnologiefirmen zugekauft. Der Radar zur Außenwelt ist das Office of Technology, das innovative Strömungen und Ideen in der ganzen Welt identifiziert, beurteilt und ins eigene Haus holt. Ich frage Prof. Wallmark, was erfolgreiche Wissenschaftler auszeichnet, welche besonderen Eigenschaften sie haben. »Man braucht ein klares Ziel vor Augen und die Fähigkeit, mit anderen zusammenzuarbeiten. Erfolgreiche Wissenschaftler bewegen die Menschen um sich herum, entweder durch ihre aktive Leadership oder die Fähigkeit, wieder andere gute Wissenschaftler mitzubringen.«

Schering gewährt der Forschung einen großen Freiheitsgrad, befürwortet nationale und internationale Jobrotation und sorgt durch die starke Durchmischung von Mentalitäten, Kompetenzen und Erfahrungen für die richtige Spinn-Mischung, die den Erfolg ausmacht. Nein, er selbst sei kein Spinner, winkt Prof. Wallmark ab, der Schwede, der in den USA tätig war und jetzt in Berlin lebt. Aber ganz offensichtlich ist er der perfekte Spinn-Förderer, der das Querdenken vorantreibt, die Teams richtig besetzt, die zwischenmenschlichen Beziehungen pflegt und für Frischluft von außen und Bewegung zwischen den Feldern sorgt. Ich hoffe sehr, dass es noch mehr Prof. Wallmarks in den Forschungs- und Entwicklungsabteilungen deutscher Unternehmen gibt.[10]

Ja, aber ...

Anhand der vorangegangenen Beispiele zeigt sich, dass Unternehmen, in denen Spinner arbeiten, erfolgreicher sind als andere. Trotzdem wird diese Tatsache häufig schlichtweg ignoriert oder mit unterschiedlichsten Argumenten vom Tisch gefegt. Der Killersatz dazu beginnt meist mit »Ja, aber ...«. »Ja aber, das haben wir bisher noch nie so gemacht, das bleibt auch weiterhin so, die spinnerten Ideen sind was für die Jungen oder die Kreativen aus der Werbeabteilung.« Spinner und ihre Ideen stellen eine Bedrohung dar, weil sie Neues bringen, und das zieht automatisch Veränderungen nach sich.

Laut Dr. Rolf Berth, geschäftsführender Gesellschafter der Akademie Schloss Garath, haben die meisten Menschen ein extrem schlechtes Verhältnis zur Veränderung. Eine von ihm durchgeführte Langzeitstudie zum Thema Innovationsmanagement ergab, dass »83 Prozent aller Manager und Politiker und 81 Prozent der Gesamtbevölkerung nichts so sehr hassen wie Veränderung und Erneuerung. Nur eine winzige Minderheit um die 17 bis 20 Prozent geht mit Freude und offenen Armen auf Innovation zu.«[11] Wie sich dies auswirkt, erleben wir unter anderem, wenn wir den Fernseher anschalten. Es ist mittlerweile anhand unterschiedlicher Studien erwiesen, dass sich unsere Fernsehkultur gewandelt hat. Auch hier will der Zuschauer nichts Neues, sondern bevorzugt Monotonie und Altbewährtes in Form von Serien mit bekannten Akteuren, immer nach dem gleichen Schema. Diese Gleichförmigkeit beruhigt anscheinend unsere Nerven und am liebsten würden wir auch unseren Arbeitsablauf so gestalten wie unser Fernsehprogramm. Schön fad und immer gleich, lieber Bekanntes bewahren und Neues vermeiden.

---

[10] Die Studie stammt aus dem Jahr 2003, die Schering AG wurde 2006 von der Bayer AG übernommen und firmiert heute unter Bayer Schering Pharma AG.
[11] Simon, Walter: Lust aufs Neue. Gabal Verlag 1999, S. 7.

»Ja, aber was Spinner anrichten, sieht man doch an der New Economy, die schuld an der schlechten Lage unserer gesamten Nation ist.« Gutes Stichwort.

New Economy, die neue Wirtschaft, in der Ideen das Kapital waren und jeder Ideenreiche eine eigene Firma gründen oder zumindest bei denen, die noch bessere Ideen hatten, Aktien erwerben sollte. Da waren sie mal vorn, die Spinner, sie waren gefragt, konnten mit guten Ideen gutes Geld machen und alle, die die Qualität der Idee erkannt hatten, mit ihnen. Endlich kam Bewegung ins Land, plötzlich wurden Aktien gekauft und Unternehmen gegründet.

Eine große Welle überspülte das kleine Land, das bis dahin selten so mutig gewesen war und das so wenig von Aktien verstand. Lag es an den Spinnern? Waren Sie dafür verantwortlich, dass halb Deutschland vom schnellen Geld träumte? Oder waren es nicht eher die strengen rationalen Kopfmenschen in den schicken Business-Outfits, die Investment- und Börsenspezialisten, die diesen Spinnern und ihren Ideen gigantische Mengen an Geld gaben? Sie waren es doch, die jede noch so abartige Idee aus den Garagen und Kellern der Erfinder hervorzerrten, auf den Neuen Markt brachten und in den Himmel hoben. Schließlich haben nicht die Ideen den Neuen Markt zum Erliegen gebracht, sondern die überdimensionierten Geldsummen der Investoren, die Gier der Käufer und der Mangel an gesundem Menschenverstand. Oftmals war gar kein kluger Innovationsprozess mit Plan und Verstand zu erkennen, das ganze Geschehen glich eher dem in einem großen Spielcasino mit vielen Zockern, obercleveren Halbkriminellen und wenigen Gewinnern. Zudem zeigte sich bei genauerer Betrachtung, dass die meisten Ideen einfach nicht gut genug waren. Nur wenige hatten den wichtigen Prozess durchlaufen, der sich aus dem Suchen, Finden, Auswählen, Gewichten, Reifen einerseits und Umsetzbarkeit, Akzeptanz und Optimierung andererseits zusammensetzt. Vielleicht lag es daran, dass dafür Zeit aufgewendet werden muss, und die ist in Deutschland ja bekanntlich Mangelware. Geld ersetzte Zeit, sodass sich die Prozesse beschleunigten und mindere Qualität das Ergebnis war. Die führte schließlich zum bekannten Ergebnis.

Trotzdem sehe ich in dem, was da passiert ist, etwas Gutes. Etwas sehr Gutes sogar, weil Bewegung in unser Land gekommen ist, weil der Glaube an die Kraft der Ideen gestärkt wurde, weil Menschen mit Freude an ihr Werk gegangen sind und weil wir endlich mal wieder mutig, geradezu euphorisch waren. Und: Als wir die Wahl trafen, von welchen Unternehmen wir Aktien kaufen würden, mussten wir uns zu einem großen Teil auf unseren Bauch verlassen. Das war neu, denn wenn es darum geht, auf das Bauchgefühl zu hören und womöglich danach zu entscheiden, zögern wir meist und verlassen uns nicht darauf. Wir haben Probleme mit spontanen Gefühlsäußerungen, speziell mit Emotionen im Business, mit ungewöhnlichen Gedanken, spielerischen Ansätzen zur Ideenfindung, kindlicher Naivität, dem Verlust von Kontrolle sowie mit Menschen, die wir nicht in Schubladen pressen können. Die Blase Neuer Markt ist längst geplatzt und viele nehmen das leider zum Anlass, lieber wieder auf das Bekannte, Althergebrachte zu setzen, den Mut zurückzufahren und begnügen sich damit, ihre Wunden zu lecken.

Die ganze Geschichte erinnert mich an den Film »Zeit des Erwachens«. Darin geht es um eine kleine Gruppe von Patienten in einer Nervenheilanstalt, die an einer sehr seltenen Gemütskrankheit leiden und still, in sich versunken, in einer Art Koma mit offenen Augen und reduzierten Bewegungen verharren. Als der junge Arzt Dr. Sayer sie mit einem neuen Medikament behandelt, erblühen die Patienten nach und nach aus ihrer Starre und genießen nach Einnahme des Wundermittels die Zeit des Erwachens. Sie machen einen Ausflug ins Schlaraffenland Leben. Doch nach einer gewissen Zeit verliert das Medikament langsam seine Wirkung. Die Patienten versinken wieder in die frühere Bewusstlosigkeit und Dr. Sayer sieht sich nicht nur mit seiner eigenen Frustration konfrontiert, sondern auch mit den Reaktionen der Patienten, die spüren, wie ihnen das Leben erneut entgleitet.

Die New Economy war für einige der Beteiligten mehr als enttäuschend. Sie hat aber auf der anderen Seite erfolgreiche neue Firmen hervorgebracht, in den alten Konzernen neue Impulse gesetzt, neue Spielregeln definiert und das Unternehmertum wiederbelebt. Im Gegensatz zu den Personen im Film brauchen Sie für Ihre Gehirnarbeit kein Medikament und keine Wunderdroge, denn innovatives Denken ist kostenfrei und überall in unbegrenzter Menge vorhanden und erhältlich. Sie müssen auch keine Ausbildung dafür machen und Diplome oder beglaubigte Kopien irgendwelcher Zeugnisse vorlegen. Beginnen Sie sofort damit, denn besonders Jetzt, wenn das Wort »Krise« in dicken Leuchtbuchstaben über unseren Köpfen blinkt, ist für das Neue der beste Zeitpunkt. Also: Finger aus'm Po und los, jeder Spinner zählt. Wenn nicht jetzt, wann dann?

Die Spinn-Bremsen

Irre ich mich oder höre ich da ein leises »Ja, aber«? Ich glaube zu spüren, wie sich einige Gehirne bereits Argumente zurechtlegen, warum das so einfach nun auch nicht geht. Was ist der Grund dafür, dass wir uns sehr leicht davon abhalten lassen, kreativ zu sein und neue Ideen zu entwickeln? Wer oder was blockiert ständig den Spinner in uns? Hierfür gibt es eine ganze Reihe von Ursachen, die Ihnen Psychologen detailliert erklären können. An dieser Stelle beschränke ich mich auf zwei wesentliche Verhinderer des Neuen, die sich als selbsttätige, ständig aktive, sehr wirkungsvolle Spinn-Bremsen erwiesen haben:

1. Die Angst
2. Der Glaube

Der Bauch

Vor einiger Zeit fiel mir der Titel eines *Geo*-Magazins auf. Thema dieser Ausgabe: »Das ›zweite‹ Gehirn. Wie der Bauch den Kopf bestimmt.« Die Unterzeile dazu: »Wissenschaftler auf der Spur von Gefühl und Intuition.«[12] In dem Beitrag wurde beschrieben, dass zwischen Kopfhirn und Bauch eine verblüffende zellbiologische Gleichheit besteht. Das Bauchhirn wird als »Meister der feinen Manipulation« bezeichnet, das »eine Quelle für psychoaktive Substanzen ist …, die starken Einfluss auf das Denkorgan oben und auf unsere Psyche haben«. Neurowissenschaftler fanden heraus, dass dieses zweite Gehirn im Bauch quasi ein Abbild des Kopfhirns ist, weil oben und unten exakt gleiche Zelltypen, Wirkstoffe und Rezeptoren vorhanden sind.

Was bedeutet das? Michael Gershon, Professor an der Columbia University in New York hat das zweite Gehirn nach langen Jahren der Vergessenheit wiederentdeckt. Er folgert aus dieser Erkenntnis, dass »psychische Prozesse und das Verdauungssystem weitaus inniger gekoppelt sein können, als man bisher gedacht hat«. Eine große Anzahl von Abwehrzellen im Darm, die direkt mit dem Bauchhirn verbunden sind, können – unabhängig vom Kopfhirn – Gut und Böse voneinander unterscheiden. Wenn zum Beispiel Gifte in den Körper gelangen,

---

[12] »Das ›zweite‹ Gehirn« in: Geo 11/2000, S. 136–162.

werden sofort Alarmsignale ins Oberstübchen geschickt. Verblüffend ist, dass 90 Prozent aller Verbindungen zwischen den beiden Gehirnen von unten nach oben verlaufen, also vom Bauch in den Kopf, und nur zehn Prozent vom Kopf in den Bauch. Die Wissenschaftler schließen aus ihren Experimenten, dass neben Alarmsignalen wie Brechreiz bei Vergiftungen vor allem unbewusste Botschaften vom Bauch in den Kopf weitergeleitet werden. Emeran Mayer, Professor an der University of California in Los Angeles, meint, dass unsere Evolution deshalb so erfolgreich sei, weil Emotionen, egal ob negativ oder positiv, uns erlauben, angemessene Entscheidungen zu treffen. Je intensiver ein emotionales Erlebnis war, umso stärker ist die abgespeicherte Erinnerung daran und umso schneller merken wir, welcher Weg der richtige ist.

Intuition

Der Zukunftsforscher Matthias Horx greift das Thema in seinem Zukunftsletter auf und schreibt: »Genau diese Erkenntnis ist es, die ein Umdenken erforderlich macht. Wenn nämlich der Bauch zuerst weiß, ob eine Idee gut oder eine Entscheidung richtig ist, dann sollten vor allem die Informationsbeschaffer und Wissensvermittler der Arbeitswelt der Zukunft lernen, auf ihr zweites Gehirn zu hören.«[13] Die Intuition wird zum wichtigen und anerkannten Wert für Entscheider. Sie können sich also ruhig auf Ihren Bauch verlassen, denn er beeinflusst unser Denken, Fühlen und Handeln entscheidend, und wir sind alle weit weniger kopfgesteuert, als wir gemeinhin von uns selbst denken. »Ich entscheide in dieser Angelegenheit rein rational!« Pah, dieser Satz gehört der Vergangenheit an, das glaubt Ihnen ab jetzt niemand mehr. Aber hilft uns das in Situationen weiter, in denen wir einem Spinner und seinen neuen Ideen Auge in Auge gegenüberstehen? In Momenten, in denen wir einer Veränderung ausgesetzt sind und wir schlichtweg Angst vor ihr haben?

Die Angst

Angst ist nicht grundsätzlich schlecht, in früheren Zeiten hat sie uns dazu gebracht, instinktiv vor einem großen Tier davonzulaufen, anstatt mit ihm über mögliche Konsequenzen seines Tuns zu diskutieren. Aber gleichzeitig verhindert

---

[13] »Die neue Bauchkultur« von Matthias Horx, in: Zukunftsletter 3/2002, Seite 12.

sie am häufigsten Neues, weil sie uns lähmt und damit handlungsunfähig macht. Wie soll ein Manager aktiv werden, motiviert durchstarten und nach neuen Möglichkeiten suchen, wenn er die Hosen gestrichen voll hat? Die wichtigste Frage in solchen Fällen ist: Wovor fürchte ich mich, wovor habe ich Angst? Ich persönlich habe vor vielen Dingen Angst, zum Beispiel vor Trambahnen, die genau die Straße kreuzen, auf der ich mich gerade befinde, vor randalierenden Fußballfans, vor Leuten, die eh schon alles wissen, Fischvergiftungen und einigem mehr. Wenn dann das Zwicken in der Magengegend losgeht, hilft mir meist meine Worst-Case-Rechnung und die simple Frage: Was passiert im schlimmsten Fall, wenn ich diese oder jene Entscheidung treffe oder dies oder das tatsächlich mache?

Anschließend denke ich mir die wildesten Szenarien aus, stelle mir vor, in welcher Lage ich dann wäre, und frage mich selbst, ob ich mit den Konsequenzen klarkommen würde. Nehmen wir zum Beispiel eine Situation, die mich lange Zeit Nerven gekostet hat. In den Anfangsjahren gab es in unserer Firma immer wieder Momente, in denen es finanziell katastrophal aussah, wenn Kunden nicht zahlten, die Bank den Geldhahn zudrehte und ein neues Geschäft nicht wirklich in Sicht war. Für mich als Inhaberin und Geschäftsführerin waren solche Situationen ein sehr berechtigter Anlass für Angst, ich spürte sie, und zwar in allen vorstellbaren Facetten. So konnte ich unter anderem schlecht bis gar nicht schlafen, hatte Herz-Rhythmus-Störungen und Alpträume und trank mehr Wein als sonst.

Meine Angst und ich hatten aber nicht viele Möglichkeiten. Ich hätte mich von ihr packen und einnehmen lassen können, bis sie in meinen Augen sichtbar und für andere deutlich spürbar gewesen wäre. Doch wie hätte ich dann souverän lächelnd einen Vertrauen erweckenden, strukturierten, kreativen Eindruck bei einem potenziellen Neukunden machen sollen? Oder wie hätten mir meine Mitarbeiter glauben sollen, dass alles gut wird, wir die Größten sind und die Welt auf uns wartet? Auch wenn die Angst berechtigt war, so half sie mir in dieser Situation keinen Schritt weiter. Ganz im Gegenteil, sie ließ keinen klaren Kopf zu, machte einen Weitblick unmöglich und hinderte mich daran, mutig Entscheidungen zu treffen.

Worst-Case-Szenarien

In dieser Zeit habe ich meine erste persönliche Worst-Case-Rechnung aufgemacht und mich gefragt, was alles passieren könnte. Der schlimmste Fall wäre die Insolvenz der Firma gewesen und als Konsequenz daraus etwa eine halbe Million Schulden (damals Gott sei Dank noch Deutsche Mark). Außerdem hätten alle mit dem Finger auf mich gezeigt und gesagt: »Na, Pelzer (damals noch mein Nachname), doch den Mund ein bisschen zu voll genommen mit deiner eigenen Firma und den knackigen ›Ich-zeig's-Euch-allen!‹-Sprüchen. Mutig warst du ja, aber leider erfolglos und jetzt pleite.« Eine weitere Folge wäre gewesen, dass ich wieder von vorn hätte anfangen müssen, wahrscheinlich sogar in einer Festanstellung, obwohl ich doch so gerne Unternehmerin sein wollte. Das war damals mein persönliches Horrorszenario, das sich im schlimmsten Fall hätte ergeben können. Die entscheidende Frage war nun, ob ich damit auch leben könnte oder ob mich bereits die bloße Vorstellung um den Verstand bringt.

Nach intensiver Auseinandersetzung mit meinem Horrorbild, dessen Wirkung ich bis in die kleinste Ader meines Körpers spüren konnte, und bei genauerer Betrachtung der Sachlage war die Situation für mich klar. Die Schulden erschreckten mich nicht, weil ich von meinem Können absolut überzeugt war und mir zugetraut habe, das Geld selbständig oder angestellt jederzeit und überall wieder erarbeiten und zurückzahlen zu können. Auch das Verhalten der anderen Leute war mir im Prinzip egal. Zwar wäre so etwas unschön für das Selbstbewusstsein gewesen, hätte aber einen nützlichen Nebeneffekt gehabt: die Trennung von Freund von Feind. Ein Neuanfang schien ebenfalls durchaus machbar – wenn auch mit Anstrengungen verbunden –, denn ich hatte bereits viele neue Ideen im Kopf. Hinzu kam, dass ich damals jederzeit bereit gewesen wäre, in eine andere Stadt oder ein anderes Land zu gehen, um an einem anderen Ort unter anderen Voraussetzungen und mit weniger Vorgeschichte wieder neu anzufangen.

Wenn also das schlimmste Horrorszenario mit all seinen üblen Auswirkungen bei näherer Betrachtung gar nicht so schrecklich war, warum konnte ich dann nicht schlafen? Warum machte ich mich jeden Tag selbst verrückt und ängstigte mich vor den Anrufen der Bank oder meiner Lieferanten? Ich hätte doch genauso gut damit aufhören, mit ganzer Kraft akquirieren und neue Ideen entwickeln, das Ruder wieder mutig in die Hand nehmen und wohlüberlegt Dinge tun können, die die Firma und mich nach vorn bringen würden.

Derartige Szenarien und Worst-Case-Rechnungen sind eine sehr persönliche Angelegenheit und fallen deswegen für jeden, der sich damit beschäftigt, anders aus. Für Kollegen oder Partner etwa, die sich in einer ähnlichen Situation befinden, könnte die Rechnung ganz anders aussehen. Möglicherweise wäre für sie die Höhe der Schulden eine schwere Belastung, mit der sie nicht leben könnten und wollten. Das hätte dann eventuell zur Liquidation der Firma geführt und zur

Rückkehr in sicherere Strukturen. Für andere wäre möglicherweise die Schmach des Versagens unerträglich gewesen, weil sie es nicht verkraften, wenn jemand mit dem Finger auf sie zeigt und hämische, gut gemeinte oder tröstende Worte loswerden möchte. Vielleicht wäre in diesem Fall tatsächlich der Flug nach Südamerika eine echte Alternative, um ein neues Leben zu beginnen.

In solchen Situationen ist man meist sehr einsam, weil gerade niemand um die Ecke biegt, der sich in einer vergleichbaren Lage befindet und damit als kompetenter Gesprächspartner in Frage kommt. Und auch die Konsequenzen des Worst-Case-Szenarios muss der Verursacher in jedem Fall selbst tragen, dabei können Dritte nur selten eine echte Hilfe sein. Das betrifft leider auch – vielleicht sogar ganz besonders – diejenigen Menschen, die es gut mit einem meinen, wie Lebenspartner, Geschwister oder Eltern. Deren Angstpotenzial ist im Normalfall anders gelagert als das eigene. Wir sollten also in einem solchen Fall in uns hineinhören, die Konsequenzen abwägen und dabei uns selbst gegenüber ehrlich sein. Das Gute daran ist, das jemand, der solche Rechnungen aufstellt und die Folgen vorab gedanklich durchlebt, eine große Chance hat, seine Angst in den Griff zu bekommen und neue, persönlich akzeptable und selbst gewählte Lösungen zu finden. Mit Emeran Mayers Worten: »Es hat einen biologischen Sinn, dass sehr starke Gefühle ins Bewusstsein dringen. Je besser Menschen Angst erinnern, umso besser können sie das nächste Mal entscheiden.«

Ich habe seit Gründung meiner Firma viele Worst-Case-Szenarien durchgespielt und tue dies auch regelmäßig im privaten Bereich, um meine Angst auszuloten und in den Griff zu bekommen. Was mich dabei immer wieder aufs Neue verblüfft, ist die Tatsache, dass sich bei den meisten Worst-Case-Rechnungen gar nicht so schlimme Auswirkungen ergeben und sich viele Ängste bei näherer Betrachtung als relativ harmlos entpuppen. Wir fürchten uns nicht selten vor Banalitäten und aufgebauschten Pseudoproblemen, deren Konsequenzen für uns jederzeit tragbar wären.

Der Glaube

Der zweite Bremser für Spinner und die absolute Mutblockade bei der Umsetzung neuer Ideen ist der Glaube daran, dass Spinnen irgendwie mit Talent, Musen, die einen küssen, mit vom Himmel gesandten Geistesblitzen oder mit einer einzigartigen, mystischen Begabung speziell Auserwählter zusammenhängen muss. Vielleicht ist der Grund dafür die Hochachtung vor den genialen Überfliegern, die tatsächlich wegen ihrer herausragenden Leistungen in die Geschichte eingegangen sind. Doch vielleicht liegt er auch in der eigenen Angst begründet, zum Gespött der Leute zu werden und in die Mittelmäßigkeit abzudriften, wenn man versucht, diesen Genies nachzueifern und selbst zu spinnen.

Der Wissenschaftler Dean Keith Simonton sieht es nach zahlreichen Studien als erwiesen an, dass Kreativität erst durch Handeln entsteht. Durch seine langjährigen Untersuchungen bewies er, dass Genies wie Pablo Picasso, Leonardo da Vinci oder der Physiker Richard Feynman keine höhere Trefferquote als ihre Berufsgenossen hatten. Sie waren einfach nur produktiver und konnten so mehr Erfolge, aber auch Misserfolge erzielen.[14] Robert I. Sutton, Professor für Management an der Stanford University, Kalifornien, schreibt: »In jedem Berufszweig, den Simonton untersuchte – von Künstlern, Schriftstellern bis zu Erfindern und Wissenschaftlern –, dasselbe Ergebnis: Kreativität hängt von der Menge an getaner Arbeit ab.«[15] Und Walter Simon schreibt in seinem Buch: »Wer über Nacht berühmt wurde, hat am Tag hart gearbeitet.«[16]

Was berühmte und erfolgreiche Genies auszeichnet, warum sie bekannt wurden und was sie uns Normalos voraushaben, ist immer wieder spannend. Noch interessanter finde ich aber zu erfahren, welch verschlungene Wege die meisten von ihnen gehen mussten, wie viele Gegner sie hatten, die ihnen mit ihren starren Meinungen und ständigem Einspruch das Leben schwer gemacht haben, wie hart sie für ihre Erfolge arbeiten und wie viele Fehlversuche sie dabei hinnehmen mussten. Wenn wir einmal einen Blick hinter die Kulissen wagen, dann relativieren sich vielleicht einige Einschätzungen, wobei es mir absolut fern liegt, erbrachte Leistungen zu schmälern. Ich möchte nur etwas von der Ehrfurcht –schon dieses Wort wirkt angsteinflößend – vor bekannten Persönlichkeiten wegnehmen und den Glorienschein etwas dimmen, der diese Genies umgibt und so weit leuchtet, dass wir davon geblendet werden und keinen zweiten Blick mehr wagen.

Viele dieser Helden waren zu Lebzeiten verachtete Spinner und Quertreiber, die gegen wissenschaftliche, religiöse und gesellschaftliche Regeln verstoßen

---

[14] »Der Kreativität den Boden bereiten« von Robert I. Sutton, in: Harvard Businessmanager 2/2002, Seite 9–17.
[15] Ebd.
[16] Simon, Walter: Lust aufs Neue. Gabal Verlag 1999, S. 63.

haben und im ungünstigsten Fall mit ihrem Leben dafür bezahlen mussten. Bei genauerer Betrachtung handelte es sich also um Menschen, die sich mit ähnlichen Problemen konfrontiert sahen wie heutige Spinner. Wir sollten unsere Spinner-Vorfahren deshalb nicht zu Ikonen hochstilisieren, denen nachzueifern sich nicht geziemt. Betrachten wir sie eher als Brüder und Schwestern im Geiste, als Verbündete, Vorreiter und große Vorbilder, die uns zeigen können, wie es geht, und uns jeden Tag aufs Neue Mut zum Spinnen machen.

Autoren wie Daniel Goleman, Howard Gardner oder Mihaly Csikszentmihalyi haben sich mit einigen Genies ausführlich beschäftigt und anhand berühmter Ausnahmeerscheinungen wie Albert Einstein oder Sigmund Freud Regeln der Kreativität definiert. Sie glauben zum Teil an deren einzigartige Kraft, an Talent und Begabung, tun Spinnereien von Normalos eher als stümperhafte Versuche ab. Sicherlich haben diese klugen Schriftsteller mit ihren vergangenheitsbezogenen Betrachtungen nicht Unrecht. Ich könnte mir aber durchaus vorstellen, dass sich die Rahmenbedingungen für Genies und Normalos sowie die Anforderungen im täglichen Miteinander in den vergangenen Jahren sehr verändert haben und deswegen auch andere Schlussfolgerungen zulässig sind. Außerdem vermute ich, dass dieser Glaube oder besser dieser Ja-aber-Glaube, das Neue entstehe nur in den Gehirnzellen auserwählter Genies, auch sehr banale Ursachen haben könnte. Vielleicht glauben dies auch all jene gerne, die einfach zu faul sind und keine Lust haben, sich selbst anzustrengen, Ideen zu entwickeln und Neues zu schaffen. Oder diejenigen, die sich nicht mit Klebstoff, Farbe, Papier oder anderen unzusammenhängenden Bastelteilen beschäftigen wollen, die meinen, sich womöglich lächerlich zu machen oder die Kontrolle zu verlieren. Denn sie haben im Prinzip gar kein Interesse an dem, was aus ihrem Inneren nach außen gelangen könnte. Leute, die Sätze sagen wie: »Das muss ja dann doch wirklich nicht sein, also hören Sie mal, dafür haben wir doch nicht studiert, um uns wie Kinder zu benehmen, nein wirklich nicht.«

In jedem von uns steckt ein Spinner

In unserer Kinderzeit war unsere Kreativität am größten, denn während dieser Phase hat man keine Angst zu spielen. Kinder probieren aus, machen Fehler und sammeln dabei ihre Erfahrungen. Nur selten erfinden sie Regeln, bevor sie mit einem Spiel beginnen, sie fangen einfach an und lassen sich treiben. Es sind meist die Erwachsenen, die auf dem Spielplatz für Ordnung sorgen und dem Ganzen Struktur geben: »Also Paul, du setzt dich jetzt da links hin und nimmst die grüne Schaufel. Und du, Nina, gehst da rüber und dann kannst du den Sand in den gelben Eimer schütten und ihn Paul geben. Aber mach dich nicht schmutzig, erst die Hände abwischen, schau mal, so geht das, und jetzt kannst du loslaufen.« Zudem gibt es in dieser frühen Lebensphase keine Bewertung oder Manö-

verkritik, keine vernünftige Mutter und kein Vater würde einem im Sandkasten spielenden Kind ein wertendes Feedback zurufen: »Heute spielst du aber schlecht. Den Sand könntest du doch schneller in deinen Eimer schaufeln und bitte nicht so sehr aus dem Handgelenk.« Das Ergebnis für die Kinder ist großartig: Sie lernen beim Spielen, sammeln jeden Tag eine gigantische Menge neuer Eindrücke, die sie in

Ruhe verarbeiten können, machen enorme Lernschritte, können jeden Tag durch Versuch und Irrtum Erfolge verbuchen, stellen sich mutig immer wieder aufs Neue ihren Herausforderungen, erfinden Lösungen und haben viel Spaß dabei.

Wenn Sie sich einmal einen ganzen Tag darauf konzentrieren und mitzählen, wie viele Fragen Ihr Kind stellt, und parallel beobachten, wie viele Fragen ein Erwachsener Ihrer Wahl pro Tag formuliert, werden Sie zu einem erschreckenden Ergebnis kommen. Ein Kind fragt zwischen 100- und 150-mal, ein Erwachsener stellt fünf bis 15 Fragen pro Tag. Wie

kommt diese Differenz zustande? Wissen Erwachsene vielleicht schon alles, interessieren sie sich für weniger Themen oder nehmen sie einfach nicht so viel um sich herum wahr, was eine Frage rechtfertigen könnte?

Viele von uns haben es verlernt, die kindliche Kreativität zu nutzen, und zwar durch einen Vorgang, den wir gemeinhin als Erziehung bezeichnen und der besser Aberziehung heißen sollte. Dieser Prozess ist sehr wirkungsvoll – es werden erstaunliche Erfolge erzielt und ehemals findige, gewitzte Kinder verwandeln sich über Jahre hinweg in wahrnehmungsarme und scheinbar kluge Erwachsene. Unser Schulsystem hat in einigen Bereichen scharfe Filter entwickelt, die Spinner-Kindern das Leben schwer machen. Die Anzahl ihrer Fragen reduziert sich und ihre Fantasie wird in geordnete Bahnen gelenkt. Eltern müssen schon einiges unternehmen und riskieren, um Menschen und Umfelder zu finden, die Erziehung als Förderprozess und nicht als zielorientierte Veränderungsmethode betrachten.

Doch trotz aller Erziehung besitzen die meisten von uns sie noch, die kindliche Kreativität. Vielleicht ist sie etwas verschüttet und manchmal nur schwer erreichbar, aber sie steckt in uns, um jederzeit neu entdeckt und wiederbelebt zu werden. In jedem von uns steckt ein Spinner und jede Menge Potenzial für neue Ideen. Und Spinnen hat – wie schon ausgeführt – in den wenigsten Fällen etwas mit Begabung, Musen oder Geistesblitzen zu tun. Spinnen ist ein systematischer Prozess mit Erfolgen und Misserfolgen und er kann wie eine Fremdsprache oder ein Handwerk erlernt werden. Alles, was Sie dazu brauchen, ist:

1. Das richtige Umfeld
2. Mitspinner und Verbündete
3. Genügend Zeit
4. Techniken und Werkzeuge
5. Mut und eine gesunde Einstellung zu Fehlern

Das richtige Umfeld

Wo steht geschrieben, dass Büroräume aussehen sollen wie aneinander gereihte Pappschachteln und dass Meetings immer in Besprechungsräumen abgehalten werden müssen? Vielleicht gehören auch Sie zu den Menschen, die die besten Ideen auf dem Klo, in der Badewanne oder in der U-Bahn haben, vielleicht auch in der freien Natur, beim Sport, beim Blumenpflücken oder beim Spazierengehen. Dies alles können Orte und Momente der Entspannung und Konzentration zugleich sein. Plötzlich fließt Energie, es ergibt sich eine optimale Mischung aus Sicherheit und Stimulation. »Wenn Sie Arbeit zu einem Ort machen, an dem Menschen ermutigt werden, sie selbst zu sein, Spaß zu haben und Risiken einzugehen, dann entzünden und entfesseln Sie deren Kreativität«[17], sagt Andy Stefanovich, 35, Mitbegründer von PLAY, einer Firma aus Richmond, Virginia, USA. PLAY entwickelt Kreativkonzepte, Marketing- und Marken-Kampagnen, Promotionprodukte und Eventstrategien zum Beispiel für American Express, Calvin Klein, Disney, PricewaterhouseCoopers, die Versicherung Nationwide Insurance und andere namhafte Firmen. 30 Prozent ihres Business' macht die Agentur damit, anderen Unternehmen mithilfe der PLAY-Methoden beizubringen, in ihrer täglichen Arbeit selbst kreativer zu werden. Wenn Sie es schaffen, diese einzigartige Spinn-Mischung aus Entspannung und Konzentration, aus Sicherheit und Stimulation, Spaß und Risikobereitschaft zu kreieren, dann steht der Entfaltung Ihres Spinn-Potenzials nichts mehr im Weg – Sie haben die optimalen Voraussetzungen, um Neues anzugreifen.

Ihre private Kreativecke

Zu Hause ist es relativ einfach, ein solch positives Umfeld zu schaffen, denn dort besteht die Möglichkeit, dass Sie Ihre Umgebung ganz nach eigenem Gusto gestalten, um so die richtige Spinn-Mischung zu generieren. Viele von uns haben einen Lieblingsplatz, an dem sie sich besonders wohl fühlen. Das kann die Bank am Küchentisch, die Kuschelecke im Wohnzimmer, auf dem Balkon zwischen

---

[17] »Mind Games« in: Fast Company Jan/Feb 2000, S. 168–180.

den Blumenkübeln, in einer Ecke des Gartens, in der Garage, im Keller an der Werkbank, im Speicher zwischen Kisten voller Erinnerungen oder der klapprige Stuhl vor dem Haus sein. Wir spüren meist instinktiv, welche Orte für uns magisch sind, sie können je nach Stimmungslage, Uhrzeit oder Sonnenstand durchaus verschieden sein. Erklären Sie diese Plätze zu Ihren kreativen Spinn-Ecken und suchen Sie diese Orte bewusst auf, wenn Sie nachdenken wollen, Impulse, Entspannung oder eine frische Idee brauchen. Entdecken Sie Ihre Ecke täglich von neuem, als wären Sie zum ersten Mal dort, und versuchen Sie herauszufinden, was das Besondere an diesem Platz ist. Nehmen Sie ihn mit allen Sinnen wahr, schauen Sie sich um, riechen Sie, hören Sie, schmecken Sie, fühlen Sie und saugen Sie den Ort sozusagen in sich hinein.

Ist es die Ruhe, die Ihnen Kraft gibt, oder eher der Straßenlärm und die Stimmen der Passanten, die Sie an Ihre letzte Urlaubsreise erinnern? Vielleicht inspiriert Sie der Geruch des Restaurants gegenüber, der in Ihrem Kopf Bilder von schmackhaften Speisen erzeugt. Oder es liegt an dem hellen Gelb der Sie umgebenden Wände, dass Sie so fröhlich gestimmt sind. Möglicherweise sind es auch die vielen Kissen auf dem Sofa, die Ihren ganzen Körper in sich aufzunehmen scheinen, wenn Sie sich abends völlig erledigt hinlegen. Das Besondere in Ihrer Ecke könnte auch das warme Holz des Tisches sein und die kreisrunden roten Spuren der Weingläser vom letzten Abendessen mit lieben Gästen. Oder es ist der große voll gestopfte Korb mit den Zeitschriften, der Ihnen so gut tut …

Können Sie sich vorstellen, was derartige Besonderheiten mit Ihrem aktuellen Problem zu tun haben, mit der dringenden Frage, die Sie quält, oder der Idee, nach der Sie suchen? Sie könnten der Schlüssel zur Lösung sein, der an Ihrem Lieblingsplatz verborgen liegt. Stellen Sie sich vor, Sie denken gerade darüber nach, wie Sie Ihrer Tochter helfen könnten, die Fünf in Englisch auf eine Vier oder eine Drei zu verbessern und wie Sie sie eventuell zur Nachhilfe bewegen könnten. Nehmen wir als möglichen Lösungsansatz für Ihr Problem den Impuls des Straßenlärms und die Erinnerung an Ihre Reiseabenteuer und denken einen Schritt weiter. Wie wäre es, wenn Sie sich in Gedanken Ihre gemeinsame Mutter-Tochter-Traumreise durch England oder durchs englischsprachige Ausland zusammenstellen, für die Sie und Ihre Tochter eigene Routen wählen. Aufgabe ist es, der jeweils anderen interessante Geschichten, Schauplätze, Sehenswürdigkeiten und Attraktionen näher zu bringen und sie für den eigenen Reiseplan zu begeistern – und das alles natürlich auf Englisch. Oder nehmen wir einen anderen Stimulator, den Restaurantgeruch: Er könnte Sie auf die Idee bringen, zusammen mit Ihrer Tochter nach einem englischen Rezept zu kochen und dabei nur Englisch zu sprechen. Das wäre zudem eine gute Übung, um Ihr Improvisationstalent zu fördern, sowohl beim Sprechen wie auch beim Kochen. Die gelben Wände könnten ebenfalls eine Quelle der Inspiration sein: Vielleicht möchte Ihre Tochter ihr Zimmer streichen und eine eigene Kreativecke ein-richten. Dieser Wunsch ließe sich mit einem Deal verbinden: Ihre Tochter geht fünfmal zur Nachhilfe und dafür streichen Sie gemeinsam mit ihr das Zimmer. Ob sie dann als direkte Folge in der nächsten Schulaufgabe sofort viel besser abschneidet, ist damit natürlich nicht garantiert. Doch ist es wahrscheinlich, dass sich ihre Einstellung zu Englisch verändern wird, weil die Sprache durch die damit verbundenen persönlichen Geschichten und Erlebnisse mit Leben gefüllt und greifbar wird.

Und nur dann, wenn jemand etwas mit Freude und Anteilnahme tut, wird er dies langfristig gut tun. Vielleicht versuchen Sie aber auch gerade eine Lösung zu finden, wie Sie mehr Ordnung in Ihren Kleiderschrank bringen. Dann ist möglicherweise der Blick auf den Korb mit Zeitschriften die Initialzündung und bringt sie auf die Idee, dass sich Körbe oder andere Behältnisse gut eignen wür-den, um in Ihrem Schrank das Kleinzeug übersichtlicher zu verstauen. Oder Sie betrachten die gelbe Wand und Ihnen fällt auf, dass es im Schrank sehr dunkel ist. Das könnte vielleicht ein Grund dafür sein, dass Sie so oft Schwierigkeiten haben, Ihre schwarzen Lieblingssocken zu finden. Vielleicht veranlasst Sie das dazu, den Schrank heller zu streichen und im Sockenfach eine Lampe anzubrin-gen. Möglicherweise wird Ihr Kopf in Ihrer Kreativecke so sehr inspiriert, dass keine gegenständlichen Gedankenanker nötig sind, weil die gelungene Spinn-Mischung Ihre Nervenstränge und Synapsen ganz von allein aktiviert. Dann sollten Sie Stifte und genügend Papier bereithalten, um Ihre Spinn-Einfälle zu dokumentieren, sodass keine Ihrer Ideen verloren geht.

Raus aus der Firma!

Im beruflichen Umfeld scheint es mit der idealen Mischung und dem optimalen Spinn-Umfeld zunächst etwas schwieriger auszusehen. Aber nur auf den ersten Blick, denn beim zweiten Hinsehen werden Sie auch in Ihrer Firma Plätze und

Ecken entdecken, die inspirierender sind als andere. Diese Orte sollten Sie immer dann aufsuchen, wenn Sie neue Aufgaben zu lösen haben und an Ihrem Schreibtisch nicht richtig vorankommen. Oder gehen Sie einen Schritt weiter, nämlich raus aus dem Gebäude, und verlassen Sie diesen Ort, den Sie wahrscheinlich in- und auswendig kennen und wo jeder, der Ihnen begegnet, Sie kennt. Das allein sind schon genügend Barrieren, über die neue Ideen gerne stolpern.

Suchen Sie sich andere Umfelder zum Nachdenken, solche, die in ihrer Wirkung der Kreativecke zu Hause ähneln, in denen Sie sich wohl fühlen. Es können auch Orte sein, die thematisch etwas mit Ihrem Problem oder Ihrer Aufgabe zu tun haben. Sie denken zum Beispiel gerade über Produkte für Kinder nach, weil sie einen neuen Schokoriegel erfinden wollen. Oder Sie entwickeln gerade ein Konzept für alternative Kindergärten. Was hält Sie davon ab, Ihre Überlegungen allein oder in einer Gruppe auf einem Kinderspielplatz anzustellen? In diesem realen Umfeld bekommen Sie am schnellsten ein Gespür dafür, wie Kinder leben, spielen und ticken. Sie können live erleben, welche Spiele für Kinder wirklich interessant sind, wie ihr Sozialverhalten ist, wann sie Zeit haben zu essen, was sie wie essen oder mit wem sie es teilen. Ich garantiere Ihnen, dass Sie mit ganz neuen Einsichten und einem Kopf voller Ideen vom Klettergerüst steigen werden.

Oder haben Sie gerade den Auftrag bekommen, als Vertreter eines Sportschuhherstellers das jährliche Vertriebsmeeting zu planen? Wie wäre es, das Ganze in der Umkleidekabine eines Sportclubs durchzuführen? Ihre Kollegen werden sicher ganz anders motiviert sein – und sei es auch nur aus der Verwirrung heraus –, und sie sind näher an der Zielgruppe. Denn hier steht nicht das Produkt Schuh im Vordergrund, sondern sie sind mitten drin im täglichen Einsatzgebiet und Umfeld der Kunden. Vielleicht finden Sie und Ihre Kollegen hier völlig neue Denkansätze für den Vertrieb, die Entwicklungsabteilung oder das Marketing, wenn Sie zum Beispiel die unterschiedliche Bodenbeschaffenheit von Umkleideräumen, Turnhalle oder Außenflächen realisieren. Vielleicht kommen auch durch die Größe der Umkleideschränke Ideen für neue Befestigungen und Diebstahlsicherungen auf. Oder die nicht vorhandene Reinigungsmöglichkeit für schmutzige Schuhe inspiriert sie zu besonderen Promotionideen und Pflegeprodukten. In jedem Fall bekommen Sie hier in wenigen Stunden mehr zu sehen, zu riechen und zu spüren als im Besprechungsraum der Konzernzentrale. Sie haben bereits ein solches Treffen in der Umkleidekabine eines Sportclubs abgehalten und wurden aufgrund des großen Erfolgs Ihrer Aktion auch in diesem Jahr mit der Organisation des Vertriebsmeetings beauftragt? Gratuliere, dann könnten Sie zum Beispiel für einen Tag ein Sportgeschäft samt Verkäuferteam mieten und dort wie im realen Leben versuchen, Ihren Kunden die neue Schuhkollektion zu verkaufen. Die Rolle der Käufer sollte dabei idealerweise das Verkaufsteam des Geschäfts übernehmen und Sie und Ihre Mitarbeiter schlüpfen als Hersteller in die Rolle der Verkäufer. Sie werden sich wundern, wie viele Einwände und »Ja, abers« die Kunden parat haben und wie sie sich als Verkäufer ins Zeug legen müssen, um das neue Topmodell an den Mann oder die Frau zu bringen, das sich laut Entwicklungsabteilung wie von selbst verkaufen müsste. Dieser eine Tag im Sportgeschäft unter nahezu realen Bedingungen könnte Ihnen wichtige Impulse liefern und zum Beispiel deutlich machen, dass dem Handel die entscheidenden Argumente noch nicht an die Hand gegeben worden sind. Vielleicht entpuppt sich Ihr Topmodell auch wie erhofft als Held der Saison und Sie gehen zufrieden und stolz nach Hause.

Ich würde sogar vorschlagen, vertraglich zu vereinbaren, dass jeder Angestellte eine gewisse Anzahl von Tagen außerhalb des Firmengebäudes verbringen muss, um Anregungen zu sammeln und Kunden, Zulieferer, Händler, Verkäufer sowie andere Partner besser kennen und verstehen zu lernen. Für alle, die während der Arbeit wenig Kontakt zur realen Außenwelt haben, wäre es empfehlenswert, mindestens einmal pro Woche mit öffentlichen Verkehrsmitteln zu fahren, um Max Mustermann und die gemeine Hausfrau, für die sie ihre Kampagnen, Produkte oder Dienstleistungen entwickeln, ganz nah und live zu erleben. Im Getümmel in der U-Bahn oder in Gesprächen im Bus erfolgt automatisch die Konfrontation mit den kleinen Problemen des Alltags, mit Zwischenmenschlichem und Irrationalem, das entscheidend dafür ist, die richtigen Verkaufsargumente und wahrnehmbare Wettbewerbsvorteile zu finden.

Verlassen Sie also öfter Ihre Firma, legen Sie sich für eine Stunde in den Park, stellen Sie sich an eine dreispurige Fahrbahn, beobachten Sie Menschen in einer Einkaufsstraße, schauen Sie mit offenen Augen denen zu, die dort Gemüsereiben verkaufen. Setzen Sie sich in die Bahnhofshalle oder in ein Luxusrestaurant – je nachdem, was Sie mehr inspiriert – und kommen Sie mit einem Notizblock voller Ideen zurück. Guter Witz, denken Sie jetzt, und was ist mit der Stechuhr, der Gleitzeit und meinem hysterischen Chef, der ständig nach mir ruft? Sie können auch langsamer und kleiner beginnen und sich eine Ecke in Ihrem Büro individuell einrichten. Legen Sie zum Beispiel eine Matratze oder ein Kissen auf den Boden, kleben Sie Fotos, Blumenbilder oder blaue Punkte an die Wand, installieren Sie einen Kopfhörer, zünden Sie eine Kerze an und schon haben Sie Ihre persönliche Kreativecke. Oder nehmen Sie alle Bilder von den Wänden, verschenken Sie die 20 Töpfe mit den ungelenken Zimmerpflanzen und gönnen Sie sich den Blick auf eine weiße unberührte Wand, um sich zu entspannen und Freiraum zum Denken zu gewinnen.

Wenn Ihnen auch das nicht weiterhilft, dann haben Sie ja noch Ihren Schreibtisch, auf den Sie als kleinste Variante einer Kreativecke ein einziges Bild stellen können, das vielleicht ein Segelboot, eine rote Farbfläche, ein Stück Himmel, eine Sonne oder ein anderes Motiv zeigt, das Sie aus Ihrem täglichen Trott reißt und Ihre Gehirnzellen in eine andere Richtung treibt. Sollten Sie sich dazu noch den Luxus eines Ortswechsels gönnen wollen, weil Bewegung gut tut und Ihr Bürostuhl scheinbar eine automatische Ideenhemmung eingebaut hat, dann empfehle ich als Alternative zur Kreativecke einen kleinen Klapphocker, den Sie einfach und schnell in Ihrem Büro aufstellen können. Stehen Sie vor der Aufgabe, über neue Lösungen nachdenken oder Ideen entwickeln zu müssen, haben Sie die Möglichkeit, schnell einmal den Ort zu wechseln. Sie können Ihren Schreibtischstuhl verlassen und sich in Ihre Kreativecke zurückziehen beziehungsweise auf Ihren Kreativ-Klappstuhl setzen. Vielleicht wäre auch ein Kiste mit etwas Spielzeug oder ein kleiner Koffer mit Mitbringseln von der letzten Reise ein geeignetes Requisit in Ihrer Ecke oder neben Ihrem Klappstuhl. Mehr zu diesem Thema erfahren Sie im Kapitel »Werkzeuge und Techniken«.

Reisen bildet

Auch beim Reisen spielt das Thema Orts- und Perspektivenwechsel eine wichtige Rolle, denn dabei verlässt man sein angestammtes Terrain und sucht sich ein anderes Umfeld, das mit neuen Bildern, fremd aussehenden Menschen, dem ungewohnten Straßenbild, der Sprache, den Gerüchen, Geräuschen, Sitten und Gebräuchen fasziniert und inspiriert. Dabei nehmen wir bewusst und unbewusst Dinge wahr, die dazu dienen, eine Art Lager unterschiedlichster Eindrücke zu füllen, auf die wir zurückgreifen können, wenn wir sie brauchen. Von meinen eigenen Reisen weiß ich, dass ich jedes Mal mit ein wenig mehr Verständnis, Toleranz, vielen Geschichten und neuen Ideen zurückgekommen bin. Zudem hat es mir der Abstand zum Alltag ermöglicht, meine eigene Situation neu zu sortieren und

Mut für das nächste Werk zu gewinnen. Damit die Erinnerungen nicht so schnell verblassen, bringe ich von überall Kleinigkeiten wie Messer, Kissen, Kleidung oder Geschirr mit. Diese nutze ich zum Teil als Gebrauchsgegenstände und zum Teil als optische Anker, die mir helfen, inspirierende Erlebnisse in meinen Alltagstrott zu integrieren und immer wieder neue Energie zu entwickeln.

Sie müssen aber nicht unbedingt tief in die Tasche greifen und in die Ferne fliegen, das Neue liegt näher als Sie denken. Ich bin mir sicher, dass es Stadtviertel, Ortsteile oder Straßenzüge in Ihrem Heimatort gibt, die Sie noch nie aufgesucht haben. Waren Sie schon mal in einem Viertel, in dem hauptsächlich Türken, Italiener oder Mohammedaner leben? Gehen Sie doch einmal dorthin, das ist eine schnellere und billigere Lösung, als wenn Sie nach Istanbul, Rom oder Jerusalem fliegen würden. Außerdem können Sie dort in den Import-Export-Läden meist dieselben kitschigen Dinge kaufen, die Sie als Tourist im Ausland oft zu überhöhten Preisen erwerben und dann mühsam nach Hause schleppen. Waren Sie schon einmal im Schlachthof-Viertel der Stadt, im Bankendistrikt, in den kleinen Nebengassen der Fußgängerzone, in den Randgebieten mit den Hochhäusern, bei den Schrebergärten, in allen Parks, auf dem Sportgelände, an der letzten U-Bahn-Station der Linie 7, in den Kellerräumen des Nachbarhauses, in den großen Einkaufszentren auf der grünen Wiese? Dort finden Sie sprudelnde Quellen der Inspiration, und das ganz in Ihrer Nähe. Wenn Sie nicht wissen, was Ihre Stadt und die Umgebung zu bieten haben, dann könnte das auch daran liegen, dass Sie häufig mit dem Auto angestammte Wege fahren, immer die gleiche U-Bahn-Linie nehmen, mit dem Fahrrad automatisch immer dieselbe Richtung einschlagen oder zu Fuß jeden Tag die bewährte Abkürzung nehmen. Klar, dass dabei das Auge und alle anderen Wahrnehmungsorgane abstumpfen, denn unsere Sinne brauchen regelmäßig frisches Futter, damit sie neugierig aufmerken und in all ihren Facetten funktionieren können.

Neugierde ist gut

Neugierig zu sein ist gut. Neugierig definiere ich aber nicht als die Eigenschaft, Leute auszufragen, um deren Geschichten, ausgeschmückt mit persönlichen Anmerkungen und wilden Spekulationen, sofort an Dritte weiterzugeben. Vielmehr geht es mir um die eigentliche Wortbedeutung: gierig nach Neuem sein. Neugierde bedeutet für mich, auf der Suche zu sein, die Wahrnehmungsantennen auszufahren, in fremde Töpfe, über den Zaun oder den eigenen Tellerrand zu gucken und sich für die Kirschen in Nachbars Garten zu interessieren. Wenn Sie neugierig sind, dann fragen Sie Ihren Nachbarn beim nächsten Treffen am Gartenzaun, wie er es geschafft hat, dass dieser Kirschbaum so schön gerade gewachsen ist, um welche Sorte von Kirschen es sich handelt, wie er die Vögel abhält und womit er die roten Flecken vom Autodach entfernt. So bekommen Sie alle Informationen, die Sie brauchen, um im nächsten Jahr selber einen Kirschbaum zu pflanzen.

Neugierige Menschen gehen auch hin und wieder in andere Gegenden, um herauszufinden wie die Leute dort leben, wo sie einkaufen, wie sie ihre Häuser bauen. Sie beobachten, ob die Unbekannten aus dem anderen Stadtteil vor ihren Türen sitzen und mit anderen ein Schwätzchen halten oder sich lieber hinten in ihrem Garten verbarrikadieren und »Ruhe« brüllen. Oder sie erkundigen sich, wie dort Straßenfeste organisiert werden, welchem Beruf der freundliche Herr nachgeht, der auch jeden Morgen an der Bushaltestelle steht, oder was die grimmige Frau mit den grauen Haaren den ganzen Tag macht, die denselben Bus nimmt und nie lacht. Ich weiß nicht, wie es Ihnen geht, aber mich interessieren solche Dinge und ich möchte gerne wissen, was die Menschen tun, an denen ich jeden Morgen mit einem flüchtigen Hallo auf dem Weg zur Arbeit vorbeilaufe. Ich finde es spannend herauszufinden, was sie bewegt, ob sie eine Leidenschaft für irgendetwas hegen, was sie während der vergangenen 40 Jahre gemacht haben, wovon sie träumen, was sie nervt. Es irritiert mich manchmal, dass nicht mehr Menschen diese Neugierde verspüren, dass so wenig Fragen gestellt werden und das Interesse für das eigene Umfeld so gering erscheint.

Ich lade Sie ein, mich ganz spontan zu einer Party zu begleiten, auf der 300 Gäste erwartet werden, von denen ich maximal zehn kenne. Ich begrüße die bekannten Gesichter, komme ins Gespräch und knüpfe dort an, wo wir das letzte Mal stehen geblieben sind. Neben einigen meiner Bekannten stehen deren Bekannte, die vielleicht auch meine werden könnten, wenn ich neugierig bin und Bereitschaft signalisiere, auch etwas zum Kennenlern-Prozess beizutragen. Dieses Prinzip zieht sich übrigens durch alle Bereiche des Lebens und ist sehr einfach: Wer etwas haben möchte, sollte selbst aktiv werden und nicht darauf warten, dass die anderen etwas tun. Im Fall der Party heißt das, selbst ein paar Fragen zu stellen, um ins Gespräch zu kommen: »Hallo, na, bist du ein Freund von Bettina? Woher kennt Ihr euch? Vom Kartenspielen? Ist ja interessant. Ich spiele neuerdings auch Karten und habe jetzt Schafkopfen gelernt. Ziemlich kompliziert. Kannst du Schafkopfen? Da können wir ja mal zusammen spielen, wenn du Geduld mit Anfängern hast.«

So oder ähnlich könnte ein Gespräch beginnen, mit einem netten Smalltalk, dessen Ziel es nicht ist, die gesamte humanistische Bildung der letzten 16 Semester zum Besten zu geben. Auch soll er nicht dazu dienen, in den ersten 30 Sekunden klarzumachen, was man alles kann und wo man schon überall war und warum das einzig trinkbare Getränk zivilisierter Menschen Champagner ist.

Gepflegter Smalltalk ist ein ideales Hilfsmittel, um das Kennenlernen – wie ein kleines Pflänzchen – langsam gedeihen zu lassen, eine kleine Aufwärmphase, um herauszufinden, ob man gemeinsame Themen findet, an die sich weiter anknüpfen lässt. Wichtig dabei ist die richtige Mischung: Eine Hälfte besteht aus Erzählen und sich Öffnen, die andere Hälfte aus Fragen, um dem anderen die Chance zu geben, sich auch zu öffnen.

Ich finde es immer wieder spannend, welche Hobbys Menschen haben können, Tätigkeiten, von denen ich noch nie etwas gehört habe, oder Beschäftigung mit Themen, zu denen ich nur ein gepflegtes Halbwissen vorweisen kann, aber neugierig auf Details bin. Als ich einmal an einem Tisch mit einem Taubenzüchter saß, hörte ich zum ersten Mal etwas über das Rennpferd des kleinen Mannes. Ich erfuhr etwas über die Fähigkeit der Tauben, instinktiv über große Strecken ihren Weg nach Hause zu finden, darüber, wie aufwändig das Stoppen der Flugzeit früher war und wie einfach es heute mit elektronischen Scannern funktioniert.

Ich war fasziniert vom Thema Taubenzüchten, über das ich mir bisher noch nie einen einzigen Gedanken gemacht hatte.

Mein Gegenüber hat mit einer solchen Leidenschaft von seinem Hobby erzählt, dass es eine große Freude war, ihm zuzuhören, und alle in der Runde hatten Spaß miteinander. Das

Thema beschäftigte mich zum zweiten Mal als ich bei einer Reise durch Norwegen in einem Wildlachszentrum etwas über die Orientierung der Lachse las, bei der es sich um ein vergleichbares Phänomen handelt wie bei den Tauben.

Dass Tauben und Lachse außer der Endstation Kochtopf noch andere Gemeinsamkeiten haben, fand ich sehr interessant. Vielleicht werde ich mich irgendwann, wenn ich nach neuen Ideen für alternative Transportmöglichkeiten, Logistiklösungen, Orientierung oder Ähnliches suche, an diese beiden Geschichten und die Zusammenhänge erinnern. Dieses Wissen könnte mir dann eventuell genau den Impuls geben, den ich zur Lösung der aktuellen Aufgabenstellung brauche.

Neben Taubenzüchten und der Geschichte über die norwegischen Wildlachse gibt es eine Vielzahl interessanter Themen, die uns wichtige Informationen liefern, neue Querverbindungen schaffen, Impulse geben und das Allgemeinwissen erweitern. Der Schlüssel für diese gigantische Schatztruhe ist Neugierde und die Freude am Fragen stellen. Ich wundere mich immer wieder darüber, wie viel ich andere Menschen frage und wie selten ich von anderen gefragt werde. Ich glaube, dass viele von uns sich in der Rolle des Fragenden für aufdringlich halten. Sie wollen ihr Gegenüber nicht bedrängen und ihm nicht zu nahe treten oder interessieren sich schlichtweg nicht für die Antworten. Dann ist der Fall klar und die Lösung heißt: weggehen. Doch wenn echtes Interesse besteht, dann müssen wir unserem potenziellen Gesprächspartner zwangsläufig nahe treten, um einen Faden zu knüpfen. Zudem ist es nach meinen Erfahrungen ein großer Irrglaube, dass sich Menschen durch Fragen bedrängt fühlen. Oft ist genau das Gegenteil der Fall, die Mehrzahl der Menschen fühlt sich durch Fragen wertgeschätzt und hat Freude daran, etwas von sich zu erzählen. Vielen von uns fällt es leichter, über sich zu sprechen, als anderen zuzuhören. Deswegen nutzen die meisten die Chance, wenn sie einen interessierten Frager und Zuhörer gefunden haben, geben gerne Auskunft, fragen ihrerseits nach und möchten sich unterhalten. Diejenigen, die nicht kommunizieren wollen, signalisieren dies meist sehr deutlich, was auch völlig in Ordnung und kommentarlos zu respektieren ist.

Tipp zum Fragen

Wir alle kennen die berühmten W-Fragen, offene Fragen, die nicht mit ja oder nein beantwortet werden können und die dabei helfen, dass ein Gespräch nicht sofort in eine Sackgasse führt. W-Fragen beginnen zum Beispiel mit wo, wann, wie, wer, woher. Es gibt jedoch ein W-Wort, das Sie aus dieser Liste ausschließen können, und zwar das Wort »warum«. Warum warum? Weil Warum-Fragen für die meisten von uns unangenehm sind und eine unbewusste Verteidigungshaltung bewirken. Warum hast du das getan? Warum bist du in dieses Geschäft gegangen und nicht dorthin? Warum schreibst du nie Betreffzeilen in deine Briefe? Selbst wenn diese Fragen nicht vorwurfsvoll gemeint sind, können sie leicht so wirken. Ein »Warum hast du …?« lässt sich ganz leicht durch ein »Wie hast du das gemacht?«, »Woran liegt es, dass du in dieses Geschäft gegangen bist?«, »Was hat dich dazu veranlasst …?«, »Wie kommt es, dass …?«, »Welchen Grund hat es …?« oder ähnliche Formulierungen ersetzen. Seitdem mich mein Coach auf diese Wirkung von Warum-Fragen aufmerksam gemacht hat, versuche ich, mit weniger Warums auszukommen, und finde den positiven Effekt in meinen Gesprächen sehr bemerkenswert. Mein Fragedrang und meine Neugierde beziehen sich auch auf Unternehmen, die ich nur von weitem oder aus dem Fernsehen kenne. Waren Sie schon einmal in einem Autowerk, einer Dosenmilchfabrik, einer Schuhfabrik, einer Brauerei, einem Callcenter oder einer Werbeagentur? Bei einem Schreiner, einem Buchbinder, in einer Schlosserwerkstatt oder einer Bäckerei? Nichts wie hin. Das ist großartig, faszinierend und hochinteressant. Es hilft Vergleiche anzustellen, Zusammenhänge besser zu verstehen, Aufdrucke auf Produkten richtig zu interpretieren, Preise zu relativieren, Wertschätzung gegenüber anderen Berufen und Tätigkeiten zu entwickeln und gibt handfeste Anregungen für die eigene Arbeit. In den betriebswirtschaftlichen Etagen heißt diese Neugierde Benchmarking. Dabei wird mit ausgedehnten, gezielten Umfragen und viel Zahlenmaterial operiert, es führt aber im Grunde zum gleichen Ziel, nämlich Informationen über die Konkurrenz zu erhalten und diese bei Entscheidungen im eigenen Unternehmen einfließen zu lassen.

Wir haben mit allen Mitarbeitern unserer Firma einmal einen Ausflug zu DaimlerCrysler nach Wörth in das größte Lkw-Werk Europas gemacht, obwohl wir damals weder einen Lkw-Kunden betreut haben, noch ein artverwandtes Projekt in Arbeit hatten, das diesen Besuch sachlich gerechtfertigt hätte. Der Grund für unsere Reise war, dass ich den damaligen Technik-Vorstand und seine Frau auf einer Veranstaltung kennen gelernt habe, während der wir ein sehr interessantes und angenehmes Gespräch führten. In dessen Verlauf sprach er über seine Tätigkeit, das Werk, die Herausforderungen und die spezielle Arbeitsweise. Als

ich mein spontanes Interesse mit leuchtenden Augen und einem »Oh, das würde ich mir gerne einmal anschauen!« bekundete, lud er meine Mitarbeiter und mich sofort ein. Wir fuhren nach Wörth und er führte uns persönlich durch sein Werk. Das war eine der interessantesten und inspirierendsten Betriebsbesichtigungen, die ich jemals mitgemacht habe. Allein die Größe des Werkes war beeindruckend, ebenso die Tatsache, dass die Lkws, die das Band verlassen, nicht identisch sind, sondern individuell nach den Bedürfnissen des Fahrers und der Spedition gefertigt werden. Themen wie Logistik, Fehlertoleranz oder der Grad der Individualisierung, die trotz der Firmengröße und der Menge an Einzelschritten möglich ist, wurden hier völlig neu definiert. Erstaunt geguckt hat unser Agenturteam, als es um das Thema Gruppenarbeit ging und wie konsequent sich einzelne Teams einmal pro Woche zusammensetzen, Probleme besprechen, Fragen klären, neue Ideen einbringen und dazu sogar das Band abgestellt wird. Da hatte ich allen Grund mich zu fragen, woran es liegt, dass wir es mit einem Team von zwölf Leuten nicht schaffen, uns pünktlich und strukturiert regelmäßig an einen Tisch zu setzen und die Themen der Woche durchzusprechen. Wenn dies in einem Werk mit Bandbetrieb, Taktzeiten und 8.600 Angestellten möglich ist, dann sollte das doch auch bei uns gelingen. Ein weiteres faszinierendes Thema in Wörth war der Umgang mit Ideen und das interne Vorschlagswesen, das täglich Verbesserungsvorschläge und neuen Ideen hervorbringt. Maßgabe in den Gruppengesprächen war, dass neu eingebrachte Ideen innerhalb einer Woche umgesetzt beziehungsweise in die weiterführenden Bahnen gelenkt sein müssen, sonst werden sie ad acta gelegt. Das halte ich für eine hervorragende Messlatte und geeignet als Garant dafür, dass der Schritt von der Idee zur Umsetzung schnell gemacht wird. Eine der Arbeitsmethoden im Werk ist Kaizen, das japanische Prinzip der Verbesserung in kleinen Schritten, was so viel heißt wie lieber 100-mal eine kleine Veränderung von einem Prozent als einmal eine große Veränderung von 100 Prozent zu bewirken. Von Kaizen hatte ich bisher nur gelesen, wie die Theorie in der Praxis aussieht, konnte ich auf unserem Rundgang durch das Werk real erleben. Ich kam aus dem Staunen nicht mehr heraus und meine kleinen grauen Zellen arbeiteten bereits fieberhaft an der kompletten Umstrukturierung meiner Firma. Hinzu kam noch das angenehme Ambiente der gesamten Führung, dass wir wie Könige bewirtet, umhegt und umpflegt wurden, in einem Vortrag einen Überblick über das gesamte Unternehmen erhielten und alle noch so unfachmännischen Fragen geduldig beantwortet wurden. Diese Betriebsbesichtigung und das persönliche Engagement des Vorstands waren für mich ein Musterbeispiel an Unternehmenskultur und Service-Orientierung – und das alles ohne die Aussicht, dass ich am Ende des Tages einen Auftrag über 500 Lkws unterzeichnen würde. In mir rumorte es, ich brauchte sofort Papier und Stift, um alle meine Ideen aufzuschreiben. Ich wollte mich gleich morgen mit meinen Mitarbeitern zusammensetzen, die ersten Maßnahmen einleiten, malte in Gedanken schon Organigramme und baute den Empfangsbereich um. Das Verblüffendste für mich war aber, als unser Team nach der Führung zur Weiterfahrt in den Bus einstieg und sofort eine wilde Diskussion einsetzte: Hast du gesehen, wie die ihre Gespräche führen? Das war ja irre, das könnten wir doch auch so ähnlich machen. Wir müssen mehr miteinander reden. Wir brauchen feste Meetingzeiten. Wir entwickeln ein konstantes Verbesserungsprogramm. Wir machen ab jetzt nur noch völlig individuelle Präsentationen und jeder potenzielle Interessent erhält seine eigene Agenturbroschüre. Wie können wir alle unsere Ideen besser managen? Da können wir uns doch von den Monteuren etwas abgucken. Habt ihr gesehen, wie sauber die Arbeitsplätze waren? Wie die Werkzeuge und Arbeitsteile just in time geliefert wurden? Zu Ihrer Erinnerung: Wir hatten ein Lkw-Werk besichtigt und sind selbst ein Unternehmen, das Innovationsworkshops und Tools zur Ideenproduktion anbietet, was vielleicht im ersten Moment auf wenig Gemeinsamkeiten schließen lässt. Doch finden sich bei genauerer Betrachtung viele Überschneidungen, Strukturähnlichkeiten und beinahe identische Problemstellungen. Die Führung durch das Werk hatte viele Fragen aufgeworfen und uns zugleich eine Liste an Lösungsmöglichkeiten aufgezeigt, die wir mit leichten Anpassungen sofort auch in unserem Bereich umsetzen konnten. So sehr sich Branchen auf den ersten Blick unterscheiden, so ähnlich sind sich bei genauerer Betrachtung und bei einem Blick hinter die Kulissen die zugrunde liegenden Strukturen und Prozesse. Wer in der Lage ist, gut zu beobachten, kritisch mit sich selbst zu sein und Querverbindungen zwischen Produkten und Leistungen herzustellen, kann von solchen Betriebsbesichtigungen enorm profitieren. Der Besuch in Wörth war für uns nicht nur ein inspirierendes Erlebnis und ein Beispiel perfekter Gastfreundschaft, sondern ein echter Nutzen für unser Geschäft. Wir haben am nächsten Tag angefangen, gemeinsam die ersten Ideen in der Agentur umzusetzen und erinnern uns noch heute gerne an die inspirierenden Begegnungen.

Tipp für Eltern

Wenn Sie Kinder haben, sollten Sie sie ermutigen, Praktika zu machen und sich unterschiedliche Unternehmen von innen anzusehen. Am besten in mehreren und unterschiedlichen Firmen, zum Beispiel in einer Filmproduktion, der Marketingabteilung einer Versicherung, im Vertrieb eines Bügelbrettherstellers, in einer Bäckerei oder in einem Schuhgeschäft. Die Zeitinvestition lohnt sich und sie zahlt sich vielfach wieder aus. Ihre Kinder verschaffen sich einen enormen Vorsprung, was Wahrnehmung und ganzheitliches Denken angeht, und bekommen reichlich Denkanstöße für ihre spätere Berufswahl.

Mitspinner und Verbündete

Wenn Sie gerade in Ihrer Kreativecke oder auf Ihrem Kreativ-Klappstuhl sitzen und nicht weiterkommen, dann laden Sie Mitspinner ein. Spinnen lebt vom Austausch, von unterschiedlichen Meinungen und Erfahrungen. Spinnen bedeutet im wörtlichen Sinn Fäden ziehen, Netze knüpfen und damit Kontakte herstellen und ein Mehr an Möglichkeiten schaffen.

Die spinnen, die Römer

Im alten Rom war es üblich, dass sich die Männer zu Diskussionsrunden trafen, um aktuelle Themen zu erörtern. Ziel dieser Veranstaltungen war es, mit einem Mehr an Wissen nach Hause zu gehen. Alle Beteiligten versuchten, das Thema aus möglichst unterschiedlichen Blickwinkeln zu beleuchten, neue Einsichten zu finden und die Diskussion fruchtbar zu gestalten. Daher wurden die Gruppen so zusammengestellt, dass Redner mit unterschiedlichen Standpunkten, Pro- und Contra-Argumenten, ungewöhnlichen Ansichten oder neuen Erkenntnissen aufeinander trafen. Die Rollen und Meinungen wurden vorab auf die Teilnehmer verteilt und jeder hatte die Aufgabe, seinen Standpunkt für alle nachvollziehbar darzustellen. Als Instrumente dienten dabei sachliche Argumente, geschulte Rhetorik und alle Mittel der Kunst. Wurde eine Diskussion zu gleichförmig und regte nur wenig Konträres und Inspirierendes zu neuem Denken an, sorgte der Advocatus Diaboli, der Anwalt des Teufels, durch provokante Fragen für neuen Schwung.

Stellen Sie sich vor, Sie würden sich mit Kollegen und Freunden treffen, um über ein vorher festgelegtes Thema, zum Beispiel das deutsche Schulsystem, zu diskutieren. Interessant wäre es, wenn an diesem Meinungsaustausch auch andere Menschen teilnehmen würden, die Interessantes beitragen könnten, zum Beispiel ein Schulleiter, der Vater einer Grundschülerin, die Mutter eines Studenten, zwei Schüler unterschiedlichen Alters, ein Uniprofessor, ein Psychologe, ein Soziologe, ein Vertreter der Wirtschaft. Alle Geladenen hätten sich gut vorbereitet, die verschiedenen Standpunkte wären definiert. Nun sitzen Sie inmitten von Menschen mit ganz unterschiedlichem Background und beleuchten das

Thema von allen Seiten. Auf diese Weise wäre sicher dafür gesorgt, dass neue Gedanken gesponnen werden und ein Mehr an Möglichkeiten entsteht.

Sie haben die Wahl

Bei der Auswahl Ihrer Mitspinner sollten Sie durchaus wählerisch sein, ein beinahe elitäres Verhalten an den Tag legen und wie der Türsteher einer angesagten Diskothek agieren, der nicht jeden einlässt. Suchen Sie sich Menschen, denen es mehr Spaß macht, Lösungen zu finden, als Probleme zu erörtern. Es gibt leider verblüffend viele Artgenossen, die einen Teil der kostbaren Zeit ihres Lebens damit vergeuden, darüber nachzudenken, warum Dinge nicht funktionieren können. Sie grübeln stundenlang über mögliche Ursachen des Scheiterns, darüber, was alles nicht sein kann und darf, bis sie alle Knackpunkte, kritischen Aspekte und Widers erfolgreich zusammengetragen haben. Würden sie diese Zeit stattdessen nutzen, um darüber nachzudenken, wie eine Sache funktionieren könnte, und ihr Gehirnschmalz für die Suche nach möglichen Lösungen einsetzen, dann wären wir alle schnell einen großen Schritt weiter.

Als Königin Victoria von England den Bau der Eisenbahn vorantrieb und 1842 den ersten königlichen Zug in Betrieb nahm, gab es Bedenken unter damals anerkannten Ärzten, die der Meinung waren, dass die gigantische Geschwindigkeit von 20 Kilometer pro Stunde für die Fahrgäste gesundheitsgefährdend sei. Hätte sich Königin Victoria davon beeindrucken lassen, würden die Engländer immer noch mit Pferdekutschen durch ihr Empire fahren und auch in Indien gäbe es keine Bahnlinie.

Das Neue und die Bedenken dagegen sind miteinander verbunden und tauchen meist gemeinsam auf. Und werden die Zweifel erst einmal laut, stimmen all die anderen Ja-aber-Sager mutig mit ein. Laden Sie deshalb zum gemeinsamen Spinnen Menschen ein, die mehr Ideen als Bedenken haben, lieber über das Wie als über das Ob nachdenken und richtig Lust darauf haben, gemeinsam zu spinnen. So wie man Lust auf ein Stück Schokolade haben kann. Suchen Sie sich Mitspinner, die Ihnen etwas Neues erzählen können – wie zum Beispiel der Taubenzüchter von vorhin –, Menschen die Geschichten und Witze kennen, deren Meinung Sie bestätigt oder fürchterlich aufregt und die Sie schon durch ihre bloße Anwesenheit inspirieren. Denken Sie an Churchills Motto »Wenn zwei immer das gleiche denken, ist einer überflüssig«, und umgeben Sie sich nicht immer mit denselben alten Köpfen, deren Gedanken Sie schon beinahe lesen können. Wählen Sie nicht unbedingt diejenigen, neben denen Sie morgens im Bus und mittags in der Kantine sitzen, auch nicht die Kollegen, die alle Defizite der Firma besser kennen als ihre Chancen und Ihre Kreativecke schnell zur Problemecke umfunktionieren würden.

Wie wäre es zur Abwechslung mal mit Kollegen aus einer anderen Abteilung oder dem Sohn Ihrer Freundin oder Frau Kabitzke von nebenan? Suchen Sie sich Mitspinner, die Ihnen gut tun oder mit denen Sie sich sachlich streiten können, ohne dass sich jemand persönlich angegriffen fühlt, und Menschen, mit denen dynamische dreidimensionale Unterhaltungen entstehen. Wenn ich versuche, solche dynamische Unterhaltungen grafisch darzustellen, sieht ein nettes, aber relativ uninspirierendes Gespräch etwa so aus:

Immer derselbe Strich rauf und runter. »Guten Morgen, schönes Wetter heute.« »Ja, besser als gestern.« »Und morgen soll es wieder schlechter werden.« »Ja, ja was sagt man dazu.« »Ich habe gestern Kürbis eingekocht, da riecht immer das ganze Haus.« »Kürbis mag ich nicht.«

,Ein Gespräch könnte aber auch so ablaufen: »Ich finde dieser Kürbis sieht aus wie das Gesicht meines Chefs.« »Das ist ja auch der dickste von allen. Wer sind denn die Kleinen daneben.« »Das linke mit der Beule bin ich und das daneben ist meine neue Kollegin. Und jetzt pass mal auf, was wir mit dem Chefkürbis machen.« »Da bohren wir jetzt mal ein Loch in die Mitte, höhlen das Ganze aus.« »Ich besorg schon mal eine Kerze und einen alten Hut.« »Ja und rotes Papier, eine Schleife und die alte Pfeife von Franz.« »Schau mal, was ich gefunden habe …« »He, was macht ihr beiden denn da?« »Komm doch rüber und bring was zu Knabbern mit.«

Diese Unterhaltung verläuft in Kreisen und verlässt irgendwann die Grenzen dieses Papiers, weil sie dreidimensional wird. Und genau solche Unterhaltungen sollten Sie anstreben, wenn Sie Menschen in Ihre Kreativecke einladen, um gemeinsam nach Neuem Ausschau zu halten. Charlie Kouns, 48, Mitarbeiter oder besser Mitspieler bei PLAY, beschreibt die Kraft des Neuen in einem Interview in *Fast Company* so: »Sobald sich Menschen in besonderem Maß wertgeschätzt und respektiert fühlen, kann deren kreative Leidenschaft und Energie überall ausbrechen. Diese Energie ist ansteckend. Es ist wunderbar zuzusehen, wenn Kunden Ball spielen oder ähnlich ›dumme‹ Dinge tun. Und bevor du es denkst, hast du 22 Ideen auf dem Tisch, die zehnmal besser sind als alles, was du hättest bekommen können, wenn du dich dem Problem nicht in dieser Art genähert hättest. Je einfacher du rangehst, desto offener und kreativer wirst Du.«[18]

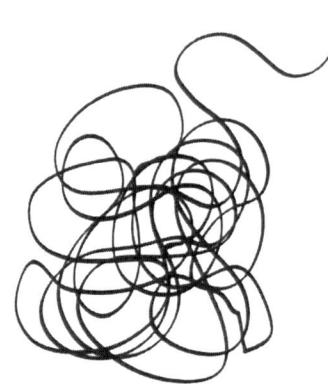

Nichtwisser sind besser als Schlaumeier

Suchen Sie sich für Ihre Spinn-Abenteuer Menschen, die wenig wissen, die zum Beispiel Ihr Problem nicht kennen, am besten noch nie davon gehört haben. Diese Menschen sind weit davon entfernt, sofort Lösungen parat zu haben, weil sie nicht wissen, was in der Vergangenheit möglich oder völlig undenkbar war. Sie lassen sich auch nicht von Fehlversuchen oder erfolgreichen Wegen beeindrucken, wissen nichts über Grenzen, das politisch korrekte Vorgehen oder firmentypische Fallstricke und Fettnäpfchen. Ihre Unwissenheit ist die beste Voraussetzung für Neues.

Ideal geeignet sind Mitdenker aus anderen Branchen und Abteilungen oder Menschen aus anderen Kulturkreisen, Leute unterschiedlichen Alters, Menschen mit Spezialwissen, sehr global denkende Mitstreiter. All diejenigen also, die normalerweise nie etwas zu sagen haben und nie nach ihrer Meinung gefragt werden, zum Beispiel der Postbote, die Putzfrau, der S-Bahn-Schaffner, die Vorzimmerdame, der Praktikant oder das Kantinenpersonal. Walter Simon ist der Meinung, dass akademische Titel und Intelligenz möglicherweise schädliche Auswirkungen auf die Kreativität haben, denn »Intelligente Menschen neigen zu voreiliger Kritik und voreiliger Analyse. ... Menschen mit hohem IQ werden gerne selbstgefällig. Sie wiegen sich in der Gewissheit ihrer Intelligenz und

---

[18] Ebd.

verlieren die Neugier.«[19] Auch Edward De Bono beschreibt seine Erfahrungen mit intelligenten Menschen. Er hat festgestellt, dass sie aufgrund ihrer Intelligenz Meinungen gut verteidigen können und deswegen oftmals keine Notwendigkeit sehen, anderen zuzuhören oder nach alternativen Lösungen zu suchen. Sie pflegten ihren einseitigen, manchmal falschen Standpunkt und rechtfertigten das Ganze intelligent. Viele würden ihre Intelligenz auch in erster Linie dazu einsetzen, andere zu widerlegen, was schnellen Erfolg brächte, ihre Überlegenheit bewiese, aber zu keinen neuen Erkenntnissen führe.[20] Achten Sie also bei der Auswahl Ihrer Mitspinner auch darauf, dass nicht nur Doktoren und Professoren darunter sind, denn Intelligenz und ein akademischer Titel sind beim Spinnen nicht immer förderlich.

Amateure an die Front

Den Begriff »Amateure« kennen die meisten von uns aus dem Fußball. Darunter fallen diejenigen, die aus Spaß Fußball spielen und kein oder nur wenig Geld dafür bekommen – im Gegensatz zu den Profis. Oftmals wird jemand leicht abfällig als Amateur bezeichnet, der eine Tätigkeit nicht so gut beherrscht und nur mittelmäßige Ergebnisse erzielt. Doch das Wort »Amateur« kommt vom lateinischen Wort *amare*, das auf Deutsch »lieben« bedeutet. Amateure sind also keine halbguten Möchtegern-Profis, sondern Menschen, die das, was sie tun, lieben und leidenschaftlich betreiben. Dabei spielen Können, Kompetenz oder theoretischer Background eine eher untergeordnete Rolle. Der italienische Professor für Wissenschaftsgeschichte Federico Di Trocchio stellt in seinem Buch »Newtons Koffer« dar, dass die Wissenschaft in der Vergangenheit voller Amateure steckte, deren Forschungen und Ideen gerne von der etablierten Wissenschaftsgemeinde abgelehnt und als Spinnereien abgetan wurden. Dabei haben einige dieser Amateure auf verschlungenen Pfaden und manchmal recht dilettantische Art bahnbrechende Entdeckungen für die Menschheit gemacht.

Da gab es zum Beispiel Christoph Kolumbus, der Amerika nur aufgrund eines Rechenfehlers entdeckte, weil er dachte, dass die Erde viel kleiner sei. Er war

---

[19] Simon, Walter: Lust aufs Neue. Gabal Verlag 1999, S. 89.
[20] De Bono, Edward: De Bono's neue Denkschule. mvg 2002, S. 16/17.

nicht der Erste und Einzige, der diesen Fehler machte. Doch was ihn von allen anderen unterschied, war seine unerschütterliche Sicherheit und die zähe Beharrlichkeit, mit der er »alle europäischen Höfe um die Finanzierung eines Unternehmens bat, das kompetenten Wissenschaftlern (…) zu Recht als Verrücktheit erschien.«[21] Kolumbus »hatte die Gewissheit eines Visionärs« und die Entdeckung Amerikas war das »Ergebnis einer einzigartigen Mischung aus wissenschaftlicher Inkompetenz und visionärem Größenwahn«. Ein weiterer Amateur in »Newtons Koffer« ist Johannes Kepler, bekannt für seine drei Gravitationsgesetze. Er hatte zwar im Gegensatz zu Kolumbus einen Universitätsabschluss und kannte sich in der Mathematik aus, doch auch er machte in seinen Berechnungen »banale Fehler (…), die sich in den wichtigsten Fällen zum Glück gegenseitig aufhoben oder zumindest zum richtigen Ergebnis führten«.[22] Nach Meinung der Historiker entdeckte Kepler seine drei Gesetze durch Herumprobieren, Versuch und Irrtum und indem er verschiedene Fährten verfolgte, von denen sich die meisten als falsch herausstellten. In drei Fällen hatte er Erfolg und ging damit in die Geschichtsbücher ein.

Diese und mehr interessante Geschichten sind in Di Trocchios Buch zu finden, aber der Autor rechnet auch mit der etablierten, der anerkannten Wissenschaft ab, die ihre Ketzer zwar heute nicht mehr verbrennt oder aufhängt, aber andere Methoden der Isolation und des Ruhigstellens entwickelt hat. Noch immer haben es Querdenker schwer, entweder aus Mangel an Bildung, aufgrund ihrer manchmal speziellen Persönlichkeit oder wegen fehlender, notwendiger Kontakte, ihre neuen Ideen und Argumente entsprechend zu promoten. »Der geniale Amateur wird als Fremdkörper abgelehnt und ausgegrenzt, und sogar die Erinnerung an ihn und seine Ideen geht verloren. Nur von denen bleibt eine Spur, die durch einen glücklichen Zufall dem unglücklichen Schicksal des Unverstandenseins und der Vergessenheit entronnen sind.«[23] Trocchio schlägt daher vor, ein Komitee zu gründen, das sich zum einen um die nichtprofessionelle Forschung kümmert, sie bewertet, organisiert und finanziert und zum anderen als Verbindungsglied zwischen offizieller und »ketzerischer« Forschung fungiert.[24] Zudem plädiert er für eine »allen leicht zugängliche Datenbank für wissenschaftliche Ketzerei«

---

[21] DiTrocchio, Federico: Newtons Koffer. Rowohlt 2001, S. 29.
[22] Ebd., S. 33.
[23] Ebd., S. 101.
[24] Ebd., S. 117.

und regelmäßige »Treffen und informelle Diskussionen zwischen orthodoxen und abweichenden Wissenschaftlern.«

Eine weitere Möglichkeit, die auch schon angewandt wird, um neue Ideen und Vorschläge publik zu machen, bieten Fachzeitschriften, die nicht nur die gängige Meinung vertreten, sondern auch Andersdenkenden anerkannten Raum und die Möglichkeit geben, ihre Ideen zu verbreiten. Für den wissenschaftlichen Bereich nennt Di Trocchio die Zeitschrift *Frontier Perspectives*, die halbjährlich von der Temple University in Philadelphia herausgegeben wird, sowie die *Medical Hypotheses*, gegründet von David F. Horrobin, eine der bekanntesten Persönlichkeiten unter den heutigen Wissenschaftsketzern.

Tipp für morgen

Entdecken Sie Ihr Umfeld und Ihre Firma neu. Schauen Sie sich mit anderer Antennenausrichtung als bisher die Menschen um Sie herum genauer an und überlegen Sie sich, wen Sie als Mitspinner einladen könnten. Versuchen Sie dabei die Nichtwisser, die Ahnungslosen, die furchtlosen Dreidimensional-Kommunizierer, die Unverblendeten, die Fachidioten, die, die nie gefragt werden, zu identifizieren. Formulieren Sie das Thema, das Ihnen unter den Nägeln brennt, und laden Sie eine erste Testgruppe zum Brainstorming – Tipps und Erklärungen zur erfolgreichen Durchführung finden Sie auf den folgenden Seiten – zu sich ein. Wenn Sie Ihr Vorhaben ankündigen, sollten Sie vielleicht am Anfang eine harmlose Formulierung wie »Ideen zusammentragen« verwenden. Das Wort »Spinnen« würde ich bei ungeübten Gruppen erst nach einer gewissen Aufwärmphase ins Spiel bringen, um nicht den ein oder anderen Mitdenker unnötig zu erschrecken. Vielleicht ergibt sich nach den ersten konspirativen Sitzungen schon bald eine feste Einrichtung, ähnlich wie ein Stammtisch oder eine neue Gruppenbesprechung, die sich mit dem beliebten Montagsmeeting vergleichen lässt. Wie wäre es zum Beispiel mit einer Runde Spinnen am Mittwochmorgen zwischen 8.30 und 9.00 Uhr mit wechselnden Teilnehmern zu aktuellen Themen, die immer kurzfristig bekannt gegeben werden?

Tipp für übermorgen

Stellen Sie sich selbst die Aufgabe, täglich mit einer Ihnen unbekannten Person zu sprechen, zum Beispiel morgens in der U-Bahn, im Zug oder im Bus. Suchen Sie sich jemanden aus und sprechen Sie die Unbekannte oder den Unbekannten an. Wählen Sie ein Thema, das Sie persönlich aktuell beschäftigt, und sprechen Sie mit täglich wechselnden Gesprächspartnern darüber. So haben Sie nach einer Woche mindestens fünf unterschiedliche Meinungen und Standpunkte gehört, die Sie in ihre weiteren Überlegungen miteinbeziehen können.

Tipp für überübermorgen

Versuchen Sie mit Menschen zu sprechen, deren Sprache Sie nicht können. Die finden Sie zum Beispiel in ausländischen Vierteln oder Geschäften, am Bahnhof, am Flughafen, auf Stadtteilfesten oder beim Inder, Türken und Italiener ums Eck. Nehmen Sie es spielerisch und wursteln Sie sich mit allen Möglichkeiten der Kommunikation durch. Das hilft ungemein, um die unbegründete Angst zu überwinden, mit Fremden zu sprechen und sich dabei lächerlich zu machen, weil man sich grammatikalisch nicht nach Lehrbuch ausdrückt. Sie können in solchen Situationen erleben, dass Ihr Gegenüber Sie auch ohne große Worte sehr gut versteht und Ihre Botschaft aus der Lippenbewegung, Ihrer Mimik und Gestik entschlüsseln kann. Gönnen Sie sich diese sprachliche Unvollkommenheit und den Mut zur Lücke, vertrauen Sie Ihrem Gegenüber und stärken Sie damit Ihr Selbstbewusstsein.

Tipp für die nächsten drei Wochen

Um Menschen kennen zu lernen, mit denen Sie bisher wenig Berührungspunkte hatten, die aber mit Sicherheit neuartige Sichtweisen und Lebensphilosophien vertreten, könnten sie zum Beispiel in zehn verschiedene Vereine eintreten. Suchen Sie sich kleine Vereine mit niedrigen Mitgliedsgebühren und außergewöhnlichen Vereinsthemen, zum Beispiel die Pilzfreunde, die Fliegenfischer, den Verein für Solarexperten, den Pro-Christkind-Verein, die Freunde der leichten Musik oder den Verein für blonde Schäferhunde. Dort lernen Sie mit Sicherheit neue interessante Menschen kennen und erhalten Einblicke in Themen, über deren Existenz Sie bisher noch gar nichts wussten. Außerdem spüren Sie in solchen Vereinen sehr schnell, was Leidenschaft wirklich bedeutet, eine notwendige Eigenschaft für Spinner, mit der Sie sich gerne anstecken lassen können. Im Anhang finden Sie eine kleine Liste von Vereinen, in denen Sie Ihr Spinn-Potenzial erkunden und auf Hochtouren bringen können.

Tipp für bisher verkannte Genies und Amateure

Suchen Sie sich Fachzeitschriften, die Interesse an abweichenden Meinungen und neuen Gedanken haben, schreiben Sie Artikel über Ihre speziellen Themen und bieten Sie diese den Redaktionen an. Am besten fragen Sie sich vorab telefonisch bis zum zuständigen Redakteur durch, erklären kurz, um was es geht, wecken publikumswirksam Interesse und schicken dann Ihren Artikel an die Zeitschrift. Wer seine Ideen öffentlich macht, findet leichter Verbündete und oftmals unerwartet Anerkennung.

Der Faktor Zeit

Aus meinem Berufsalltag kenne ich folgende Szene: Ein Kunde beschäftigt sich seit mehreren Monaten mit der Präsentation seines Unternehmens auf der nächsten Messe, deren Termin jedes Jahr zur selben Zeit und damit seit etwa einem Jahr bekannt ist. Dieses Jahr soll der Messestand und die flankierenden Marketingmaßnahmen etwas ganz besonderes sein. Die zuständige Abteilung beginnt neue Ideen zu entwickeln, verschiedene Arbeitsgruppen planen eine ganz andere Art von Messeauftritt, machen sich Gedanken zur Zielgruppe, über die Einladungen, die Aktionen vor Ort, die Kosten, den Zeitrahmen für die Produktion. Aber irgendwie können sich die Beteiligten auf keine Knülleridee einigen und alle bekommen die Hausaufgabe, noch ein bisschen weiterzudenken.

In vielen Firmen bleibt ein solch kreativer Prozess dann irgendwann stecken, köchelt müde vor sich hin und wird meist mit der Ansage »Kann mal jemand von euch den Messebauer zurückrufen, der will wissen, ob wir den Stand vom Vorjahr nehmen?« plötzlich ganz aktuell. Jetzt kommt die große Stunde des kreativen externen Ideengebers, der meist zehn Sekunden später einen Anruf mit folgendem Auftrag erhält: »Wir brauchen ein paar tolle Messeideen, etwas ganz Neuartiges, etwas, das so noch nicht da war und uns viel Presse bringt. Und zwar schnell, wir sind spät dran, der Messebauer muss übermorgen loslegen. Das geht doch, oder? Das schaffen Sie doch, sind ja nur ein paar Ideen. Da müssen Sie doch nur ein bisschen Rumspinnen.«

Gut Ding braucht Weile

Die Aufgabenstellung ist prinzipiell kein Problem, nur der Zeitaspekt erscheint schwierig. Woher kommt diese Hoffnung auf ein plötzliches Wunder, wenn man selbst schon erlebt hat, dass es sich bei der Ideenfindung um einen Prozess handelt, der anstrengend ist und nicht sofort auf Knopfdruck zum gewünschten Ergebnis führt?

Meine Mutter, die sehr gut nähen kann, hat sich früher immer darüber aufgeregt, wenn jemand mit einer kaputten oder zu langen Hose ankam und die flapsige Bitte äußerte: »Kannst Du mir das mal schnell zunähen.« Oder »Kannst

Du die mal schnell kürzer machen. Da muss man ja nur ein Stück abschneiden, umnähen, fertig.« Für jemanden, der noch nie eine Hose geflickt oder kürzer gemacht hat, kein Problem. Diejenigen unter Ihnen, die nähen können, wissen, dass auch diese scheinbar banalen Arbeiten nicht aus einem einzigen Handgriff bestehen, ordentlich gemacht werden müssen und deswegen Zeit brauchen. Mir klingt heute noch die grummelnde Standardantwort meiner Mutter in den Ohren »Schnell, schnell hat sich aufgehängt!«.

Kreativität ist ein Tun-Prozess und harte Arbeit. Dabei entstehen gute, mittelgute oder ganz besonders schlechte Ideen und als Nebenprodukt Unruhe und Chaos. Das ist völlig normal. Dessen müssen Sie sich nur bewusst sein, um diesen Zustand auszuhalten. Wenn Sie ausreichend Zeit dafür einplanen, gibt es auch keine Probleme. Der Herstellungsprozess einer Idee ist vergleichbar mit dem Produktionsprozess einer Ware. Nehmen wir zum Beispiel einen Stuhl. Im ersten Schritt recherchiert der Schreiner, bis er eine geeignete Vorlage hat, fixiert die Maße, erstellt Skizzen und Detailzeichnungen. Dann kauft er das Holz, das im optimalen Fall zwei bis fünf Jahre abgelagert sein sollte, damit es sich nicht nach getaner Arbeit in die andere Richtung verdreht. Er sägt die Einzelteile zu und verleimt sie Stück für Stück. Anschließend muss der Leim trocknen, der Schreiner warten, bis er den nächsten Arbeitsschritt tun kann. Zuletzt wird der fertige Stuhl geschliffen und gestrichen. Auch die Farbe braucht Zeit zum Trocknen.

Vielleicht muss sogar eine zweite und dritte Schicht aufgetragen werden, was wiederum entsprechende Ruhephasen erfordert.

Auch Ihre Ideen sollten von Zeit zu Zeit zum Trocknen auf die Leine, bis der Lack hart wird oder der Leim optimal hält. Stellen Sie Ihre Idee auf einen Sockel, damit sie um sie herumlaufen und sie von allen Seiten begutachten können. Vielleicht fällt Ihnen auf, dass die Rückansicht nicht optimal ist, hier fehlt doch ein Stück oder irgendetwas ist schief zusammengeschraubt. Also müssen Sie noch einmal anfangen und eine neue Variante ausprobieren. Streichen Sie die rohe Idee an, vielleicht mit zartem Bienenwachs oder alternativ mit einer grellen Acrylfarbe, um die unterschiedliche Wirkung zu testen. Nehmen Sie sich die Zeit, die der Prozess braucht, und lassen Sie sich nicht von außen unter Druck setzen. Erwartungshaltung ist das Problem der anderen. Seien sie sich im Klaren darüber, dass das Reifen von Ideen dauert und diese sich während des Prozesses in einem ständigen Wandel befinden. Werden sie dabei nicht nervös und genießen sie das scheinbare Chaos, aus dem die Dinge entstehen.

Das richtige Timing

Wer zu spät kommt, den bestraft das Leben, und wer zu früh dran ist, der ist manchmal zur falschen Zeit am falschen Ort. Das kennen wir alle und diese Weisheiten gelten besonders für Veränderungsprozesse, die sich in der Anfangsphase sehr selten großer Beliebtheit erfreuen. Nicht jeder ist in dieser Zeit so veränderungswillig und -fähig wie ein Spinner. Zu viel Renitenz und zu harter Druck führen manchmal wie in der Physik nur zu Gegendruck, sei es aus Prinzip oder aus Hilflosigkeit oder weil sich jemand einfach nur persönlich attackiert fühlt. Gemeinschaften und einzelne Menschen haben Schmerzgrenzen und ein grenzüberschreitender Spinner sollte sich dessen bewusst sein. Daher sollte er sich auch in psychologischer Kriegsführung und im Bereich der Kommunikationstechnik auskennen

»Spinnen am Morgen bringt Kummer und Sorgen, Spinnen am Abend ist erquickend und labend.« Diese alte Bauernregel hat einen sehr weisen Hintergrund, was das richtige Timing angeht. Spinnen am Morgen brachte den Bauern deswegen Kummer und Sorgen, weil morgens die Euter der Kühe prall gefüllt waren und die Tiere gemolken werden mussten. Ebenso wichtig war es, die frische Milch schnell weiterzutransportieren oder zu verarbeiten, damit sie nicht sauer wurde. Morgens galt für alle, dass sie ranklotzen und die notwendigen Arbeiten erledigen mussten, für Spinnen war absolut keine Zeit. Doch am Abend, nach erledigter Arbeit draußen oder im Stall, wenn alle zusammen in der Stube saßen, war das Spinnen gern gesehen, sowohl als handwerkliche Tätigkeit als auch als gemeinsames Zusammenspinnen von Gedanken und Ideen.

Liebe Spinner, seid daher aufmerksam, wenn es um den richtigen Moment geht. Vielleicht müssen gerade dringend Kühe gemolken werden und der gewählte Augenblick ist der falscheste aller Zeitpunkte, um Interessenten für eine neue Idee zu gewinnen. Dann solltet Ihr lieber bis zum Abend warten und Eure Idee am knisternden Kaminfeuer erzählen und von der erhöhten Aufmerksamkeit aller Zuhörer profitieren.

Spinnen zu Lebzeiten

Viele Spinner von gestern sind die Helden von heute, werden verehrt und in Form von ehernen oder steinernen Standbildern auf große Plätze gestellt. Menschen wir Albert Einstein, Thomas Alva Edison, Johannes Kepler, Christoph Kolumbus, Isaac Newton, Roald Amundsen, Jules Verne und viele andere Forscher, Künstler, Denker und Politiker waren zu Lebzeiten als Spinner und Außenseiter verschrien, weil sie sich an Fragestellungen herangewagt haben, die für ihre Zeit neu, revolutionär, gegen die Regeln der Wissenschaft, gegen die Religion oder wogegen auch immer und damit abzulehnen waren. In den harmlosen Fällen wurden sie milde lächelnd ignoriert, in den weniger angenehmen verfolgt und wegen ihrer Ideen sogar umgebracht. Erst viele Jahre später, nachdem der Wissensstand weiter vorangeschritten war und die Gesellschaft sich verändert hatte, sind aus diesen gefährlichen Spinnern anerkannte Persönlichkeiten geworden, die der Menschheit einen wichtigen Dienst erwiesen haben. Was sollten wir aus deren Schicksal lernen? Wir sollten froh und glücklich sein, dass wir in einem Land leben, in dem niemand für sein praktiziertes Spinnertum und seine Ideen verfolgt und getötet wird. Also mutig voran, es wäre doch schade, wenn Sie erst nach Ihrem Ableben Heldenstatus erlangen.

Ideen und die »Linie des Todes«

Die meisten Stühle und Ideen sind Auftragsarbeiten. Der Auftraggeber setzt gewöhnlich einen gewünschten Liefertermin fest oder fragt, wie lange es wohl bis zur Abgabe des Endergebnisses dauern wird. In einigen Branchen heißt der absolut letzte Zeitpunkt der Abgabe »Deadline«. Warum dies so ist, weiß ich nicht. Vielleicht weil man nach erbrachter Arbeit an der Ziellinie tot zusammenbricht oder weil man erschossen wird, wenn der Auftrag nicht rechtzeitig abgeliefert wird? Egal. Berechnen Sie einfach den Zeitaufwand für Ihre Idee als würden Sie einen imaginären Stuhl fertigen. Denken Sie an das Bild von der Idee an der Wäscheleine und berücksichtigen Sie dabei auch Pausen. Machen Sie dann eine realistische Angabe und legen Sie den Abgabetermin fest. »Schnell, schnell« oder »so schnell als möglich« sind hier ungültige Antworten. Sie fallen nicht in die Kategorie Abgabetermin, weil klassische Kalender diese Angabe nicht enthalten. Fixieren Sie den Abgabetermin für sich selbst und für den Auftraggeber schriftlich und seien Sie als Ideenlieferant genauso zuverlässig, wie Sie es von Ihrem Schreiner erwarten.

Übung macht den Spinner und je mehr Übung Sie im Spinnen von Ideen haben, umso schneller werden Sie. Das ist die berühmte Erfahrung, über die jeder professionelle Spinner verfügt, genauso wie der erfahrene Schreiner, der bereits 100 Stühle gefertigt und sich eine gutes Verhältnis von Geschwindigkeit und Perfektion erarbeitet hat. Rechnen Sie aber immer einen zeitlichen Puffer ein, denn auch den erfahrensten unter uns Spinnern geht nicht jede Ideenproduktion gleich leicht und schnell von der Hand. Die erste Idee ist in den wenigsten Fällen die Beste. Vielleicht ist es die zweite, die dritte oder die zehnte. Knüllerideen tauchen manchmal erst kurz vor Schluss auf, seien Sie nicht vorschnell zufrieden. Ist die Idee auch wirklich trocken, der Leim hart und die Rückansicht zufrieden stellend? Auch wenn der Zeitpunkt der Deadline gefährlich näher rückt: Halten Sie den Prozess bis dahin so lebendig wie möglich. Verschenken Sie keine kostbare Sekunde Ihrer Spinn-Zeit, denn vielleicht fällt Ihnen ja bis zur Linie des Todes noch etwas Besseres ein.

Nützliche Sprüche für Spinner, die unter Zeitdruck gesetzt werden

»Alle Weisheit ist langsam.« CHRISTIAN MORGENSTERN
»Gut Ding braucht Weile.« SPRICHWORT
»Ganz langsam, wenn es schnell gehen soll.« MONIKA SCHEDDIN
»Alles zu seiner Zeit.« DIE BIBEL
»Geduld, Geduld! Wenn's Herz auch bricht.« GOTTFRIED AUGUST BÜRGER
»Mit Geduld und Spucke fängt man eine Mucke.« SPRICHWORT
»In der Ruhe liegt die Kraft.« SPRICHWORT
»Die Botschaft hör' ich wohl, allein mir fehlt der Glaube.« GOETHE
»Das Große findet man nicht am Wegrand.« AXEL SPRINGER
»Alles wird gut.« SPRICHWORT
»Ein Spiel dauert 90 Minuten.« SEPP HERBERGER

Techniken und Werkzeuge

In Biel in der Schweiz gibt es ein Unternehmen mit Namen »Brainstore«, also ein Geschäft für Hirn, und es ist keine Metzgerei.

Der Unternehmenszweck von Brainstore ist die »Produktion und Pflege von Ideen«. Ideen für alles. Kleine und große. Zum Beispiel: Wie schließe ich mein Fahrrad so ab, dass es nicht ständig gestohlen wird? Oder: Was schenke ich meinem anspruchsvollen Opa zum 95. Geburtstag? Oder: Wie könnte ein neues »soft functional food« aussehen, das sich an jugendliche Konsumenten richtet? Sie haben die Möglichkeit mit einer solchen oder ähnlichen oder ganz anderen Fragestellung in das Hirngeschäft Brainstore zu gehen, um dort eine Lösung zu erhalten. Auch Nadja Schnetzler, CEO von Brainstore, räumt im Interview in der Zeitschrift *brand eins*, mit dem irrigen Glauben auf, dass eine geniale Idee den Geistesblitz eines kreativen Kopfes braucht. »Wir produzieren Ideen je nach Bedürfnis des Kunden. Genau so, wie andere Dinge auch produziert werden ... Bei uns ist die Ideenfindung nicht an Personen gebunden, sondern beruht eben auf einem Produktionsprozess.«[25] Die Ideen durchlaufen bei Brainstore bestimmte Phasen. Bevorzugtes Arbeitsmittel sind dabei unter anderem Badewannen, in oder neben denen es sich in der Schweiz anscheinend besonders gut denken und spinnen lässt. Laut Nadja Schnetzler war es für das Unternehmen am Anfang harte Arbeit, »plausibel zu machen, dass perfekt organisierte Weltkonzerne von einer Truppe schräger Vögel profitieren können, deren Büromobiliar zu einem nicht unbeträchtlichen Teil aus Badewannen besteht.«[26] Erinnern Sie sich an Ihr letztes Bad? Sind Sie nicht entspannt und mit einer neuen Idee aus dem Wasser gestiegen? Wie wäre es mal wieder mit einer ausgedehnten Badesession? Vielleicht zu zweit oder mit Quietscheentchen?

Wie entsteht eine neue Idee auch ohne Badewanne? Wie kommt man selbst auf etwas, das so noch nicht da war? Es gibt unzählige Werkzeuge und Techniken, so genannte Kreativitätstechniken, und ebenso viele Bücher darüber. Hier eine Liste von Kreativitätstechniken für Sie im Schnelldurchlauf:

- Assoziationsmethode
- Bionik
- Brainstorming
- Brainwriting
- Collective Notebook
- Delphi-Methode
- Mindmapping
- Morphologischer Kasten
- Open-Space-Technologie
- Provokation
- Reizwortanalyse
- Synektik
- Szenariotechnik
- Walt-Disney-Methode
- Zufallswörter
- Zukunftskonferenz

---

[25] »Ideen vom Fließband« in: brand eins 10/2000.
[26] Ebd.

Manche Begriffe haben Sie bestimmt schon gehört, vielleicht könnten Sie die Liste noch weiter ergänzen. Es wäre überflüssig, in diesem Buch im Detail auf die einzelnen Techniken und Methoden einzugehen, weil es dazu bereits ausreichend Literatur gibt. Ich verrate Ihnen in diesem Kapitel neue Kombinationen dieser bewährten Techniken und dazu meine persönlichen Tricks und Spielchen. Zuerst greife ich aber doch noch einen der Klassiker exemplarisch heraus, der zum Modebegriff geworden ist und sich dadurch mancherorts so verwässert hat, dass nur noch wenige wissen, was darunter zu verstehen ist und wozu das Ganze nutzt.

Das Brainstorming

Im Bestseller »Bildung« von Dietrich Schwanitz finden Sie, falls Sie bis zu den letzten Seiten vordringen oder zu denen gehören, die beim Lesen von hinten anfangen, ein sehr interessantes Kapitel über Kreativität. Dort stoßen Sie auf die Erklärungen zu konvergentem und divergentem Denken und finden das schöne Beispiel zum Thema Aha-Effekt mit dem Tyrannen von Syrakus, Archimedes und einer Badewanne (schon wieder!). Schwanitz spricht unter anderem von der Entladung bisoziativer Geistesblitze, vom Chaos des eigenen Unterbewussten und der Regression im Dienste des Ichs. Er stellt den Zusammenhang zwischen dem divergenten Denken und der Kritik her. Divergentes Denken sei Grundlage für Kreativität, es beziehe sich auf neue Informationen und verlange viele mögliche Antworten, die Originalität und Flexibilität einschließen. Originalität allein reiche aber nicht aus, denn zum divergenten Denken gehöre zudem die kritische Fähigkeit, die unsinnigsten Einfälle gleich wieder auszufiltern.[27]

Dieser Zusammenhang liegt grundsätzlich der Methode des Brainstormings zugrunde. In der Tagesrealität sieht das Ganze so aus, dass jedes längere Zusammensitzen von mehr als zwei Menschen in einem Raum bereits als Brainstorming gilt – und dabei wird auch noch gern und oft falsch gebrainstormt.

Erster möglicher Fehler: die Umgebung. Brainstormings im Konferenzraum sind meist unsinnig, weil das Umfeld nicht gerade förderlich für Neues ist. Es sollte nicht im selben Raum stattfinden, in dem auch Bilanz- und Entlassungsgespräche geführt werden, weil dort vielleicht ein schlechtes Karma herrscht oder

---

[27] Schwanitz, Dietrich: Bildung. Eichborn 1999, S. 473–475.

die Resopalplatten der Schiebewände dumme Dämpfe absondern. Ändern Sie für ein Brainstorming die Umgebung (siehe Kapitel »Standortwechsel: raus aus Ihrer Firma!«), werfen Sie bunte Bälle in den Raum oder gehen Sie in den Park.

Zweitens wird oftmals der Sinn des Brainstormings nicht verstanden. Ziel ist es, in festgelegter Zeit eine möglichst große Menge an Ideen zusammenzutragen, und zwar im ersten Schritt ohne jede Wertung, ohne Augenrollen oder verächtliches Grinsen. Auch der Gedanke »Ach, der Fritz Müller, was der wieder erzählt« ist hier fehl am Platz. Ja, ich weiß, es ist schwierig, nicht zu werten und seine schrillen Schreie zu unterdrücken. Tun Sie's, sonst unterdrücken Sie von Anfang an neue Ideen. Vielleicht denken Sie in solchen Situationen an meine Aufforderung zur Gehirnentnahme im ersten Kapitel, also Klappe auf, Gehirn raus, Klappe zu und los. Sie können sich ja die Bildabfolge dazu aus dem Buch ausschneiden und vor sich auf den Tisch legen. Oder Sie kopieren das Ganze für alle Brainstorming-Teilnehmer, damit alle gleich gehirnamputiert offen sind.

Fehler Nummer drei: die Zusammensetzung. Bitte wählen Sie nicht immer die gleiche Runde, die auch bei anderen Projekten zusammenarbeitet. Packen Sie doch mal den Fahrradkurier, der gerade ein Päckchen vorbeibringt, am Ärmel und beziehen Sie ihn ins Gespräch ein, oder fragen Sie Ihre Putzfrau, weil die vielleicht Input hätte, der Ihnen nützen könnte. Wichtig beim Brainstorming ist generell, dass unter den Teilnehmern keine Hierarchien bestehen, da in vielen Köpfen die irrige Annahme verankert ist, Vorschläge des Chefs seien generell besser als die eigenen. Damit lässt sich vermeiden, dass die Ideen schon im ersten Schritt klassifiziert und bewertet werden.

Der vierte mögliche Fehler bei Brainstormings besteht schlicht und einfach darin, dass die meisten zu sehr ausgedehnt werden. Ein Brainstorming sollte meiner Meinung nach nicht länger als 20 Minuten dauern. Dann haben Sie jede Menge neue Ideen, je mehr, desto besser. Die Leute von Brainstore müssen zum Beispiel bei einer Namensfindung für ein neues Produkt mindestens 2.000 Vorschläge machen.

Das üben wir jetzt gleich mal, indem wir gemeinsam ein ganz kurzes Brainstorming durchführen. Die Aufgabe lautet: Stellen Sie sich vor, in Ihrer Stadt eröffnet ein neues Kaufhaus, der »Easy Life Store«.

Das ist ein Geschäft, in dem es alles gibt, was das Leben einfacher macht. Produkte, Menschen, Ideen, Dienstleistungen, alles, was Sie sich nur vorstellen

können. Was würden Sie dort gerne kaufen wollen? Nehmen Sie Stift und Zettel dazu und los geht's. Sie haben zwei Minuten Zeit. Bewahren Sie den Zettel bitte hier im Buch auf, weil wir ihn später noch einmal brauchen werden.

Let's play!

»Die besten Ideen kommen aus verspielten Köpfen und Gemütern. Und der beste Weg, diese verspielten Köpfe anzuzapfen, ist zu spielen«[28], sagt Andy Stefanovich von der bereits erwähnten Firma PLAY. Diese hat unter anderem ein Spiel erfunden, das sich das »Super-Hero-Spiel« nennt. Es ist ganz einfach. Jeder sucht sich einen persönlichen Superhelden aus, er kann lebend, tot, fiktiv oder eine Eigenkreation sein. Vielleicht Mickymaus, Robin Hood, Bill Gates, Margaret Thatcher, Winnetou, Harry Potter, Pablo Picasso oder Hans Rosenthal. Wer ist Ihr Held, Ihr Super-Hero?

Überlegen Sie kurz und schreiben Sie den Namen Ihres Superhelden auf. Wer Papier hat, notiert ihn darauf, wer keines hat auf die Handfläche, aufs Tischtuch, in dieses Buch oder ritzen Sie ihn in Ihren Eichentisch. Merken Sie sich Ihren Superhelden, auf ihn greifen wir später noch einmal zurück. Bei der Agentur PLAY ist es ausdrücklich erwünscht, aktiv in die Rolle des Superhelden zu schlüpfen, sich so zu verkleiden wie er oder sie, um der Person

---

[28] »Mind Games« in: Fast Company Jan/Feb 2000, S. 168–180..

perfekt zu entsprechen und noch authentischer agieren zu können. Das verbessert nicht nur schlagartig die Stimmung im Team, sondern hilft auch, die eigene eingefahrene Sicht der Dinge zu vergessen und spielerisch die Perspektive zu wechseln. Möglicherweise erregen Sie eine gewisse Aufmerksamkeit verbunden mit offenen Mündern oder Kopfschütteln, wenn Sie als Superman mit einem blauen Umhang aus Müllsack über dem Anzug einem Kollegen in der Kantine begegnen. Nur Mut, gehen Sie dieses Risiko ruhig ein. Es lohnt sich und macht Spaß.

An dieser Stelle verknüpfen wir das Brainstorming mit dem Super-Hero-Spiel. Nehmen Sie dazu Ihren ins Buch eingelegten Easy-Life-Store-Brainstorming-Zettel zur Hand und bringen Sie Ihren Helden ins Spiel. Sie sind nicht mehr Sie selbst, sondern schlüpfen in die Rolle Ihres Super-Heros und betrachten alle Ihre Ideen aus seiner Perspektive. Was würde zum Beispiel Winnetou im Easy Life Store kaufen wollen? In jedem Fall kommt er zu Pferd und muss sein Ross vor der Tür anbinden. Er könnte es womöglich sehr schätzen, wenn jemand sein Pferd abreiben und füttern würde, während er für Nscho-tschi neue Mokassins kauft. Oder Ihr Superheld Helmut Kohl, was würde der kaufen wollen? Wo steht die Kühltruhe für Saumagen, wo ist das Rezept und wo der passende Wein dazu? Vielleicht fände Herr Dr. Kohl es angenehm, wenn die Gänge zwischen den Regalen etwas breiter wären. Danny de Vito hingegen würde sich seine Lieblingsschokolade gerne aus den unteren Etagen des Süßwarenständers holen, da er nicht jedes Mal eine Verkäuferin um Hilfe bitten möchte, die vielleicht denken könnte, dass er ihr ja nur unter den Rock kucken will.

Winnetou und Dr. Kohl bringen uns beim Brainstorming für zusätzliche Dienstleistungen am Kunden vielleicht auf die Idee, dass Parkplätze in verschiedenen Größen und für verschiedene Fahrzeuge interessant sein könnten. Oder ein Parkservice, eine Tankstelle samt Autowaschanlage auf dem Firmengelände, eine Luftsäule für Fahrradreifen. Möglicherweise fällt uns eine neuartige Shoparchitektur ein, die die Körpergröße von Menschen berücksichtigt, oder eine neuartige Anordnung der Waren nach Themengebieten. So müsste Herr Dr. Kohl nicht in fünf verschiedene Abteilungen laufen, um alles Notwendige für seine Essenseinladung zusammenzusammeln. Vielleicht schätzen es Kunden, wenn jemand für sie vordenkt und das Kochbuch, die Schürze, den Kochlöffel, die Tischaufsteller für die Gäste und die Telefonnummer eines Caterings für Notfälle neben die Tiefkühltruhe mit dem Saumagen einsortiert.

Das nennt sich Erlebniskauf und wird in den USA bereits seit längerem praktiziert, während es bei uns noch in den Kinderschuhen steckt. Ich denke da zum Beispiel an Barnes & Noble, die Buchkette, die mit dem Coffeeshop Starbucks kooperiert. Wenn ein Kunde Lust zum Schmökern hat oder ein neues Buch erwerben möchte, dann kann er sich erst einmal am Eingang einen Milchkaffee zum Mitnehmen und ein Blaubeermuffin holen. Dann sucht er sich im Buchshop ein nettes bequemes Plätzchen, einige Bücher und fühlt sich wie zu Hause. Auch nach vier Stunden lesen, krümeln, blaue Flecke machen und Kaffee verschütten, kann er das Buch ins Regal zurückstellen und wird, ohne etwas gekauft zu haben, von allen mit einem freundlichen »Have a nice day. See you tomorrow!« verabschiedet.

Außerdem fällt mir noch The great Indoors (wwww.thegreatindoors.com) ein, eine irre Mischung aus Einrichtungshaus, Do-it-yourself-Baumarkt, Trendshop und Musterhaus. In riesigen Stores sind – unter »shop by room« – komplette Zimmer aufgebaut, Küchen, Bäder, Wohnzimmer voll funktionsfähig, komplett eingerichtet und gestyled wie auf einem Foto aus *Schöner Wohnen*. Deren Einrichtung kann jeder selbst Stück für Stück nachbauen. Hier gibt es von den Küchengeräten über die Haken für Handtücher bis hin zur Deko alles, was man braucht. Wer sich über spezielle Produkte oder Produktgruppen informieren möchte, kann auch alternativ »by category« shoppen und findet dort alles, was er jemals über Schubladengriffe oder Kühlschränke wissen wollte. Im Design Center kann man sich bei der Planung und Ausstattung helfen lassen und im Internet finden sich detaillierte Anleitungen, um selbständig einen neuen Abfluss einzusetzen, samt Einkaufsliste und Notfallnummer. So macht das Selbermachen Freude. Und wenn der neue Holztisch nicht ganz gelingt, lässt sich sofort das passende Tischtuch bestellen, das perfekt von den fünf krummen Tischbeinen ablenkt.

Einen großen Tisch sollte übrigens jeder haben, um zum Beispiel darauf zu spielen. Ich liebe Spieleabende mit Familie und Freunden, Brettspiele, Karten oder selbst erfundene Spiele. Auch in unserer Firma wird gespielt, und zwar untereinander sowie mit unseren Kunden und Partnern, zum Beispiel Montagsmaler, Activity oder Tabu. Wir spielen auch Volleyball und haben bereits an einem Turnier teilgenommen, bei dem wir nur deswegen einen Preis gewonnen haben, weil wir die meisten Frauen in der Mannschaft hatten.

Tipp für übernächste Woche

Veranstalten Sie doch anstelle des nächsten Essens beim Italiener mit Ihren Kunden einen Spieleabend mit Chips und Käsespießen und genießen Sie die positive Spinn-Mischung dieses Events. Außerdem werden Sie Ihre Kunden – und sich selbst – von einer ganz neuen Seite kennen lernen.

Perspektivenwechsel

Das Superhelden-Spiel bedient sich im Grundprinzip der Methodik des Rollentausches. Jedes Mal, wenn Sie in eine andere Rolle schlüpfen, wechseln Sie die Perspektive. Das hilft dabei, von sich selbst Abstand zu gewinnen und die Welt mit den Augen Dritter zu betrachten.

Helden des Alltags

Da Superhelden selten sind, können Sie für den täglichen Perspektivenwechsel auch Helden des Alltags benennen, ganz normale Menschen, die Sie privat kennen. Meine Freundin und mein persönlicher Businesscoach Monika Scheddin aus München hat mir erst neulich folgende Geschichte erzählt: Sie war spät dran, kam abgehetzt mit dem Auto vor ihrem Büro an. Auf der einen Seite der Straße war eine Baustelle und ein Schild mit einer Absperrung für absolutes Halteverbot. Auf der anderen Seite war weit und breit kein Parkplatz. Am liebsten hätte sie das Auto genau vor dem Büro auf der Straße stehen gelassen, um pünktlich zu ihrem Termin zu kommen. Sie hat kurz überlegt, was ihre Kollegin Edith, der kreative Part der Firma, in dieser Situation wohl tun würde. Edith würde das Halteverbotsschild so weit zur Seite rücken bis ein »legaler« Parkplatz frei wird und es womöglich noch umdrehen. Gedacht, getan, Parkplatzproblem gelöst. Ich will Sie mit diesem Beispiel nicht dazu auffordern, Verkehrsregeln zu missachten, sondern dazu anregen, Lösungen mal mit einem anderen Blickwinkel zu suchen. Was würde meine Frau jetzt tun? Was mein Mann? Meine Freundin Lisa oder unser Nachbar Herr Frank?

Ein anderes Beispiel für alltägliche, kleine Perspektivenspielchen, die ich ebenfalls mit Monika Scheddin praktiziere, ist Folgendes: Wir sprechen uns spontan und nach Tagesform gerne mit fremden Namen an, zum Beispiel mit Frau Surbier, Frau Professor Meyer, Gabi, Frau Doktor, Gräfin oder was sonst noch passt. Abgesehen davon, dass das Namenwechseln gute Stimmung bringt, bietet es die Möglichkeit, langweilige Sachverhalte oder kleine Kritik unter Freundinnen so zu verpacken, dass das Gegenüber die Information besser verarbeiten kann. »Na, Frau Surbier, heute haben wir aber eine kreative Frisur?!« klingt irgendwie netter als »Wie siehst Du denn aus?!« Oder »Wenn Gräfin erlauben, würde ich das Problem gerne noch einmal ein achtes Mal erzählen, falls Gräfin gnädigst für einen kurzen Moment das moderne Sprechgerät aus der Hand legen wollen.« Damit ist gemeint: »Mach Dein Handy aus und hör mir zu, ich hab nicht viel Zeit und muss schnell etwas loswerden.«

Hüte, Pappnasen, Stühle und Perücken

Perspektivenwechsel können Sie auch mit fiktiven Personen durchführen, denen Rollen zugewiesen werden. Walt Disney zum Beispiel hat seine Ideen immer von drei unterschiedlichen Standpunkten aus betrachten und bewerten lassen: aus Sicht des Träumers, des Machers und des Kritikers. So sind alle Aspekte vom losgelösten Spinnen, über die Bewertung und kritische Betrachtung bis zur Umsetzung gegeben. Wenn Sie gut darin sind, zu abstrahieren und in fremde Rollen zu schlüpfen, dann können Sie – wenn es schnell gehen soll – alle drei Rollen allein durchspielen. Wenn Sie mehr Zeit haben und wirklich unterschiedliche Sichtweisen und Argumente wollen, suchen Sie sich dazu am besten drei verschiedene Personen, die die jeweilige Rolle übernehmen. Diese können sich, in Anlehnung an die Walt-Disney-Methode, in verschiedene Zimmer begeben, den Träumer-, Macher- und Kritiker-Raum. In vereinfachter Form reichen auch drei Stühle oder verschiedenartige Hüte, handgeschriebene Schilder, die sich die Personen vor die Brust halten, Haftzettel auf der Stirn, unterschiedliche T-Shirts oder eine Pappnase, um die jeweilige Rolle zu visualisieren.

Ich besitze zum Beispiel drei Perücken und ein Haarteil, die ich nicht nur anlässlich des Faschings, sondern auch zu ganz normalen Zeiten und Anlässen trage. Zum Beispiel, wenn ich spazieren gehen, wenn ich mich zum Essen verabrede oder auf eine Party eingeladen bin. Es ist immer wieder erstaunlich, wie sich das Verhalten meiner Umwelt und mein eigenes mit der jeweiligen Perücke verändert. So erhielt ich bereits grandiose Einblicke in das Leben von langhaarigen Blondinen, Angebote von Männern, die mich normalerweise überhaupt nicht wahrnehmen würden. Ebenso kamen Reaktionen von Intellektuellen auf meine weiße Perücke à la Uma Thurman in »Pulp Fiction« und ganz unterschiedliches Feedback, je nachdem ob ich mit langem und kurzem Haar unterwegs war. Zudem machte ich Bekanntschaft mit all denen, die wilde Hippie-Locken interessant finden. An mir habe ich beobachtet, wie leicht es mir fällt, mit einer Minimalverkleidung eine andere Rolle authentisch zu spielen. Warum ich das mache? Weil ich viele neue Menschen dabei kennen lerne, Spaß daran habe in eine fremde Rolle zu schlüpfen, weil mir jedes einzelne Erlebnis eine Menge Input, Ideen und Anregungen gibt und weil ich dabei viel lachen muss.

Andere Baustellen und Zeitmaschinen

Wenn Sie die Perspektive wechseln wollen, können Sie Ihre Aufgabe oder Ihr Problem auch in einen anderen Bereich verlegen, das heißt in eine andere Branche, eine andere Kultur oder Umgebung, um eine andere Baustelle daraus zu machen. Stellen Sie sich vor, dass Sie im Lebensmitteleinzelhandel arbeiten und Schwierigkeiten haben, an die Adressen Ihrer Kunden zu kommen, da selten jemand beim Gemüseeinkauf seine Visitenkarte an der Kasse abgibt. Überlegen Sie einmal, wie das andere Lebensmitteleinzelhändler oder Reisebüros, Ärzte, Markenartikelhersteller, Italiener, Japaner, Veranstalter von Partys oder Tupperware-Vertreterinnen lösen. Möglicherweise fällt Ihnen dann ein, dass viele Ihrer Mitbewerber im Internet vertreten sind und dort spezielle Dienstleistungen anbieten. Wenn sich interessierte Kunden dafür vormerken lassen wollen, geben sie dort ihre Adresse an. Sind Sie mit Ihrem Einzelhandel auch im Internet? Und wenn ja, bieten Sie dort bereits Leistungen an, die so interessant sind, dass jemand seine Adresse dafür hergeben würde?

Vielleicht fällt Ihnen auch die Aktion eines Markenartiklers in Ihrem Geschäft ein, nehmen wir doch einmal Wasa Knäckebrot. Eine freundliche, blonde Frau verteilte Postkarten für ein Gewinnspiel, bei dem als erster Preis eine Woche Ferien in Schweden zu gewinnen war. Gewinnspiele sind zwar nicht neu, aber immer noch wirkungsvoll, und sie bieten eine gute Möglichkeit, Adressen zu sammeln. Eventuell haben Sie in der Apotheke an der Ecke schon erlebt, dass man Sie nach Ihrer Adresse oder Telefonnummer gefragt hat. Dies wird dann gemacht, wenn ein Medikament nicht sofort verfügbar ist, sodass es Ihnen zugeschickt oder vorbeigebracht wird oder Sie telefonisch benachrichtigt werden können, sobald es eingetroffen ist. Auch hieraus lässt sich eine gute Idee für ein kundenfreundliches Serviceangebot ableiten und damit ergibt sich auch die Chance, Adressen zu sammeln. Auf Tupper-Partys wird gemeinsam Kaffee getrunken und Kuchen gegessen, bevor sich alle in Listen eintragen oder Adressen tauschen. Die Lebensmittel haben Sie ja bereits in Ihrem Geschäft, fehlt nur noch eine nette Ecke, wo Sie Menschen zusammenbringen können. Vielleicht wollen die sich dort öfter treffen und hinterlassen für die nächste Einladung gerne ihre Adresse.

Genauso wirkungsvoll ist die Reise mit einer imaginären Zeitmaschine. Lassen Sie Ihr Problem aus der Sicht eines alten Römers, eines mittelalterlichen Bauern, aus Sicht Ihrer Großmutter oder einer ägyptischen Königin anschauen. Überlegen Sie auch einmal, wie Ihr Problem gelöst wurde, bevor es Fernsehgeräte, Faxe, Telefone, Handys oder das Internet gab – das ist noch gar nicht so lange her. Am besten fahren Sie mit der Zeitmaschine so weit zurück oder so weit seitlich, dass kein Bezug zu Ihrem aktuellen Problem existiert, sodass Sie nicht am Querdenken gehindert werden. Die Aufgabe könnte zum Beispiel lauten: Laden Sie zehn Ihrer wichtigsten Kunden zu einem Treffen ein, um gemeinsam über noch bessere Arten der Zusammenarbeit nachzudenken. Allerdings sind Ihre zehn besten Kunden sehr verwöhnte Menschen, die auch von anderen Herstellern hofiert werden und keinen Grund haben, gerade zu Ihnen zu kommen. Sie wollen also etwas von denen, müssen sich ein bisschen anstrengen und sich etwas Besonderes einfallen lassen, um auf sich aufmerksam zu machen. Wie könnte eine solche Einladung aussehen? Wie hätten es die Römer gemacht? Sie hätten vielleicht einen berittenen Boten in schicker Kleidung von Kunde zu Kunde geschickt, der sich artig vorstellt, ein Schriftstück entrollt und feierlich die Einladung ausspricht. Wie hätte es Ihre Großmutter gemacht? Sie wäre vielleicht persönlich bei den zehn wichtigsten Menschen in ihrem Umfeld vorbeigegangen, hätte ein Stück Kuchen und ein handgeschriebenes Kärtchen mit Termin und Uhrzeit mitgebracht. Im Mittelalter hätten Sie eventuell einen Sänger bestellt, der ein gereimtes Lied vor der Tür Ihrer Kunden zum Besten gegeben hätte und vor der Zeit der Computer und E-Mails gab es tatsächlich Menschen, die per Hand persönliche Briefe schrieben. Jetzt stehen schon vier Ideen für besondere Einladungen im Raum, die sich auch abwandeln lassen. Der Bote kommt statt auf einem Pferd in einem Automobil, zu Fuß oder mit dem Fahrrad beim Empfänger an. Trotzdem könnte das Schriftstück eine Rolle sein und die feierliche Inszenierung vor den Augen der Zielperson stattfinden. Sollte der Adressat nicht da sein, weiß sich der Bote sicher zu helfen, wie er vom Sekretariat Details über dessen Terminplan bekommen kann, um später noch einmal wiederzukommen.

Ein Perspektivenwechsel lässt sich aber auch auf ganz einfache Weise durchführen, indem Sie selbst Ihre Position verändern. Betrachten Sie einmal stehend ein Objekt aus 30 Zentimeter Entfernung. Gehen Sie dann vier Meter zurück, legen Sie sich auch mal auf den Boden, um sich das Ganze anzuschauen, oder bücken Sie sich, drehen Sie sich um und gucken Sie rückwärts mit dem Kopf nach unten durch die Beine. Oder stellen Sie sich auf eine Leiter und betrachten alles von oben. Machen Sie dabei doch mal ein Auge zu und auf, dimmen Sie das Licht oder beleuchten Sie das Objekt. Die Wirkung wird jedes Mal unterschiedlich sein und könnte Ihnen möglicherweise Impulse geben.

Visualisieren

Visualisieren bedeutet, abstrakte Sachverhalte oder Informationen optisch darzustellen. Das Beispiel der Hüte, Stühle oder der Verkleidung als Superheld sind Beispiele für optische Umsetzung. Die meisten Menschen sind visuell veranlagt, können besser sehen als hören, schmecken oder riechen. Deswegen ist es in den meisten Fällen sinnvoll, wichtige Informationen nicht im Einkanal-Verfahren zu vermitteln, sondern verschiedene Sinne anzusprechen, insbesondere die Augen. Das kennen Sie vielleicht von sich selbst. Sie hören Ihrer Kollegin aufmerksam zu, die Ihnen eine Information auf dem Flur zwischen Küche und Schreibtisch zuruft. Sie haben die Info akustisch wahrgenommen. Kurz danach kommt eine E-Mail mit der gleichen Information, die jetzt in geschriebener Form eine andere

Wertigkeit bekommt, plötzlich extrem eilig erscheint und sich anders darstellt als die gesprochene. Oder Sie sitzen im Auditorium und hören einen Vortrag über Innovationsmanagement. Anschließend lesen Sie das Buch des Redners und entdecken das Thema noch einmal völlig neu. Es ist wahrnehmungspsychologisch und in Bezug auf einen optimalen Lerneffekt sinnvoll, gesprochene Informationen zusätzlich optisch darzustellen. Indem man abstrakte Begriffe visualisiert, wird das Abstrakte greifbar und damit real.

Wild Card – die Lizenz zum Spinnen

Jeder unserer Mitarbeiter hat eine Wild Card, eine zum Umhängen und andere, die als Alternative zu den klassischen Visitenkarten verteilt werden können. Die Wild Card ist die Lizenz zum Spinnen und ein Vertrag mit sich selbst, mit dem jeder einzelne von uns Teil des kreativen Prozesses wird, unabhängig davon, was er tut und in welchem Bereich sie oder er arbeitet. Der Begriff »Wild Card« stammt ursprünglich aus der Wissenschaft, und zwar aus der Zukunftsforschung, und bezeichnet nicht vorhersehbare Störungen wie den Einschlag eines Kometen in ein Wohngebiet, das Reaktorunglück von Tschernobyl oder den Anschlag auf das World Trade Center. Wild Cards sind eher unwahrscheinliche, überraschende Ereignisse, die oft eine weit reichende Wirkung haben. Ebenso wird dieser Begriff verwendet, wenn es darum geht, das Unmögliche zu denken und Ideen zu haben, die zum jetzigen Zeitpunkt völlig abwegig erscheinen. Wild Card ist zum Beispiel der Moment, in dem jemand darüber nachdenkt, dass es praktisch wäre, wenn elektrischer Strom auf Knopfdruck aus einem Glühkörper kommen würde, während andere mit Kerze und Puschen durch das dunkle Haus schlurfen. Oder wenn jemand in Zeiten des Schnurtelefons darüber nachdenkt, dass die Telefone kleiner und ohne Kabel sein sollten und er es besonders schick fände, wenn die kleinen Dinger dazu noch fotografieren und Musik aufzeichnen könnten.

Ich bin diesem Begriff »Wild Card« irgendwann in der Literatur begegnet und weil ich nicht nur spinne, sondern auch praktisch veranlagt bin, habe ich ihn visualisiert und daraus eine echte, reale, anfassbare Karte gemacht. Wild Card zu denken ist gut, sie real um den Hals zu haben oder als Visitenkarte zu verteilen, hat einen ganz anderen Effekt, durch den sich eine völlig neue Art von Energie entwickelt.

Vielleicht ist Ihnen aufgefallen, dass auf meiner Wild Card im Feld Titelbezeichnung »chief thinker« steht. Als wir vor drei Jahren begannen, uns selbst gewählte Titel anstelle der klassischen Projektleiter, Eventmanager und Buchhaltungsassistentinnen zu geben, war dies für die Gruppendynamik und das Selbstverständnis der einzelnen Mitarbeiter eine sehr wohltuende Umstellung. Die Umbenennung der eigenen Berufsbezeichnung und eine emotionalere Art der Titelwahl haben bereits in mehreren Firmen Einzug gehalten. Gut so. Ändern Sie am besten gleich morgen Ihre Jobbezeichnung, denn die meisten Titel unterscheiden allein durch die Wortwahl bewusst oder unbewusst zwischen Spinner und Nicht-Spinner. »Geschäftsführer«, »Projektverantwortlicher«, »Etat-Direktor«, »Managing Supervisor«, »Vertriebsassistent«, »Buchhaltungsfachkraft« klingt für mich so als wäre spinnen, querdenken und das Entwickeln neuer Ideen per se verboten.

Zur Umbenennung inspiriert hat mich damals ein Artikel in *Fast Company* über die amerikanische Automobilindustrie und das neue Medium Internet.[29] Da wird zum Beispiel von einer Truppe erzählt, die das Thema Internet bei Toyota neu entwickeln und einführen sollte. Eine Truppe Freaks – im Vergleich zu den etablierten Toyota-Mitarbeitern –, von denen keiner der übrigen Mitarbeiter so genau wusste, was sie taten, woher sie kamen und wer sie eigentlich eingestellt hatte. Diese Internetgruppe hat alles und jeden ignoriert, der ihnen mit Erfahrungen oder »Das-haben-wir-bisher-immer-so-gemacht«-Ratschlägen zur Seite stehen wollte. Außerdem distanzierten sie sich von bestehenden Arbeitsmethoden, der gängigen Firmenpolitik, den ungeschriebenen internen Gesetzen, den Fettnäpfchen und Bremsklötzen. Sie ließen sich eigene Visitenkarten drucken, die mit dem Corporate Design von Toyota keinerlei Ähnlichkeit hatten, designten für sich sogar ein anderes Logo und wählten ihre Titel selbst. Das Führungstrio bestand aus dem »chief philosopher«, dem »chief artist« und dem »chief thinker«, den letztgenannten Titel habe ich mir gleich für meine eigene Wild Card ausgeliehen. Auch bei der Agentur PLAY führen alle Mitarbeiter selbst gewählte Titel, zum Beispiel:

---

[29] »Collision Course« in: Fast Company Jan/Feb 2000, Seite 118-144.

in charge of what's next
whatif
Houston we have a problem
Stimme der Vernunft
What's next
Botschafter

Unsere Wild Cards verbreiten sich wie ein Buschfeuer und sind bei Mitarbeitern, Kunden und Partnern gleichermaßen beliebt. Darauf finden Sie zum Beispiel folgende Titelbezeichnungen:

Speedy Gonzales
Außenminister
Troubadour de la Cour
Pixelschubser
i sog nix
schau ma mal
Zahlenjongleur
Zirkusdirektor
Ja, aber
Dominator
Hausmeister
trouble shooter
Sondereinsatzkommandoleiter
Wandelndes Lexikon
Das schlechte Gewissen
Geburtshelfer

Wild-Card-Workshops

Eine logische Weiterentwicklung der Wild Cards sind die Wild-Card-Workshops, Zusammenkünfte und Arbeitsmeetings, in denen alle die Lizenz zum Spinnen haben und vor der Aufgabe stehen, Unmögliches zu denken. Sie sind für die Schaffung großer Zukunftsentwürfe gleichermaßen geeignet wie für die Erarbeitung konkreter Einzelaufgaben, zum Beispiel die Erfindung neuer Produkte und Namen, Ideen für Messen, Veranstaltungen, Maßnahmen zur Kundenbin-

dung, Serviceideen usw. Um das eigene Denken geschmeidig zu halten, veranstalten wir auch für uns selbst Wild-Card-Workshops mit Mitarbeitern, Partnern und Freunden des Hauses. Das Thema wird erst vor Ort bekannt gegeben und in Gruppenarbeit behandelt. Die Ergebnisse sind vielfältigster Natur, von gebauten Inszenierungen über Theaterstücke bis hin zu akustischen Umsetzungen. Meine Lieblingsthemen bisher waren »Austern« und »Wüste«. Die Fotos zeigen Teilnehmer, die sich mit dem Thema »Wüste« beschäftigen.

Das Känguru-Meeting

Eine andere Art der Visualisierung ist unser Känguru-Meeting. Kennen Sie das Buch »Traumfänger« von Marlo Morgan? Dabei handelt es sich um das Tagebuch einer Amerikanerin, die mit einer Gruppe Aborigines durch den australischen Busch wandert und das Leben und sich selbst aufgrund der einschneidenden Erlebnisse völlig neu kennen lernt. An einer Stelle im Buch wird beschrieben, wie die Hauptperson ein Känguru beobachtet und feststellt, dass das Tier nur vorwärts hüpfen kann, da ihm der Schwanz beim Rückwärtsgang im Weg steht. Mit Sicherheit ist diese Szene keine Schlüsselstelle des Buches, aber mich hat sie inspiriert. Ich habe daraus das Känguru-Meeting kreiert, in dem es für alle nur eine Richtung gibt: nach vorne. Keine Vergangenheitsbetrachtung, nur Zukunftssicht, kein Gewimmer, sondern Ideen und Lösungen,

die uns nach vorn bringen. Und weil visualisieren schlau, nett und bewährt ist, gibt es auch hierfür eine Karte mit einem Känguru. Sobald sich jemand die Kängurukarte um den Hals hängt, ist klar, dass der dringende Wunsch besteht, mit den anderen nach vorn zu denken.

Das Hilfe-Schild

Wer in seiner Arbeit oder im Denken feststeckt, seine Deadlines näher rücken sieht oder einfach mal Hilfe braucht, kann sich eines kleinen optischen Ankers bedienen, der ohne großes Geschrei für sofortige Aufmerksamkeit sorgt: das Hilfe-Schild oder für den internationalen Einsatz das Help-Schild. Praktisch mit Schnur dran, um es sich um den Hals, an den Computer, den Schreibtisch oder sonst irgendwo ins Büro zu hängen.

Das WOW-Projekt

Das WOW-Projekt ist eine Visualisierungshilfe gegen Abnutzungserscheinungen und Frustattacken bei Routineprojekten. Auch wenn wir noch so kreative Berufe ausüben, wir alle haben einen großen Anteil an Aufgaben, die wir nicht so gerne mögen, Arbeiten, um die wir nicht herumkommen, und Jobs, die tägliche Routine sind. Das können wir einfach ertragen oder aber wir verfahren nach dem Motto »Love it, leave it or change it«. Das heißt, Sie können eine liebevolle Beziehung zum Kloputzen aufbauen, sich weigern es zu tun oder es irgendwie so verändern, dass Sie seelisch-moralisch damit klarkommen. Verändern können Sie zum Beispiel Ihre Haltung und Einstellung zu dämlichen, aber notwendigen Arbeiten. Machen sie doch aus allen Ihren Projekten - auch oder

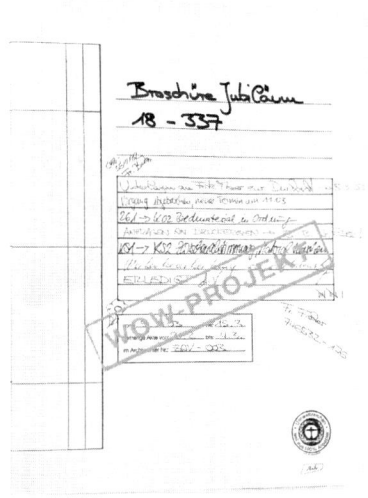

besonders den allerunangenehmsten und dümmsten – WOW-Projekte. Was heißt WOW? Es ist dieses amerikanische WOW, ein Stimmungsausbruch zwischen Verbalorkan und Babygeschrei, begleitet von großen, leicht verdrehten Augen und einem breiten, offenen Mund. Eine Mischung aus Staunen, Bewunderung und Neid. WOW bedeutet in jedem Fall irgendwie super, toll, weltklasse oder zumindest nicht langweilig. Auch hier ein Tipp zur Visualisierung: die WOW-Arbeitsmappe in ansprechender Optik mit auffälligem WOW-Aufdruck.

Spaß- und Motivationsstempel

Stempel kennen wir alle. Die gibt es mit Adressen, Vermerken wie »geprüft«, »bezahlt« oder »Kopie«, sie können »geheim« oder »streng geheim« bedeuten oder ein Datum enthalten. Oder sie können als kleine Nettigkeit den Empfänger der gestempelten Botschaft

erfreuen und als optischer Anker zur Selbstmotivation dienen. So ein kleines Ding und so vielseitig einsetzbar, günstig und überall erhältlich. In unserem Unternehmen gibt es eine Kiste voller Stempel, mit denen wir unsere Ausgangspost schmücken, die in Konzepten auftauchen, auf Postkarten, im Internet und auf den Titeln von Arbeitsmappen. Die einen haben wortspielerisch mit unserem Firmennamen oder dem Wort »Freiheit« zu tun, die anderen visualisieren abstrakte Inhalte.

Ideenbücher

Gehören Sie auch zu den Menschen, die Artikel aus Zeitschriften reißen, sich kleine Zettel mit Notizen schreiben, Post-its sammeln, Ablagestöße bilden, in denen sich Unmengen guter Ideen und Informationen befinden, bis Sie dann irgendwann alles in den Papierkorb kippen, weil sie nicht mehr wissen wohin damit?

Kennen Sie Richard Branson? Er hat Virgin Records gegründet, besitzt die Fluglinie Virgin Atlantic und hat mit seiner Marke in die unterschiedlichsten Branchen diversifiziert. Es gibt Virgin Cola, Virgin Jeans, Virgin Kosmetik, Virgin Finanzdienstleistungen und was Herrn Branson sonst noch so einfiel. Er ist ein Abenteurer und begeisterter Heißluftballonfahrer, überquerte mit dem Ballon den Atlantik und ist mehrere Male abgestürzt. Branson ist das Musterbeispiel eines Spinners, der überquillt vor Ideen, Mut und dem Drang, diese Ideen in die Tat umzusetzen. Er beschreibt in seiner Autobiografie »Business ist wie

Rock 'n' Roll«, dass er immer kleine spiralgebundene Notizblöcke bei sich hat – solche, die Sie kariert und liniert im Dreierpack in jedem Kaufhaus erwerben können – und darin alle Ideen und Informationen aufschreibt, die ihm während des Tages neu und interessant erscheinen. Zum Beispiel aktuelle Börsennotierungen, die Idee eines Fluggastes, während der Flüge Fußmassagen anzubieten, Namen interessanter Menschen oder Geschenkideen für den Geburtstag seiner Tochter. Seine Blöcke füllen mittlerweile ganze Schrankwände und Regale und sind für ihn ein unendlich wertvoller Schatz, denn Herrn Branson werden die Ideen mit Sicherheit niemals ausgehen. Als er wieder einmal auf der Suche nach neuen Serviceideen für die Fluglinie seine Blöcke durchforstete, fiel ihm die Notiz über den Passagier mit der Fußmassagen-Idee in die Hände. Daraufhin nahm er Fußmassagen für die Passagiere ins Programm auf, zumindest für eine kurze Zeit, bis der Rotstift des Controllers Branson diesen Genuss wieder streichen musste. Pressewirksam war die Aktion in jedem Fall.

Ich selbst schreibe seit Jahren Ideenbücher. Meine sind nur größer und voller Bilder, weil ich ständig Artikel aus Zeitungen und Zeitschriften herausreiße und dort einklebe. Außerdem versuche ich, darin meine Ideen zu zeichnen, und arbeite vorrangig mit Mindmaps. Am Anfang hatte ich für verschiedene Themen und Lebensbereiche verschiedene Bücher. Eines fürs Business, eines als privates Tagebuch, eines für das Thema Finanzen, eines über Gesundheit

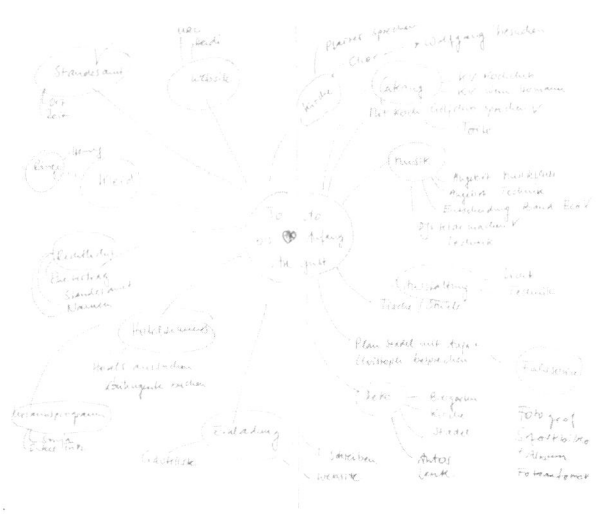

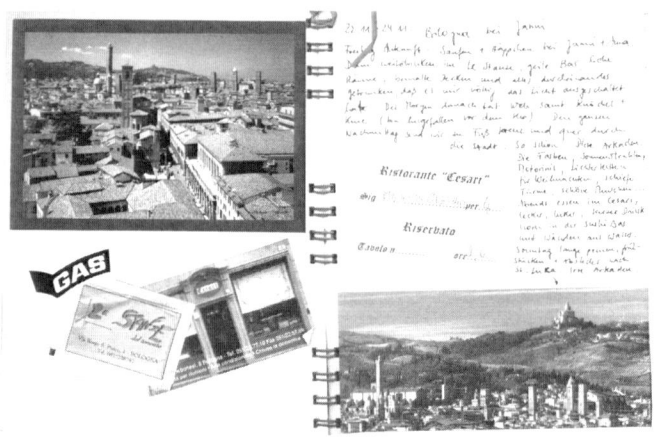

und Ernährung sowie Reisetagebücher. Mittlerweile habe ich nur noch ein Buch, in dem alles landet, was mich beschäftigt, mein Leben, meine Familie, meine Freunde oder meine Arbeit betrifft. Ein Buch reicht, je nach Größe, meist für vier bis sechs Monate, dann beginne ich mit einem neuen. Während ich mein aktuelles Ideenbuch durchblättere, stoße ich auf Mindmaps zum Thema Differenzierung, Fotos der letzten Party, eine Postkarte mit dem Spruch »Ich begleite mich durchs Leben«, mein letztes Horoskop, einen Zeitungsausschnitt mit einem Vergleich von Versicherungsgesellschaften, ein Kochrezept für Fischeintopf, auf den Reisebericht des Bologna-Trips, Konzertkarten für Antonín Dvořák, dessen Musik mich an diesem Abend sehr bewegt hat.

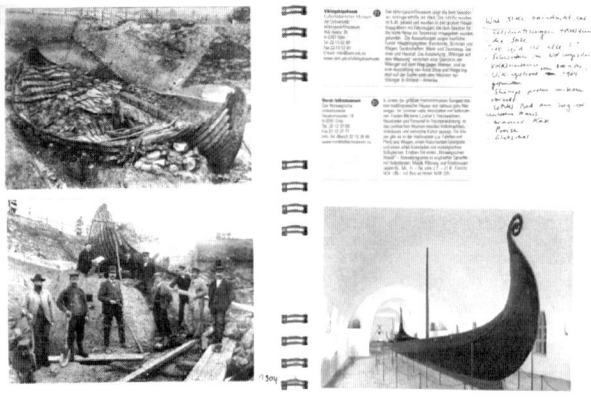

Zudem finden sich eine To-do-Liste mit Vorbereitungen für eine Essenseinladung und die beiden Gedichte »Die Made« von Heinz Erhardt und »Die Ameisen« von Joachim Ringelnatz.

Nach den Gedichten geht es weiter mit ausgedruckten E-Mails meiner Freundin Anja aus Los Angeles, Überlegungen zur Aufteilung meiner persönlichen Kapazitäten, einer Anzeige von Guzzini, die mir gut gefallen hat. Da findet sich das Preisetikett der lang ersehnten Spülmaschine, eine Liste mit Internetadressen für günstige Inneneinrichtung, Notizen von einem Vortrag, die Visitenkarte eines Restaurants, die Anfahrtsskizze zum Skigebiet Hochfügen, der Bericht über die Entdeckung eines Wikingerschiffs in Norwegen und viel Geschreibsel drumherum.

Weitere Visualisierungsideen

Spinnen

Nach meinen Vorträgen zu »Spinnen ist Pflicht« verteile ich oft kleine schwarze Plastikspinnen, die für Bewegung sorgen und ein perfekter optischer Anker sind. Es gibt einige Zuhörer, die mich noch nach Jahren auf die kleine Spinne ansprechen, die auf ihrem Schreibtisch liegt und sie daran erinnert zu spinnen und öfter querzutreiben.

Flügel

Ich habe mir für Weihnachten kleine, weiße Flügel aus Gänsefedern als Dekoration gekauft, die ich an den Baum oder an die Decke hängen kann. Diesmal habe ich die Flügel nach den Feiertagen nicht in die Dekokiste und in den Keller zurückgeräumt, sondern an den Kleiderhaken im Bad neben den Bademantel gehängt. Sie geben mir ein gutes Gefühl, so als ob ich jederzeit abheben und wegfliegen könnte.

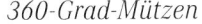

360-Grad-Mützen

Für den Workshop eines Kunden aus der IT-Branche, in dem es um Zukunftsideen ging, haben wir Wollmützen mit dem Logo der Firma auf der einen Seite und dem Aufdruck »360°« auf der anderen fertigen lassen. Das sah nicht nur gut aus, sondern machte klar, dass in vollem Umfang gedacht werden soll und dass es heiß hergehen würde.

Die Tafel vor dem Brotzeitladen
Vor dem Lebensmittelladen unseres Vertrauens, bei dem 80 Prozent der Mitarbeiter ihr Mittagessen beziehen, steht seit einiger Zeit eine Tafel. Darauf schreibt der Besitzer jeweils die Meinung des Tages, er äußert sich zu aktuellen politischen, gesellschaftlichen, stadtbezogenen oder allgemeinen Themen, manchmal in Prosa, manchmal in Gedichtform – eine persönliche Speakers Corner in Form einer kleinen Tafel.

Naivität

Sie werden sich vielleicht darüber wundern, dass der Begriff »Naivität« im Kapitel »Techniken und Hilfsmittel« auftaucht, ich habe ihn allerdings bewusst an diese Stelle gesetzt. Naivität ist meiner Meinung nach ein großartiges Werkzeug, um erfolgreich zu spinnen. Zudem bringt sie eine gewisse Leichtigkeit in die Prozesse. Sie ist nicht nur bei der Partnersuche ein großer Vorteil, sondern auch zwingend notwendig, wenn es darum geht, Neues zu denken und zu schaffen. Setzen Sie Ihre Naivität ein und werden Sie bewusst zum Nichtwisser. Ignorieren Sie doch ganz naiv, was von wem genehmigt werden muss, wer was gar nicht leiden kann, wer mit wem oder gegen wen arbeitet und Ähnliches. Auf diese Weise kleben Sie weniger an altem Gedankengut und können respektloser und freier an alles Neue herangehen. Wer nicht weiß, dass sein Chef bei Besprechungen immer vorn links sitzt, und sich einfach auf diesen Stuhl setzt, der bringt möglicherweise in kürzester Zeit die Strukturen durcheinander und sorgt für Bewegung. Und vielleicht ist auch der Chef für diese Veränderung überaus dankbar und freut sich darüber, dass er endlich einen neuen Platz wählen kann, weil er den Stuhl vorn links noch nie gemocht hat.

Tauschen

Tauschen kann man so gut wie alles. Es ist charakteristisch für das Tauschen, ein eigenes Gut herzugeben und dafür ein anderes, fremdes zu bekommen. Tauschhandel kann mit Gütern jedweder Art betrieben werden, zum Beispiel: Kindersitz gegen Nähmaschine, einen Krimi gegen einen historischen Roman, drei doppelt gestempelte Briefmarken gegen eine neue Blaue Mauritius. Seltener getauscht werden Lebens- und Arbeitsumstände wie Wohnungen oder Jobs. Vor einiger Zeit hatte ich ein Gespräch mit einem Filmproduzenten, der einen Pilotfilm zum Thema Rollentausch drehen wollte. Die Idee war, dass Person A für einen oder mehrere Tage mit Person B tauscht, wobei die Personen aus sehr unterschiedlichen Lebensumfeldern stammen sollten, um interessante Ergebnisse zu erzielen. Er wollte mich dafür gewinnen, als Geschäftsführerin von große freiheit für einen Tag mit der Mutter von zehn Kindern zu tauschen. Sie würde mein Unternehmen führen und ich mich um ihre Familie kümmern. In meinem Kopf entstanden sofort Bilder von einer Fußballmannschaft aus Kindern, genervten Halbwüchsigen und schreienden Babys, gigantischen Mengen schmutziger Wäsche, 24-Stunden-Waschprogrammen, vom Einkaufserlebnis für eine zwölfköpfige Familie, von dem Tohuwabohu in der Küche, Unmengen von Spagetti, Spieleabende (Ha, endlich jede Menge Opfer!). Leider hatte ich zum geplanten Termin keine Zeit, sonst hätte ich Ihnen heute aus erster Hand berichten können. Aber aufgehoben ist nicht aufgeschoben. In jedem Fall ist ein solcher Tausch eine sehr gute Möglichkeit, um auf neue Ideen zu kommen und am eigenen Leib zu erfahren, wie andere Menschen leben.

In manchen Firmen tauschen die Mitarbeiter ihre Arbeitsplätze, zum Beispiel verbringt der Mitarbeiter eines Herstellers eine Woche bei einem Händler, ein Mitarbeiter des Händlers arbeitet dafür eine Woche beim Hersteller. Es kann sicher nicht schaden zu wissen, was in der Prozesskette vorher und nachher passiert. Manche gehen noch einen Schritt weiter und tauschen die Geschäftsleitungen. Der Inhaber einer Tankstelle mit Kfz-Werkstatt tauscht zum Beispiel mit dem Inhaber einer Werbeagentur. Oder der Chef einer Bäckerei nimmt die Stelle des Chefs eines Personalvermittlungsbüros ein und der Geschäftsführer eines Softwarelieferanten die des Geschäftsführers eines Kosmetikstudios.

Stellen Sie sich vor, was bei diesem Tauschrausch alles passieren kann. Was sagt die Worst-Case-Rechnung? Im schlimmsten Fall entsteht totales Chaos, die Mitarbeiter lehnen sich auf, die Firma verliert einen oder alle Kunden, Informationen werden nicht weitergegeben, Fehlentscheidungen getroffen. In einem anderen denkbaren Szenario könnte dem Kfz-Mechaniker auffallen, dass die Prozesse in der Werbeagentur nicht sehr effizient sind oder das Werkzeug nicht richtig eingesetzt wird, und er macht dazu Optimierungsvorschläge. Oder der Bäcker wundert sich darüber, dass das zu vermittelnde Personal nicht so frisch ist wie seine Brötchen und hat die Idee, eine Hotline einzurichten, über die schnelle Hilfe bei unvorhergesehenen Personalengpässen angeboten wird. Anruf genügt und wir liefern ganz frisches Personal. Oder der Werbeagenturchef ist völlig erstaunt, welch umfangreiche Serviceleistungen Tankstellen anbieten und wie wenig die Kunden darüber wissen. Vielleicht schreibt er als erstes ein großes Schild, sodass die Vorbeifahrenden auf Sonderleistungen wie Fahrrad aufpumpen, Winterreifen einlagern, Wasserkästenabholdienst, Staubsaugen, Verkauf frischer Croissants und hausgemachter Vollkornbrötchen aufmerksam werden und verschafft damit dieser Tankstelle attraktive Wettbewerbsvorteile.

Tipp für Gelangweilte

Falls Ihnen Ihr privates Umfeld zu eintönig wird und Sie mal aus den eigenen vier Wänden ausbrechen möchten, dann tauschen Sie doch für eine bestimmt Zeit Ihre Wohnung. Sie lassen einfach alles so stehen und liegen, wie es ist, und ziehen nur mit Ihrer Kleidung und einer Zahnbürste in eine andere voll eingerichtete Wohnung, die in einem anderen Stadtteil, einer anderen Stadt oder einem anderen Land liegt. Ich garantiere Ihnen, dass Ihre Langeweile schnell verflogen sein wird. Entweder Sie nutzen den Tausch, um tatsächlich eine Veränderung Ihres Lebensraums durchzuführen, oder Sie wissen danach, wie schön Sie es zu Hause haben und können jeden Tag in Ihrer alten Wohnung in vollen Zügen genießen.

Tipp für Eltern

Wenn Sie es sich leisten können, dann lassen Sie Ihre Kinder an verschiedenen Schüleraustauschprogrammen teilnehmen. Ermöglichen Sie Ihrem Kind Reisen in fremde Welten, den Austausch mit unbekannten Menschen, das Kennenlernen neuer Sprachen und stellen Sie es vor die Herausforderung, sich in diesem neuen Umfeld zurechtfinden zu müssen. Und wenn dann das Gastkind aus Ungarn im

Gegenzug vier Wochen lang in Ihrer Familie wohnt, dann haben Sie die Gelegenheit, Ihre Grundkenntnisse Ungarisch praktisch anzuwenden, Polka zu tanzen, paprikareich zu kochen und Ihren Horizont zu erweitern.

Kopieren

Sie werden mir sicher zustimmen, dass gucken leichter als denken ist. Dazu braucht es per se keine große Anstrengung, es handelt sich eher um einen Automatismus, der einsetzt, sobald wir morgens die Lider öffnen. Gucken ist also etwas, das jeder kann, der nicht an einer Augenkrankheit leidet, und jeder macht, den ganzen Tag über und manche auch die halbe Nacht. Wenn es also so leicht ist, warum tun wir es dann nicht richtig? Und vor allem, warum machen wir nach dem Schauen nicht weiter? (Erinnern Sie sich an meinen Tipp, keine Warum-Fragen zu stellen, damit Sie den Gesprächspartner nicht in die Enge treiben …?) Warum steht so häufig am Ende eines Guck-Prozesses lediglich die Bewertung des Gesehenen: »Finde ich gut«, »Finde ich blöd« oder »Weiß nicht«?

Warum, warum und noch einmal warum kommen so wenige Menschen darauf, das, was sie sehen und gut finden, für sich selbst zu nutzen und umzusetzen? Oder Dinge anders zu machen, weil sie schon einmal gesehen haben, dass andere Menschen das gleiche Problem bereits auf bessere Weise gelöst haben? Gucken allein ist gut, etwas erkennen besser und etwas daraus machen die Königsdisziplin. Kopieren Sie doch einfach, was Sie bei anderen Menschen sehen und was Ihnen positiv auffällt. Sie müssen sich doch nicht alles selbst ausdenken, wenn das andere freundlicherweise bereits für Sie erledigt haben. Sie müssen die Hand nicht selbst auf die heiße Herdplatte legen, um den Schmerz zu spüren, wenn sich schon 10.000 Leute vor Ihnen die Finger dabei verbrannt haben. Nutzen Sie die Erfahrung anderer, dann sparen Sie Zeit, Geld und Brandsalbe.

Kopieren, kopieren, kopieren und immer an das Neue denken. Einige von Ihnen verziehen jetzt gerade das Gesicht und denken sich: »Blöde Nachmacher«, »Trittbrettfahrer«, »Abstauber«. Ja und! Was ist denn schlecht daran? Wozu diese falsche Ehrenkäsigkeit? Was glauben Sie denn, wieso die Japaner und Koreaner in den innovativen Technologien so weit vorn sind? Weil sie besser gucken können als andere und das, was Sie sehen, sofort umsetzen. Deutschland rühmt sich stolz damit, eine erfolgreiche Exportnation zu sein, was auf der einen Seite lobenswert ist, auf der anderen Seite aber vielleicht ein Hinweis darauf, dass wir wenig von anderen Nationen zu uns hereinholen, wenig kopieren und nachmachen. Wir könnten so viel von anderen Ländern lernen, lasst uns also Güter exportieren und Ideen importieren, damit die Handelsbilanz wieder stimmt und sich daraus das neue Qualitätslabel »Ersponnen in Deutschland« entwickeln kann.

Ein Kopierer ersten Grades ist zum Beispiel Hennes & Mauritz, eine der erfolgreichsten europäischen Textilketten, deren geschulte Gucker in den vorderen Reihen bei allen wichtigen Modenschauen der großen Marken sitzen und das abmalen, was als neuester Trend an ihnen vorbeispaziert. Dann gehen diese cleveren Menschen nach Hause, machen aus ihren Zeichnungen Schnittmuster und schon kurz darauf hängen die Klamotten europaweit in den Läden. Kopieren bringt einen extremen Zeitvorteil, weil der vorgeschaltete Entwicklungsprozess teilweise entfällt. Hier springt man quasi bei voller Fahrt auf den fahrenden Zug auf, fährt ein Stück mit und springt wieder ab, um auf eigener Strecke weiterzufahren.

Doch kopieren allein ist nur die halbe Miete, nur nachmachen ist zu einfach. Denn schließlich kommt noch Ihre ganz eigene Situation hinzu, Ihr Markt, Ihre Kunden, die Konkurrenz und das eigene Unternehmen. Das heißt, dass Sie das, was Sie kopieren wollen, noch auf Ihre speziellen Bedingungen anpassen und abstimmen müssen. Für H&M bedeutet das: Schnitte, Farben und Muster werden kopiert, dabei günstige Materialien eingesetzt, um die Kleidung an Menschen zu verkaufen, die hippe Klamotten für kleines Geld suchen, in voll gestopften Läden zu Hochform auflaufen und ein Label tragen möchten, das ihrem eigenen, sich schnell wandelnden Lebensgefühl entspricht. Die von H&M kopierten Schnitte, Farben und Muster werden bei High-Class-Marken wie »Prada«, »Gucci«, »Armani« oder »Versace« mit hochwertigen Materialien kombiniert und zu einem zigfachen Preis an betuchte Damen und Herren verkauft. Diese Kunden werden beim Kauf auch persönlich betreut und wollen mit ihrer Kleidung eine völlig andere Wirkung erzielen als die H&M-Klientel. Die Ausgangsbasis ist dieselbe, die Adaption auf die Zielgruppe eine völlig andere.

Ändern und Umarbeiten

Auch die Methoden, um gute kopierte Ideen noch besser zu machen, können Sie sich bei anderen abschauen. Wenn Sie zum Beispiel durch Ihr Viertel gehen, fällt Ihnen sicher die eine oder andere Änderungsschneiderei ins Auge. Hier werden Kleidungsstücke kürzer, länger, weiter oder enger gemacht, neue Knöpfe angenäht, um etwas optisch aufzupeppen. Anregungen finden Sie hier reichlich: Sie können bunte Bordüren benutzen, um zu kurz gewordene Hosenbeine oder Ärmel zu verlängern, Lederflicken zur Verstärkung aufnähen, Stoffe besticken oder einfärben. Taschen können aufgenäht oder aufgenähte Taschen abgetrennt werden. Aus einer Hose lässt sich ein Rock machen und aus einem Rock ein Kopftuch. Oder Sie wenden eine Jacke, tragen das Futter nach außen und nähen einen neuen Pelzkragen an.

Ändern Sie die kopierte Idee doch einfach ab, in der Länge, der Breite, der Farbe, dem Muster, stülpen Sie die Idee von innen nach außen und wieder zurück, schmücken Sie sie mit Pelz und goldenen Knöpfen oder trennen Sie überflüssigen Tand ab, um alles auf ein Minimum zu reduzieren. So wird eine kopierte Idee zu einer individuellen Lösung, die exakt auf Ihre Bedürfnisse zugeschnitten ist. Wenn Sie zum Beispiel eine neue Art der Fotoentwicklung oder der Speichermöglichkeit von Bilddaten abwandeln wollen, die Sie anderen abgeschaut haben, fügen Sie Ihrem Gerät doch noch einen Zusatznutzen hinzu. Sie können ihm auch ein neues Gewand geben, wie es Apple mit seinen Computern gemacht hat, während alle anderen Hersteller noch dachten, dass Computer grau und eckig sein müssen. Vielleicht liefert Ihr neuartiger Fotoentwickler eine besondere Art von Bildrahmen. Die Kunden dürfen sich dann bei Abgabe eines Films aussuchen, ob ihre Fotos schwarze, weiße oder goldene Rahmen bekommen oder mit unscharf verlaufenden Rändern abschließen sollen. Zudem könnten Sie anbieten, dass alle Fotos automatisch in drei Größen entwickelt oder mit abziehbarer, selbst klebender Folie auf der Rückseite versehen werden. Vielleicht werden die Fotos nach dem Entwicklungsprozess automatisch in kleine Alben einsortiert, was Ihre Kunden für die höheren Entwicklungskosten entschädigt.

Würzen und Variieren

Nun gehen wir weiter zum Italiener um die Ecke. Dort bestellen wir Fisch mit Beilagen, aber den Fisch nicht gekocht, sondern gegrillt und mit etwas mehr Thymian als sonst, gerne auch etwas schärfer, und als Beilage lieber Gemüse statt Reis. So lässt sich die Methode des Würzens und Variierens beschreiben.

Vielleicht benötigt die kopierte Idee noch etwas Salz oder Pfeffer oder sogar den scharfen Curry aus Indien. Außerdem sollte sie knuspriger sein, nicht so verkocht. Bei den Beilagen sollten Sie ebenfalls öfter variieren und anstelle von Kartoffeln, Reis oder Nudeln ungewöhnlichere Gemüsesorten dazugeben. Diese Anregungen können Ihnen helfen, wenn Sie gerade darüber nachdenken, wie Sie aus Ihrem langweiligen Schaufenster eines machen, vor dem die Leute stehen bleiben. Mit ein bisschen mehr Pfeffer, auffälligen Farben und Designs oder mit indischem Curry, orientalischer Dekoration, inmitten einer Reihe friesischer Traditionsgeschäfte zum Beispiel. Vielleicht präsentieren Sie die Kleidung, die Sie verkaufen, nicht an den üblichen Kleiderpuppen, die Nudeln und Kartoffeln der Schaufensterdekoration, sondern hängen sie auf Bäume oder an Wäscheleinen. Sie können auch eine elektrische Vorrichtung aus Motor und Stahlseil bauen und wie bei einem Skilift die befestigten Kleidungsstücke durch ihre Schaufenster oder durch den gesamten Laden fahren lassen.

Anstreichen, Aufpolstern, neu beziehen

Wir essen zu Ende und gehen weiter zum Farbengeschäft an der nächsten Straßenecke, kaufen dort einige Farbdosen, um unsere Ideen verschieden anzustreichen und die jeweilige Wirkung zu testen. Weiter geht's in eine Polsterei, wo die Idee neue Sprungfedern bekommt, aufgepolstert und mit einem dicken Brokatstoff bezogen wird, weil der alte schon etwas durchgesessen war. Die aufgepolsterte, neu bezogene Idee zieht weitere Veränderungen nach sich, denn sobald wir von unserer Ideen- und Methodenkopiertour nach Hause kommen, stellen wir das Wohnzimmer um. Das Regal links kommt an die Wand gegenüber, der Fernseher in die Küche, die Bücher werden neu sortiert und der Beistelltisch wandert auf die andere Seite des Sofas.

Wo wir schon gerade dabei sind, nehmen wir uns noch den Keller und den Kleiderschrank vor: Alles, was während der vergangenen zwei Jahre nicht benutzt und getragen wurde, fliegt gnadenlos raus. Misten Sie doch mal Ihre Ordner und Ablageschränke aus – getreu dem Motto »Die Guten zurück auf meinen Schreibtisch, die Schlechten in die Tonne«. Alle scheinbar guten Ideen, die gesammelt, aber während der vergangenen zwei Jahre nicht verwirklicht wurden, sind entweder doch nicht so gut oder es fehlen weiterführende Umsetzungsideen. Werfen Sie den ganzen Kram also weg oder bringen Sie die Realisierung der Ideen auf die Spur, um Platz für Neues zu schaffen. Der Tag neigt sich langsam dem Ende, das Umräumen, Ausmisten und Wegwerfen war anstrengend, unser Magen hat den gegrillten Fisch vom Mittag bereits verdaut und verlangt nach Nachschub.

Improvisieren

Wir reißen die Kühlschranktür auf und überlegen, was wir aus den gefundenen Zutaten zaubern könnten. Wir improvisieren ohne Kochbuch, kombinieren die Zwiebel, den Rest Hühnerfrikasse von gestern, das Stück Käse, den Reis, die Oliven und Eier ungewohnt neu, flambieren das Ganze und servieren zum Dessert die schmalste Tafel Schokolade der Welt.

Die Methoden des Improvisierens und Variierens werden nicht nur gerne in der guten und experimentellen Küche, sondern auch in der Musik angewandt. Da werden Noten eingefügt, die auf keinem Blatt stehen, oder Texte gesungen, die nie geschrieben wurden. Die Liste der Methoden, um aus gut kopierten Ideen noch bessere individuelle Lösungen zu machen, ist endlos. Neben den bereits genannten Möglichkeiten gibt es unzählige weitere, die Ihnen in Ihrem täglichen Leben begegnen, wenn Sie Augen, Ohren und Nasen offen halten.

Sie können Ideen zum Beispiel auch umbenennen, umtopfen, aufblasen, zusammenkleben, auseinander reißen, entkernen, filtern, zu Kollagen kleben oder in ein Glas einmachen. Oder renovieren Sie doch Ihre kopierte Idee, bauen Sie an, um und aus, schleifen Sie ab, verpassen Sie dem Ganzen einen neuen Bodenbelag, entfernen Sie Mauern, bauen Sie Türmchen drauf oder Fensterläden dran oder entkernen Sie alles bis auf die Grundmauern und spannen Sie ein Tuch drüber. Unser Alltag ist voll von Methoden und Tätigkeiten, die dazu dienen, aus Alt Neu zu machen oder aus einer kopierten Idee eine eigene zu entwickeln.

Kombinieren

In den wenigsten Fällen ist es möglich, etwas absolut Neues zu schaffen, weil schon beinahe alles erdacht und umgesetzt wurde. Deshalb entstehen die meisten Innovationen dadurch, dass zwei oder mehrere bereits bestehende Komponenten oder Funktionen zu einer neuartigen Lösung kombiniert werden. Beispiel: Das neue Produkt Wild Card besteht aus dem Begriff, der mit der Darstellungsform einer Visitenkarte, dem Einschweißen und dem Band zum Umhängen zusammengebracht wurde.

Jacke wie Hose

Welcher Mann hat sie nicht im Schrank, die bewährte Kombination aus Hose und Jacke, bei der die beiden Teile aus unterschiedlichen Stoffen gefertigt sind – sonst wären sie ein Anzug. Besitzt ein modisch orientierter Mann mehrere solcher Kombinationen, kann er diese dann wieder untereinander kombinieren, was enorm praktisch ist und manchmal zu erstaunlichen Kreationen führt. Kommen dann noch Krawatten, Socken, Hemden, Gürtel, Krawattennadeln oder was sonst noch im Schrank liegt hinzu, dann entsteht jeden Tag etwas Neues. Beim Jacke-Hose-Spiel können Sie auch mitmachen, wenn Sie weiblich sind oder lieber Anzüge tragen. In Ihrer täglichen Arbeit steht die Jacke zum Beispiel für einen Text, den Sie gerade schreiben, das Memo des letzten Meetings mit der Zusammenfassung der weiteren Umsetzungsschritte. Die Hose wäre dann das weiße DIN-A4-Blatt, auf das Sie das Ganze ausdrucken werden. Genauso gut könnte dies ein DIN-A3- oder ein gelbes oder rosarotes Papier sein, eine durchsichtige Plastikfolie, ein Karton oder ein Stück Stoff. Damit Ihr Memo sich gegen die vielen anderen behaupten kann, erhöhte Aufmerksamkeit auslöst und die Umsetzungsschritte noch schneller eingeleitet werden, könnten Sie also Jacke und Hose neu kombinieren und Ihren Text auf ein gelbes Blatt drucken oder auf transparente Folie. Bei Karton oder Stoff wird Ihr Drucker an seine Grenzen kommen, aber da fällt Ihnen bestimmt etwas ein.

Werden Sie zum Kombinierer

Skilanglauf ist Ihnen zu langweilig? Sie wollen zusätzlich von einer Schanze springen oder während des Laufens sogar schießen? Das Sportgerät Ski wird bei allen drei Tätigkeiten eingesetzt, hinzu kommt die unterschiedliche Machart der zwei Bretter, je nachdem, welche Sportart ausgeübt werden soll, eine zusätzliche Tätigkeit wie Schießen oder ein anderer Ort, zum Beispiel die Loipe, der Schießstand oder die Sprungschanze. Dies alles lässt sich miteinander verbinden. Und ebenso können Sie beinahe alles und jeden kombinieren und dadurch täglich Neues schaffen.

Nehmen wir an, Sie sind Hersteller von Telefonanlagen für kleine und mittelständische Firmen. Privat beschäftigen Sie sich gerade intensiv mit dem Thema Holzhaus, weil Sie ein solches für sich und Ihre Familie bauen möchten. Der Hersteller des Holzhauses bietet Ihnen an, Sie persönlich durch ein Musterhaus zu führen, um Sie von der Qualität des Angebots zu überzeugen. Sie besichtigen also mit Ihrer Familie das Musterhaus, berühren das Holz, spüren das angenehme Raumklima, können verschieden behandelte Hölzer nebeneinander legen und erhalten Antworten auf Ihre Fragen. Sie haben alle Informationen gesammelt, die Sie brauchen, Ihre Frau und die Kinder sind bereits überzeugte Holzhausliebhaber geworden. Nun müssen Sie nur noch die Finanzierung unter Dach und Fach bringen und dann kann der Bau Ihres Hauses beginnen. Spätestens zu diesem Zeitpunkt sollten Sie zum Kombinierer werden. Wenn Ihnen das Musterhaus, die Beratung und das Erlebnis in dieser realen Umgebung so sehr gefallen haben, dass Sie den Kaufvertrag unterschreiben wollen, dann hat der Holzhaushersteller irgendetwas richtig gemacht.

Könnte sich der Musterhauseffekt nicht auch in Ihrer Branche umsetzen lassen, um die Kunden zu überzeugen und zum Kauf zu veranlassen? In der Regel ist der potenzielle Käufer beim Erwerb einer Telefonanlage undurchsichtigen Angeboten, vielen unverständlichen Fachausdrücken sowie Verkäufern, die entweder nicht zuständig sind oder genauso wenig Ahnung haben wie der Kunde selbst, ausgesetzt. Warum ist noch kein Hersteller dieser Anlagen auf die Idee gekommen, seine Produkte in einer echten Firma zu präsentieren, in der das Ganze täglich im Einsatz ist? Damit wäre es möglich, eine solche Musterfirma als Vorzeigeobjekt zu nutzen, dort die ideale Telefonanlage zu installieren, alle Eventualitäten zu berücksichtigen, die technischen Möglichkeiten live vorzuführen, verschiedene Modelle auf verschiedenen Schreibtischen zu präsentieren und bei einem Tässchen Kaffee Fragen professionell zu beantworten. Ich würde mich sofort an einen solchen Hersteller wenden und mir damit sehr wahrscheinlich Nerven, Zeit und Geld sparen. Die Kombination bestünde also aus dem Produkt Telefonanlage und der Präsentationsweise für Häuser.

Weitere Beispiele für Kombinationen: Ihnen gefällt es, wenn in Hotels die Tür von einem gut gekleideten Herrn geöffnet wird? Dann bringen Sie doch dieses Verhalten mit Ihrem Restaurant zusammen, in dem Sie arbeiten. Begrüßen Sie ab morgen jeden Gast an der Tür persönlich mit Händedruck und appetitanregenden Worten. Oder kombinieren Sie Reparaturleistungen von Klempnern mit dem Angebot der Haushaltswarenabteilung, in der Sie leitender Angestellter sind. Bieten Sie Ihren Kunden zum Beispiel an, dass sie den kaputten Toaster nicht ins Geschäft bringen müssen, sondern der Reparaturdienst zu ihnen nach Hause kommt. Oder verbinden Sie das Angebot von Autohäusern, die ihren Kunden während der Reparatur Ersatzwagen zur Verfügung stellen, mit dem Toaster. Falls für die Reparatur erst ein Ersatzteil bestellt werden muss, bieten Sie für die Wartezeit einen Ersatztoaster an.

Der Moment der Kombination

Jede Situation, in der Sie persönlich etwas gut oder schlecht finden, kann eine Initialzündung sein, die Sie zum Kombinierer werden lässt. Selbst wenn Sie einen extrem ausgefallenen Geschmack haben, können Sie sicher sein, dass auch andere

Menschen dieselbe Situation gut oder schlecht finden. Sie freuen sich zum Beispiel über kleine Aufmerksamkeiten, Höflichkeit, eine spezielle Dienstleistung, eine Garantiezusage, eine logistische Lösung, eine bestimmt Art, wie sich jemand am Telefon meldet, sie begrüßt oder mit Ihrem Problem umgeht? Mit Sicherheit würden sich darüber auch viele andere Menschen freuen. Und genau das ist der entscheidende Moment der Kombination und Ihre große Chance, etwas Neues zu schaffen. Verbinden Sie in Gedanken das, was Sie gut finden, mit Ihrer beruflichen Tätigkeit, den Produkten Ihres Unternehmens oder Ihren bisherigen Dienstleistungen, um diese noch besser zu machen. Ebenfalls möglich: Nutzen Sie das, was Sie schlecht finden, für einen Lerneffekt und machen Sie es genau so nicht. Verwenden Sie in einem solchen Fall das Gegenteil als Kombinierhilfe.

Assoziieren

Das Fremdwörterlexikon definiert den Begriff »Assoziation« so: »Verknüpfung von Vorstellungen, von denen die eine die andere hervorgerufen hat.« Ich mach Ihnen das mal kurz vor: Mir fällt spontan der Begriff Erdbeereis ein, ich stelle mir Erdbeereis intensiv vor, was in mir verschiedene andere Bilder und Empfindungen hervorruft. Ich assoziiere kalt, Frucht, rote Beeren, knusprige Waffel, schief halten und die Kugel fällt runter, Flecken auf der weißen Bluse. Ich stelle mir die Frage, ob Erdbeeren Bären sind, die in der Erde leben, denke an Himbeeren, Holunderbeeren, Braunbären, die Wildnis Kanadas, Berge, Kanu fahren, Trapper und Fallensteller, ich brauche Urlaub. So können Sie ganz schnell von Erdbeereis über Bären auf Reisebüro kommen, indem Sie Begriffe, die Ihnen zu einem Wort, zu etwas, das Sie gerade sehen, oder zu einem Gedanken einfallen, sammeln und weiterspinnen. Durch Assoziationen entstehen neue Kombinationen, aus der Verknüpfung zweier Gedanken können neue Produkte, Verfahrensweisen oder Denkweisen erwachsen. Es ist zum Beispiel vorstellbar, dass die Verknüpfung von Erdbeeren und Bären Langnese dazu bringt, ein Erdbeereis in Bärchenform am Stil zu erfinden und es Erdbär zu nennen (und meine Idee großzügig zu entlohnen!). Auch die Verknüpfung von Erdbeereis und der Tatsache, dass es ständig aus der Waffel auf weiße Blusen fällt, könnte zu Neuem führen. Vielleicht in Form viereckiger Eisportionen oder dazu, Plastikbecher mit Löffeln zu benutzen, was ja bereits getan wird, oder Becher, die man mitessen kann, zu verkaufen, damit sie die Umwelt nicht belasten. Die gedankliche Verknüpfung von Erdbeeren und Urlaubswunsch könnte der Anfang von speziellen Erdbeer-Erlebnisreisen sein. Familien fahren zusammen weg, um

Beeren zu pflücken und daraus Kuchen, Marmelade, Eis und sonstige Leckereien zu machen oder um zu lernen, dass man Erdbeeren auch in der Hausmedizin einsetzen kann, weil ein Sud aus den Beeren und etwa 120 anderen Zutaten, die ich noch erfinden muss, Kopfweh lindert oder schlank macht.

In dem Buch »Stroh im Kopf?« von Vera F. Birkenbihl finden Sie eine sehr schnelle, einfache und effektive Methode des Assoziierens, die die Autorin »Brainstorming für eine Person«[30] nennt. Für den ersten Schritt brauchen Sie einen Stapel kleiner Kärtchen oder Zettel, auf die Sie alle Begriffe schreiben, die Ihnen zu einem bestimmten Thema, zum Beispiel Erdbeeren, einfallen. Notieren Sie jeweils nur einen Begriff pro Karte oder Zettel und schreiben Sie alle Ihre spontanen Einfälle auf. Im zweiten Schritt mischen Sie die Karten gut durch. Anschließend, im dritten Schritt, legen Sie den Stapel vor sich hin und daneben ein großes Blatt Papier. Nehmen Sie dann zwei der Kärtchen, sehen Sie sich die beiden Stichworte an und schreiben Sie so spontan wie möglich auf das Blatt Papier, welche Verbindungen Ihnen zu diesen beiden Begriffen einfallen. Das Brainstorming für eine Person ist eine schnelle Hilfe, um auf ungewöhnliche Kombinationen und neue Ideen zu kommen.

Damit Ihr Kopf möglichst viele unterschiedliche Kombinationen finden kann, ist es förderlich, sich mit Menschen und Tätigkeiten zu beschäftigen, die keine Berührungspunkte mit dem eigenen Umfeld haben, um auf diese Weise neue Ansätze und Verknüpfungen zu entdecken. Erinnern Sie sich noch an mein Beispiel mit der Firmenbesichtigung im Lkw-Werk von DaimlerCrysler? Das war für unser Firma ein Quell an Ideen und Optimierungsmöglichkeiten. Auch wenn dieses Unternehmen einem völlig artfremden Betätigungsfeld angehört, ließen sich dessen Strukturen und Lösungen perfekt mit unseren Anforderrungen, Zielgruppen und Märkten kombinieren.

Sie brauchen einen großen Vorrat, aus dem sie schöpfen können, und der befindet sich in Ihrem Kopf. Je mehr da drin ist und je vielfältiger die Inhalte sind, umso mehr wird auch herauskommen. Ein Mehr an Quantität verbessert in diesem Fall auch die Qualität, da sich durch eine größere Gesamtmenge auch die Anzahl der Kombinationsmöglichkeiten erhöht. Und damit steigt die Chance, echte Innovationen zu schaffen. Daher sollten Sie Ihrem Kopf an jedem Tag möglichst viel und möglichst unterschiedliche Nahrung zukommen lassen. Ich

---

[30] Birkenbihl, Vera: Stroh im Kopf? mvg 1998, S. 82.

meine damit nicht, dass Sie täglich fünf Bücher lesen müssen, sondern vor allem Nahrung in Form von unterschiedlichen Eindrücken aufnehmen sollten. Denn schließlich hat Ihr Gehirn die Aufgabe zu spinnen und es funktioniert wie ein Netz. Der erste Eindruck von etwas Unbekanntem bewirkt, dass das Gehirn einen neuen Knotenpunkt anlegt und die betreffende Information abspeichert, etwa wenn Sie eine neue Sprache lernen oder zum ersten Mal den Namen Kasimir hören. Wenn Sie weitere Wörter der vorher unbekannten Sprache lernen oder den zweiten Kasimir treffen, kann das Gehirn diese Informationen leichter verarbeiten, weil es an den bereits bestehenden Knotenpunkt anknüpft. Tanken Sie also so oft und so viele Inspirationen, wie Sie nur können. Je mehr Knotenpunkte Ihnen zur Verfügung stehen, umso mehr Beziehungen können Sie knüpfen, um neue Kombinationen zu bilden und neue Lösungen zu finden.

Kennen Sie die spiralgebundenen Kinderbücher, deren Innenseiten zweimal waagerecht durchgeschnitten sind? Diese drei Teile kann man immer wieder zu neuen Personen kombinieren: Auf dem oberen Drittel ist jeweils ein Kopf aufgemalt, in der Mitte ein Bauch und im unteren Drittel Beine. Durch beliebiges Blättern entstehen immer wieder neue Zusammensetzungen, zum Beispiel die schlanken Beine einer Tänzerin mit dem muskulösen Bauch eines Gewichthebers und dem Kopf eines Nachtgespenstes oder der Kopf einer Vogelscheuche mit einem Bauch im blauweiß geringelten Matrosenanzug und Gummistiefeln an den Füßen.

Ich finde dieses Spiel sehr inspirierend und unterhaltsam, habe es für Sie weiterentwickelt und neu kombiniert. Anstelle von Kopf, Bauch und Beinen verwende ich Bilder und Begriffe, die Sie beim Assoziieren und Kombinieren unterstützen sollen. Dem Ganzen habe ich den Namen »Spinni« gegeben, weil das englische Wort »to spin«, auf Deutsch »drehen«, sowie das bayerische Wort »Spinni«, das als Frage oder Aussage »Spinn ich?« oder »Ich spinne« bedeutet, drinstecken. Anstelle von Kopf, Bauch, Beinen ist die Anordnung beim Spinni wie in der folgenden Skizze:

Gegenstand	Blumenkohl	
Adjektiv	aufregend	Oben: ein Gegenstand In der Mitte: ein Adjektiv Unten: eine Tätigkeit
Tätigkeit	kombinieren	

Egal welche Aufgabe Sie zu lösen haben, nehmen Sie einfach das Spinni zur Hand und legen Sie los. Wenn Sie zum Beispiel eine neue Sitzordnung für Ihr Büro austüfteln sollen, die mehr Synergien schafft und die Wege verkürzt, dann blättern Sie im Spinni eine Kombination aus oben, Mitte und unten zusammen. Lassen Sie dann Ihren Gedanken freien Lauf, suchen Sie Assoziationen und Kombinationen und notieren Sie alle Ideen. Dabei könnte sich zum Beispiel die oben bereits dargestellte Kombination ergeben, die ich als Beispiel in einer Mindmap – geht rasend schnell und ist beliebig erweiterbar – zusammengeschrieben habe:

Blumenkohl
aufregend
kombinieren

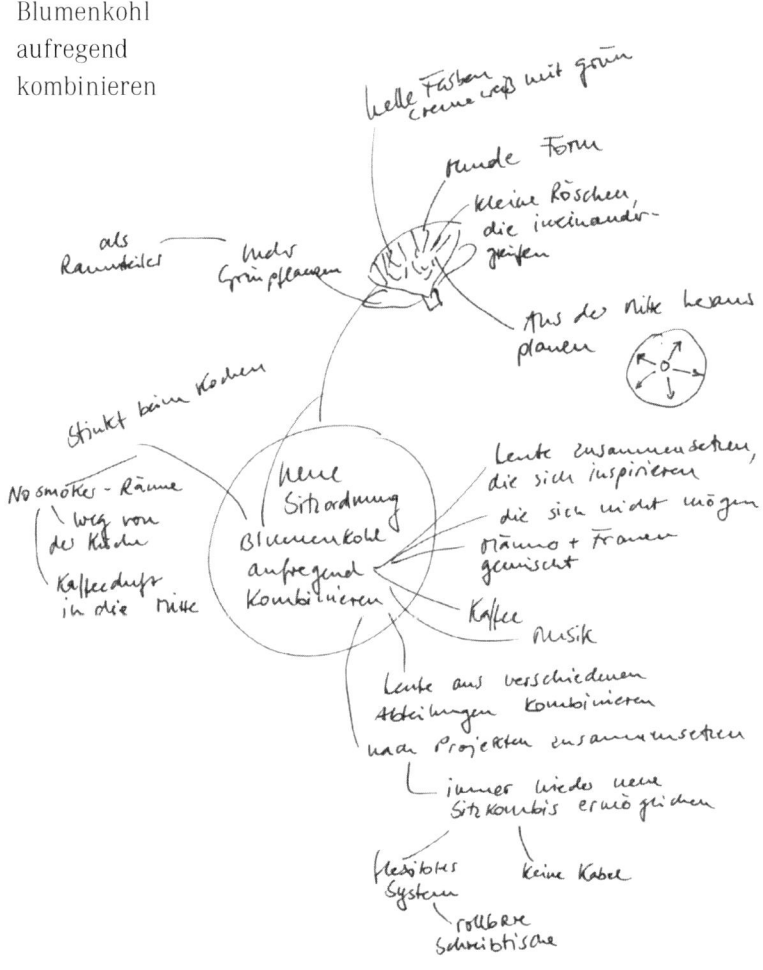

Blumenkohl könnte Sie dazu bringen, die neue Sitzordnung in runder Form anzudenken, aus der Mitte heraus zu planen und die Schreibtische wie Blumenkohlröschen miteinander zu verbinden. In Anlehnung an die äußeren Blätter wollen Sie vielleicht einen grünen Schutzgürtel aus Pflanzen bilden oder Grünzeug als Raumteiler benutzen. Blumenkohl stinkt beim Kochen: Sie sollten eventuell abgelegene Raucherzonen einplanen, die Schreibtische möglichst weit weg von Küchengerüchen aufstellen oder die Kaffeemaschine mittig platzieren, weil Kaffeeduft anregend wirkt und Koffein aufregt.

Apropos *aufregend*. Vielleicht denken Sie darüber nach, Leute zusammenzusetzen, die sich mögen und sich nicht gegenseitig aufregen, oder, genau umgekehrt, gerade solche zu *kombinieren*, die sich nicht mögen und vielleicht deswegen für Bewegung sorgen. Um die Wege zu verkürzen, könnten Sie die Schreibtische auch so *kombinieren*, dass Teams zusammensitzen, die an einem Projekt arbeiten. Da sich die Zusammensetzung der Teams immer wieder verändert, müssten die Schreibtische mobil und flexibel sein, vielleicht auf Rollen, eine kabellose Ausrüstung wäre ebenfalls vorteilhaft. Der *Blumenkohl* inspiriert Sie zu hellen Beigetönen mit Grün oder wollen Sie doch lieber ein aufregendes Rot oder eine Kombination aus Rot und Beige?

Nehmen wir zum Üben eine weitere Kombination aus »Auto«, »saftig«, »zu den alten Römern verlegen«, was für unsere Sitzordnung bedeuten könnte, dass anstelle von Stühlen vielleicht Bänke wie im *Auto* konzipieren werden, damit zwei Menschen zur Besprechung auch nebeneinander sitzen können. Möglich wäre es auch, die Stühle dicker zu polstern oder eine bequeme Sitzecke einzurichten, die den Besprechungsraum ersetzt. Oder denken Sie an die Gelage der alten Römer, bei denen die Gäste bequem auf Liegen gebettet gefeiert haben. Vielleicht könnten Sie Besprechungen auch im Liegen führen oder Entspannungsecken integrieren. Bei *saftig* assoziiere ich eine Saftpresse, was mich darüber nachdenken lässt, wie eng alle zusammensitzen und sich gegenseitig erdrücken. Also gilt es, mehr Freiflächen zwischen den Tischen zu schaffen, oder den Raum vielleicht orangerot oder zitronengelb zu streichen, damit er freundlicher und saftiger wirkt.

Spüren Sie, wie schnell das Spinni funktioniert und Ihnen viele Möglichkeiten eröffnet, einen ersten Schritt zu tun? Wie bereits erwähnt, wird bei diesem Schritt nicht gewertet, sondern nur gesammelt, erst im nächsten Schritt wählen Sie diejenigen Assoziationen aus, die Sie weiterverfolgen möchten. Und wenn nur ein Begriff überbleibt, zum Beispiel »rund«, der Sie zu einer neuen effektiveren und angenehmeren Sitzordnung bringt, hat sich Ihre Mühe doch schon gelohnt.

Das Spinni können Sie sich ganz leicht selbst basteln. Entweder mit Papier, Schere, Stiften und selbst gewählten Begriffen oder mithilfe der drei folgenden Papierbögen. Schneiden Sie einfach die Karten entlang der gestrichelten Linien aus, verwenden Sie die Karten lose oder und lassen Sie diese in einem Copyshop mit einer Spiralbindemaschine zusammenbinden (da können Sie auch gleich testen, wie flexibel und innovationsfreudig Ihr Copyshop ist). Noch einmal die Reihenfolge fürs Binden:

Gegenstand, Papierbogen Nr. 1
Adjektiv, Papierbogen Nr. 2
Tätigkeit, Papierbogen Nr. 3

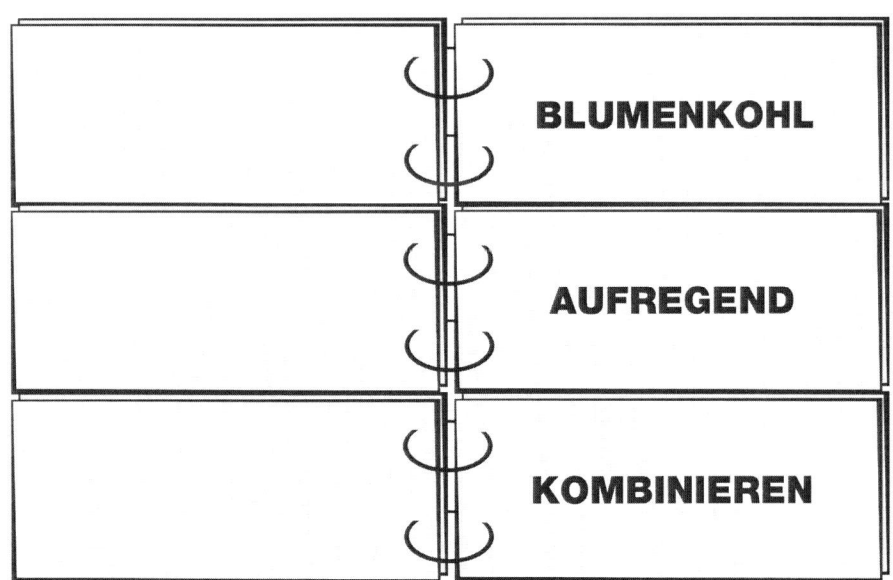

Papierbogen 2: Adjektive ✄ (beim Binden in der Mitte)

aufregend	saftig	warm
selten	verboten	offen
kratzig	italienisch	rau
bunt	weltweit	schnell
leise	weiblich	antik

kombinieren	zu den alten Römern verlegen	verstecken
zum Trocknen aufhängen	verteilen	aufblasen
verschenken	das Gegenteil tun	streicheln
umbenennen	wegwerfen	zum Mond schießen
in eine Vase stellen	zu einem Eintopf verkochen	an die Wand hängen

Dinge tun, die man nicht mag, nicht kennt, nicht kann oder einfach nicht tut

Eine weitere sehr wirkungsvolle Methode, das eigene Spinn-Potenzial anzuzapfen, besteht darin, Dinge zu tun, die Sie nicht können, nicht mögen oder beinahe hassen. Das klingt zwar anstrengend, aber lassen Sie sich ruhig darauf ein.

Stufe 1: zum Aufwärmen
Beginnen wir langsam. Sie sitzen in einem Restaurant und studieren die Speisekarte. Warum bestellen Sie immer das Gleiche? Seien Sie mutig, testen Sie jedes Mal etwas Neues. Vielleicht lernt Ihr Gaumen auf diese Weise inspirierende neue Geschmäcker kennen. Probieren Sie doch mal wieder rohen Fisch, Austern oder Oliven, auch wenn Sie vor 20 Jahren festgestellt haben, dass Ihnen dies nicht schmeckt. Wer weiß, vielleicht haben Sie sich weiterentwickelt und Ihr Geschmacksnerv mit Ihnen. Es wäre zumindest einen Versuch wert und birgt nur geringe Risiken.

Stufe 2: kleines Risiko
Sie hassen Haustiere? Gut. Bieten Sie Ihrer Nachbarin freiwillig an, auf ihren Hund aufzupassen, während Sie einkaufen geht. Beginnen Sie mit kurzen, überschaubaren Zeiteinheiten, bevor Sie sich darauf einlassen, den Hund für drei Wochen zu beherbergen, während Ihre Nachbarin sich auf einer Kreuzfahrt im Mittelmeer befindet.

Stufe 3: peinlich
Belegen Sie einen Tangokurs für Fortgeschrittene, obwohl sie noch nicht einmal den Grundkurs absolviert haben und von Tango so viel verstehen, wie eine Kuh vom Radfahren. Ignorieren Sie Ihre mangelnden tänzerischen Fähigkeiten und lassen Sie sich auch von Ihrem Tanzlehrer nicht aus der Ruhe bringen. Bestimmen Sie mutig den Rhythmus, bei dem Ihr Gegenüber mit muss.

Stufe 4: ohne Worte
Erscheinen Sie zu einem Geschäftstermin in Klamotten aus der Altkleidersammlung und tun Sie so, als ob nichts wäre. Machen Sie Ihr Outfit auf gar keinen Fall zum Thema. Diese Mutprobe ist keine Einsteigerübung, sondern eher für

Menschen geeignet, denen nichts peinlich ist, die sich nicht besonders ernst nehmen und Spaß an Selbstversuchen haben.

Ich habe einmal die Münchner Kabarettistin und Schauspielerin Sissi Perlinger auf einer Podiumsdiskussion erlebt. Sie sprach darüber, wie sie sich für ihre Auftritte vorbereitet und übt, sich den Blicken und der Kritik der Zuschauer auszusetzen, ohne sich ständig selbst in Frage zu stellen. Einmal kaufte sie sich in einem Spielzeuggeschäft einen Stoffdachs, setzte sich das Tier auf die Schultern, lief damit in der Münchner Fußgängerzone hin und her und tat so, als ob der Dachs auf ihrer Schulter nicht existiert. Falls Sie eine Dachsallergie haben, können Sie auch jedes andere Tier zum Üben nehmen, zum Beispiel ein Känguru, alternativ auch ein buntes Sofakissen oder einen Balkonkasten mit frischen Geranien.

Dinge, die man einfach nicht tut

Ignorieren Sie doch einfach mal Ihre Kunden und deren Wünsche, denn die sind auch nur Menschen mit Ängsten, Vorurteilen und Bedenken. Das scheinen die meisten Firmen zu vergessen, wenn sie versuchen, Ideen für innovative Produkte und Dienstleistungen in einer frühen Phase vorab zu testen. Klingt beim ersten Lesen vielleicht nicht so ungewöhnlich, beim zweiten Mal hinschauen aber doch. Neues vorab testen! Was soll denn dabei herauskommen? Sie erinnern sich bestimmt an die Umfrage, die ich am Anfang des Buches erwähnte, die ergeben hat, dass 83 Prozent aller Manager und Politiker sowie 81 Prozent der Gesamtbevölkerung nichts so sehr hassen wie Veränderung und Erneuerung. Damit kennen wir das Ergebnis des Tests doch schon, bevor wir ihn durchgeführt haben. Denn ein Großteil des Neuen ist bereits von vornherein zum Scheitern verurteilt. Warum sollte eine Firma sich von ängstlichen, skeptischen Menschen, die Veränderungen ablehnen, ihre Produkt- und Marketingstrategie diktieren lassen?

Das Besondere am Neuen ist, dass es keine Erfahrungswerte dazu gibt. Welche überraschenden Ergebnisse soll also ein Vorabtest bringen? »Was der Bauer nicht kennt, frisst er nicht«, so lautet ein weiser Spruch aus meiner Allgäuer Heimat. Es ist die Aufgabe von Unternehmen, Neues zu schaffen und bei ihren Kunden Lust darauf zu wecken. Dazu müssen sie es ihnen so attraktiv und neuartig wie möglich präsentieren, sie locken, verführen, ihren Geschmack und ihre bisherigen Gewohnheiten verändern und einen neuen Bedarf schaffen. Diese Verantwortung sollte ein Unternehmen aber ganz mutig allein tragen und nicht auf die ahnungslosen, ängstlichen potenziellen Kunden abschieben. Dann entfällt auch nach einem negativen Testergebnis die Schuldzuweisung: Die waren es, die wollten unsere neue Idee nicht, selber schuld, also machen wir weiter wie bisher, wir haben es wenigstens versucht. Puh, Gefahr gebannt, das Neue wurde erfolgreich im Keim erstickt.

Bei Beiersdorf zum Beispiel befragt die Forschungs- und Entwicklungsabteilung nicht die Kunden, ob sie ein neues Produkt erfinden soll, da die meisten der späteren Käufer weder die fachliche Qualifikation für eine solche Entscheidung haben, noch heute ihren Bedarf von morgen erkennen können. Erst nach Fertigstellung des neuen Produkts werden »Product-in-use-Tests« durchgeführt. Dabei werden Anwender gefragt, ob sie das Produkt gut oder schlecht finden, ob Ihnen die Farbe gefällt und ob sie es gerne benutzen. Doch nicht alle Firmen sind so mutig und clever wie Beiersdorf – und deswegen auch nicht so erfolgreich. Unzählige gute Ideen schlummern in den Schubladen von Produktmanagern und Werbeabteilungen, die leider nie das Licht der Welt erblickt haben, weil sie bei irgendeinem dieser Pre-Tests durchgefallen sind.

Selbstversuche

Zu meinen Lieblingstechniken, um neue Ideen aufzuspüren, gehören Selbstversuche, kleine Mutproben und Späßchen mit sich selbst. Sie sollen dazu beitragen, Abstand zur eigenen Person zu bekommen. Abstand hilft, damit man sich selbst nicht immer so ernst nimmt und nicht permanent der irrigen Ansicht ist, man täte jeden Tag weltumspannende, lebenswichtige Dinge. Einer meiner früheren Chefs pflegte immer dann, wenn alle wegen eines kaum einzuhaltenden Termins, einer schlechten Kampagne oder eines Schreibfehlers in einer 50.000 Euro teuren Anzeige in Panik verfielen, zu sagen: »Werbung ist keine Operation am offenen Herzen.« Das half zwar in dieser Situation keinen Schritt weiter und hätte in manchen Fällen fast zu tätlichen Übergriffen oder wilden Beschimpfungen geführt, aber er hat vollkommen Recht. Um sich in Demut zu üben, über sich selbst zu schmunzeln und sich zu fordern kann ich Ihnen folgende selbst getesteten Situationen und Tätigkeiten empfehlen, die für mich persönlich funktioniert haben. Vielleicht werden Sie dadurch inspiriert und entwickeln daraus für sich selbst andere Versuchsmöglichkeiten, die genau zu Ihnen, Ihrem Mut- und Angstpotenzial und Ihrem individuellen Lebensumfeld passen.

Perücken

Dies kennen Sie schon aus dem Kapitel »Techniken und Werkzeuge«: Suchen Sie sich eine Perücke aus, die relativ konträr zu Ihrer eigenen Haarfarbe ist, und gehen Sie auf Erlebnistour. Auch mit anderen Details lässt sich Ihr Typ schnell verändern. Dieser Versuch ist vielleicht eher für Frauen geeignet, aber wenn Sie als Mann schon immer mal lange Zöpfe oder einen Schnurrbart haben wollten, dann nutzen Sie die Chance.

Besitzlosigkeit

Ich habe fast drei Jahre lang ohne eigene Wohnung und Einrichtung gelebt. Ich bin damals aufgrund einer fehlgeschlagenen Beziehung und damit nicht ganz freiwillig in diese Situation gekommen, plötzlich stand ich auf der Straße. Ich hatte keine Zeit und keine Lust, eine neue Wohnung zu suchen, und quartierte mich vorübergehend bei einer Freundin ein. Meine wenigen Möbel habe ich verschenkt oder eingelagert und meinen Hausrat auf eine Matratze, meine Kleidung, einen Kleiderständer, Kosmetik und eine Kiste mit Fotos und Ideenbüchern reduziert. Diese Sachen passten problemlos in mein Auto und waren schnell und unproblematisch von einem Ort zum anderen zu bewegen. Ich bin innerhalb dieser drei Jahre mehrmals vorübergehend irgendwo ein- und ausgezogen und habe mein unkompliziertes Leben in Besitzlosigkeit extrem genossen. Ich musste nur meine Zimmermiete pünktlich bezahlen, ansonsten hatte ich keine Probleme mit Stromrechnungen, Hausmeistern, Telefonanschlüssen, kaputten Wasserrohren, Parkplätzen, putzen, Gäste einladen, repräsentieren, immer das Neueste und Hippste in die eigenen vier Wände zerren zu wollen und vielem anderem mehr. Ich habe mich sehr frei gefühlt und hatte zugleich alles, was ich wollte.

Nicht dass Sie denken, ich hätte keine Freude an schönen Dingen, einer eigenen Wohnung, daran, Gäste einzuladen und sich auf dem Sofa auszubreiten. Ich liebe es. Aber ich habe auch gemerkt, dass es für mein Glück und Wohlbefinden nicht ausschlaggebend ist und dass ich relativ unproblematisch in der Lage war, mich auf die neue Situation einzustellen, flexibel zu sein und mein Leben in vollen Zügen zu genießen. Seit dieser Zeit habe ich auch weniger Bindung zu manchen Gegenständen, von denen ich dachte, ohne sie nicht leben zu können. Irgendwann hatte ich dann mein modernes Nomadenleben satt und habe eine schöne Altbauwohnung angemietet, die für eine Person im Prinzip zu groß war. Zudem hatte ich gar keine Möbel, und das blieb auch lange Zeit so. Welch ein Luxus, leere, weiße Räume zu bewohnen. So hatte ich viel Platz für Gedanken und Luft zum Atmen.

TV-Shows

Ich war als Gast in verschiedenen TV-Talkshows zu unterschiedlichen Themen, wie »Depressionen« oder »Kinder oder Karriere«. Ganz nach dem Motto »üben, üben, üben« habe ich mich jedes Mal wieder trotz anfänglicher Skepsis mutig in diese Herausforderungen gestürzt und meine Erfahrungen in der Praxis gesammelt. Ob mir diese Auftritte in irgendeiner Hinsicht für mein Leben oder meine Karriere genützt haben, weiß ich nicht, geschadet haben sie mir jedenfalls nicht. Es ist nicht schlecht zu wissen, wie es hinter den Kulissen beim Fernsehen zugeht, wie manche meiner Aussagen gemeint waren und wie sie auf andere tatsächlich gewirkt haben, welche kleinen Macken auf dem Bildschirm extrem stören können und dass man als Frau niemals ungeschminkt und laienhaft frisiert zu einem Interview gehen sollte.

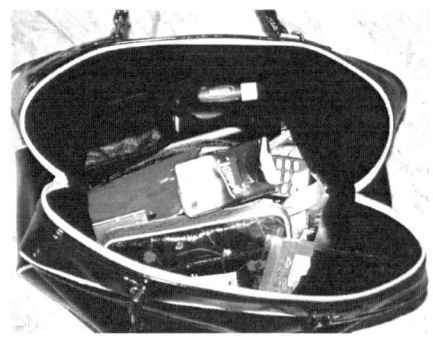

Forschungsauftrag

Ich erteile mir von Zeit zu Zeit selbst Forschungsaufträge zu Themen, die die Welt nicht braucht, die aber meine Wahrnehmung schärfen, meine Neugierde befriedigen und mir Spaß machen. Zum Beispiel forsche ich seit geraumer Zeit zum Thema Frauenhandtaschen. Es ist absolut unglaublich, was sich alles im Inneren von Frauenhandtaschen verbirgt. Mir sind die wildesten Kombinationen aus Schminke, Socken, Büchern, Enteisungsspray, Visitenkarten, Handfeuerwaffen, Ministaubsaugern, Klobrillenschutzfolien, Essbarem, Fotos und vielem mehr untergekommen.

Irgendwann werde ich einen Bildband zu diesem Thema veröffentlichen. Gleich danach wird eine Publikation zu meinem zweiten Forschungsauftrag über Kühlschränke folgen, genauer gesagt geht es um unterschiedliche Frisch-halte- und Aufbewahrungsmethoden von Speisen. Manche Kühlschrankinnen-räume sehen aus wie eine Aluminiumlandschaft, und nur der Besitzer weiß, welche Formation welchen Speiserest birgt. In einem anderen Kühlschrank stehen Reste immer mitsamt Topf, Schüssel oder Teller in den Fächern, was vom Raummanagement her sehr anspruchsvoll ist und einem schiefen, selbst gebauten Regal mit Gerümpel vom Sperrmüll ähnelt. Ansonsten wird sehr gerne Tupperware in Pastelltönen verwendet, die mich an Glasbausteinwände erin-nert oder an Plastikfolie, die ein leichtes Erkennen des Inhalts zulässt. Manche

– meistens Mitglieder von Wohngemein-schaften mit mehr als zwei Mietern – ma-chen sich da gar keinen Kopf und legen die Lebensmittel so in den Kühlschrank, wie Gott oder die Mikrowelle sie geschaffen haben. Dies führt schnell zu interessanten Veränderungen in Farbe und Konsistenz, die sich über Wochen und Monate beobach-ten lassen – bis einer der Kühlschrankmit-besitzer einen Rappel bekommt und den Forschungsauftrag beendet.

Dinge wörtlich nehmen

Dinge wörtlich zu nehmen, das ist eine sehr einfache, aber wenig verbreitete Me-thode. Wir hatten einen Kunden, der anlässlich einer Präsentation vor wichtigen Entscheidern mehrmals – bis zu 15-mal und öfter – erwähnte, dass er auf unsere gesamten kreativen Herleitungen und das lange Vorgeplänkel gerne verzichten würde. Er wolle keinen überflüssigen Schnickschnack, nur Fakten für Entscheider, am liebsten ein Zehn-Punkte-Programm. Okay, kein Problem. Dieses bekam er in Form von zehn aus Karton ausgeschnittenen Punkten mit jeweils einem Schlagwort, die den roten Faden für die Präsentation darstellten. Bestellung wörtlich genommen und eins zu eins ausgeführt, der Überraschungseffekt lag klar auf unserer Seite.

Wörtlich genommen hat unsere Praktikantin Lena den Auftrag, 30 Nägel zu besorgen, die wir für ein Geschicklichkeitsspiel bei einem Workshop benötigten.

Wir hatten nur diesen einen, verbogenen Nagel als Muster, mit dem sie in das nächste Eisenwarengeschäft ging. Der Rest der Geschichte basiert auf Lenas Erlebnisbericht und soll sich folgendermaßen abgespielt haben: Lena stand vor dem freundlichen Verkäufer, hielt ihm den krummen Nagel unter die Nase und wollte 30 Stück davon haben. Der Verkäufer schaute sie leicht verwirrt an, fing an zu lachen und fragte sie, wo die versteckte Kamera sei. Lena blieb noch einen Moment stehen und verließ das Geschäft, nachdem keiner sich mehr um sie kümmerte. Zurück in der Agentur regte sie sich über die Anweisung, genau solche Nägel zu kaufen, auf. Die Umstehenden bogen sich vor Lachen und konnten es nicht fassen, dass jemand tatsächlich 30 krumme Nägel kaufen wollte. Schließlich sei es ja wohl normal, dass die Nägel gerade sein sollten. Ein typisches Kommunikationsproblem, bei dem alle Seiten Recht haben. Ich fand Lenas Aktion klasse und nahm es als großes Kompliment, dass sie uns Kreativen ohne weiteres zugetraut hatte, dass wir 30 krumme Nägel bestellen wollten. Ich habe mich auch über den Lerneffekt für alle anderen gefreut, sie werden in Zukunft genauere Anweisungen geben und nicht automatisch davon ausgehen, dass etwas Mehrdeutiges von allen gleich verstanden wird. Und ich war in diesem speziellen Fall froh darüber, dass der Herr im Eisenwarengeschäft den Auftrag nicht wörtlich genommen hat, denn sonst wären wir jetzt im Besitz von 30 handgebogenen krummen Nägeln.

Schnelle Alltagshilfen für Spinner

Spinnen ist ein Prozess, der erlernt werden kann und einem Anfänger nach einer gewissen Trainingszeit in Fleisch und Blut übergeht. Bis sich dieser automatische Spinn-Zustand von selbst einstellt, können Sie mit ein paar kleinen Tricks jeden Tag aufs Neue nachhelfen, um die Routine zu durchbrechen und sich selbst in Schwung bringen.

Guten Morgen, liebe Sorgen

Legen Sie sich vor dem Zubettgehen eine schöne Postkarte, ein Foto oder einen witzigen Spruch ans Bett. Oder kleben Sie alles zusammen an Ihren Badezimmerspiegel, damit Sie sich nach dem Aufstehen als Erstes freuen können und gut gelaunt in den Tag starten. Klingt einfach, ist aber sehr wirkungsvoll und völlig frei von Sorgen.

Nicht schon wieder Marmeladenbrot

Schon wieder Marmelade aufs Brot? Und das jeden Morgen? Selbst jemand, der keine Zeit hat und morgens nicht besonders kreativ ist, könnte bereits hier Abwechslung in sein Leben bringen. Essen Sie das Brot ohne die Marmelade oder die Marmelade ohne das Brot, zumindest so lange, bis Ihnen etwas Besseres einfällt. Wer schon morgens die Routine durchbricht, hat damit auch tagsüber weniger Schwierigkeiten. Essen Sie doch mal einen ganzen Tag lang nur solche Lebensmittel und Speisen, die blau sind oder rot oder gelb, die Farbpalette reicht leicht für eine Woche. Und in der folgenden Woche nehmen sie nur etwas zu sich, das mit M, S oder E wie Erdbeerkuchen anfängt. Die 26 Buchstaben des Alphabets bieten dazu vielfältige Möglichkeiten.

Kühe melken oder lesen

Falls Sie zu denjenigen gehören, die morgens unter Strom stehen, weil sie ihre Kühe melken müssen, dann sollten Sie dies umgehend tun. Wenn Sie aber zu den Menschen gehören, die lediglich zu einer bestimmten Uhrzeit im Büro sein müssen, dann stehen Sie doch eine halbe Stunde früher als gewohnt auf und nutzen Sie diese halbe Stunde zum Lesen, zum Beispiel die Zeitung von heute, gestern oder aus der letzten Woche, eine Zeitschrift, Comichefte oder ein paar Seiten in einem Buch. Jeden Tag eine halbe Stunde, das sind in der Woche 3,5 Stunden, im Monat zwischen 14 und 15,5 Stunden, im Jahr 182,5 Stunden neue Informationen und Inspiration.

Das Gegenteil tun

Machen Sie doch eine Zeit lang genau das Gegenteil von dem, was sie normalerweise tun würden. Wer nur ins Theater geht, sollte mal ins Kino. Wer nur gutbürgerliche Küche gewohnt ist, kann sich einen Tisch beim Japaner reservieren und toten, rohen Fisch essen. Lesen Sie immer nur den *Stern* oder *Spiegel*, die *Brigitte* oder *Freundin*? Lassen Sie sich davon überraschen, wie viele interessante Zeitschriften es gibt. Fragen Sie am Kiosk bewusst nach den Special-Interest-Titeln, zum Beispiel nach Fachzeitschriften wie *Der Briefmarkenfreund*, *Psychologie heute* oder der Gartenzeitschrift *Kraut und Rüben*. Fast zu jedem Hobby, jeder Beschäftigung und jedem Spezialgebiet gibt es das passende Magazin. Auch für Mickymaus-Hefte oder Jugendzeitschriften ist man nie zu alt. Das Prinzip bei all diesen Maßnahmen ist immer das gleiche: Gehen Sie unvoreingenommen an das Neue heran, nehmen Sie dabei aufmerksam mit allen Sinnen wahr und stellen Sie Verbindungen und Kombinationen her. Beispiel: In *Kraut und Rüben* gibt es eine Anleitung, wie man ein Hochbeet für Salat anlegt, um Schnecken abzuwehren. Vielleicht kann man daraus Analogien für die Planung eines Messestands ableiten, um nur ganz speziell erwünschte Gäste anzulocken und andere effektiv abzuhalten.

Bewusst vom Weg abkommen

Wenn Sie bisher an jedem Tag den gleichen Weg zur Arbeit oder zum Einkaufen genommen haben, dann suchen Sie sich doch ab morgen täglich eine andere Strecke aus. Am besten verzichten Sie dabei auf Karte und Stadtplan, fahren oder gehen morgens einfach mutig und gespannt los. Lassen Sie sich überraschen, wohin der Weg Sie führt. Ich mache dieses Spiel mindestens zweimal pro Woche und habe dabei schon einen neuen Blumenladen, einen Briefkasten, der spät geleert wird, eine alte Bekannte, die ich schon seit Studienzeiten nicht mehr gesehen hatte, und eine günstige Autowerkstatt entdeckt. Wichtig ist nur, dass Sie circa eine halbe Stunde früher als üblich das Haus verlassen, damit Sie nicht zu spät am Zielort eintreffen. So haben Sie auch genügend Zeit, die neue Umgebung entsprechend zu genießen. Vergessen Sie dabei nicht, dass der Weg das Ziel ist.

Abenteuerspielplatz Papierkorb

Uahh, das Leben ist doch eh schon so komplex und die Zeit so knapp. Jetzt soll ich auch noch *Kraut und Rüben* lesen, mich morgens verfahren und für alles interessieren. Ich soll womöglich noch mehr Informationen sammeln und damit noch mehr Post und E-Mails bekommen?

Komplexe Strukturen bieten Ihnen eine Vielzahl von Möglichkeiten und die Aufgabe jedes Einzelnen besteht darin, die Komplexität beherrschen zu lernen und sie auf ein für ihn angenehmes Maß zu reduzieren. Es geht nicht darum, auf 100 Hochzeiten gleichzeitig zu tanzen, um nichts zu verpassen, sondern darum, sich die Hochzeit des Jahres auszusuchen und diese bewusst bis zur letzten Sekunde zu genießen. Für mich sind Informationen keine Belästigung, sondern Chancen. Was nicht heißt, dass ich alle Informationen, die zu mir ge-

langen, freudig und mit offenen Armen entgegennehme – auch diejenigen nicht, die ich selbst angefordert habe. Ganz im Gegenteil.

Morgens filtere ich zuallererst die Post und meine E-Mails und werfe 80 Prozent davon weg. Ich habe mittlerweile ein gutes Gespür dafür entwickelt, welche Information gut für mich ist und welche überflüssig, und setze gnadenlos Prioritäten. Ich schaue meinen Posteingang meist im Stehen an, blättere mit der einen Hand die Seiten in der Mappe um und werfe mit der anderen das meiste weg. Die sehr wichtigen Dinge erledige ich sofort. Der Rest muss warten, bis ich mit den zweitwichtigsten Arbeiten fertig bin. Dann sind die E-Mails dran. Lange Eingangslisten überfliege ich und filtere die E-Mails von mir bekannten Absendern oder die mit verständlichen Betreffzeilen aus. Nur diese schaue ich mir an, für den Rest benutze ich die Befehle »Alle markieren« und »Löschen«. Ich wünsche Ihnen Mut zur Lücke und viel Spaß beim Wegwerfen.

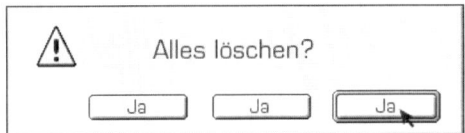

Notizen machen

Schreiben Sie sich auf, was Sie denken, planen und tun wollen. Machen Sie sich Notizen, denn sie sind eine Form des schriftlichen Denkens. Malen Sie Mindmaps, schreiben Sie in Ihre Ideenbücher, und zwar jeden Tag und alles, was Ihnen einfällt. So können Sie auch Meetings schnell und reduziert zusammenfassen und müssen nicht warten bis das Besprechungsprotokoll fertig ist. Wenn Sie Ihre Ideen notieren, haben Sie sie erst einmal für sich und die Nachwelt erhalten, können einen Gedanken momentan aus dem Kopf streichen und später wiederbeleben, ergänzen und realisieren. Vielleicht gehören Sie zu denen, die viel träumen und nachts durch die Kraft Ihrer Gedanken aufwachen. Dann legen Sie Papier und Stift neben das Bett und schreiben Sie Ihre Gedanken auf, denn am Morgen sind sie meist verschwunden.

Öffentlich lachen

Viele Firmen und Privathäuser müssen extrem große Untergeschosse haben, um alle diejenigen unterzubringen, die zum Lachen in den Keller gehen. Lachen ist gesund, da kann man ruhig auch einmal zu oft lachen, das macht gar nichts. Lassen Sie sich jeden Tag einen Witz erzählen oder erzählen Sie selbst einen, machen Sie Dialekte nach, schmunzeln Sie über die Blödheiten des Alltags und lachen Sie frei heraus. Ich gebe zu, dass öffentliches Lachen manchmal nicht angebracht ist, zum Beispiel in sehr ernsten Meetings. Ich weiß nicht, wie es Ihnen geht, ich finde manche Besprechungen in ihrer Gesamtheit, aufgrund der Umgebung, der Keksmischung, der Menschen und dessen, was gesagt wird, so extrem komisch, dass ich lauthals losprusten könnte.

Ich erinnere mich da an ein Meeting bei einem Windelhersteller. Auf dem Konferenztisch fanden sich nicht nur Kaffeetassen und der obligatorische Keksteller, sondern auch eine ganze Menge Babywindeln in allen Größen und Formen sowie Konkurrenzprodukte. Im Lauf des Gesprächs goss dann einer der Produktmanager Kaffee in zwei der Windeln, um die Saugfähigkeit und die Undurchlässigkeit an den Bündchen zu demonstrieren. Die eigentlich kleinen Dinger wurden zwischen den Kaffeetassen und den Keksen immer größer und ich konnte kaum an mich halten. Hätten Marsmännchen aus ihrem Raumschiff diese Szene beobachtet, hätten sie der Welt bestimmt verstört den Rücken zugedreht und wären schnell weitergeflogen. Früher, als kleine Assistentin, die wenig zu sagen und schon gar nichts zu lachen hatte, bin ich in solchen Situationen einfach aus dem Zimmer gegangen, habe mich kurz auf die Toilette begeben, eine Runde gelacht und bin dann wieder zurück in den Besprechungsraum. Heute lache ich einfach laut los.

Die Munitionsliste: Zitate für brenzlige Situationen

In aussichtslosen Gesprächen oder bei Vorwürfen, die durch jede ernst gemeinte Antwort nur in gegenseitiger Beschimpfung gipfeln würden, ist es manchmal ratsam, das Gespräch auf eine höhere Ebene zu heben und damit zu entschärfen. Dafür sind faktische Argumente meist weniger sinnvoll. Hervorragend eignen sich dagegen Sprüche, mit denen keiner rechnet, oder Sprichwörter, mit denen Sie Ihrem

Gegenüber flott den Wind aus den Segeln nehmen. Es gibt viele kluge Sentenzen, die zum Teil aus den Mündern bedeutender Berühmtheiten stammen, was per se den Anschein von Wahrhaftigkeit erweckt und Ihnen als Anwender eine gewisse Unantastbarkeit verleiht. Hier eine kleine Munitionsliste für schwierige Situationen:

»Phantasie ist wichtiger als Wissen, denn Wissen ist begrenzt.« ALBERT EINSTEIN

»Ohne ein Phantasiebild ist Denken unmöglich.« ARISTOTELES

»Nichts auf der Welt ist so mächtig wie eine Idee, deren Zeit gekommen ist.« VICTOR HUGO

»Auch wenn alle Fachleute einer Meinung sind, können sie sich doch irren.« BERTRAND RUSSELL

»Der Menschen Gedanken sind Kinderspiele.« HERAKLIT

»Die herrschenden Ideen einer Zeit waren stets nur die Ideen der herrschenden Klasse.« KARL MARX

»Alle Vorurteile kommen aus den Eingeweiden.« FRIEDRICH NIETZSCHE

»Willkommen herrliche Idee!« WILHELM BUSCH

»Ich kann freilich nicht sagen, ob es besser werden wird, wenn es anders wird, aber soviel kann ich sagen, es muss anders werden, wenn es gut werden soll.« GEORG CHRISTOPH LICHTENBERG

»Der Wechsel allein ist das Beständige.« ARTHUR SCHOPENHAUER

»Ideen sind unendliche, selbständige, immer in sich bewegliche göttliche Gedanken.« FRIEDRICH VON SCHLEGEL

»Der Mensch ist ein zeitliches Wesen, das nur lebt, indem es seine Welt um sich wandelt.« KARL JASPERS

»Es hat noch keinen großen Geist ohne eine Beimischung von Wahnsinn gegeben.« L. ANNAEUS SENECA

»Manche Menschen würden eher sterben als nachdenken. Und sie tun es auch.« BERTRAND RUSSELL

»Gehirn ist das Instrument, mit dem unser Geist Musik macht.« KARL R. POPPER

»Es genügt nicht, gute geistige Anlagen zu besitzen. Die Hauptsache ist, sie gut anzuwenden.« RENÉ DESCARTES

»Vorurteile sind die Vernunft der Narren.« VOLTAIRE

»Denken heißt überschreiten.« ERNST BLOCH

»Denken ist eine Anstrengung. Glauben ein Komfort.« LUDWIG MARCUSE

»Irren ist menschlich.« L. ANNAEUS SENECA

»Es gibt Wahrheiten, die nicht für alle Menschen und nicht für alle Zeiten gelten.« VOLTAIRE

»Ein Experte ist ein Mann, der zuerst weiß, wie alles kommen wird und danach weiß, wieso es anders gekommen ist.« BERTRAND RUSSELL

»Klug fragen können ist die halbe Weisheit.« FRANCIS BACON

»Gedanken sind frei.« CICERO

»Für freie Menschen sind Drohungen wirkungslos.« CICERO

»So sehr viel leichter ist Widerlegen als Beweisen, Umwerfen als Aufstellen.« ARTHUR SCHOPENHAUER

»Was für ein trauriger Gegensatz zwischen der strahlenden Intelligenz eines Kindes und der dürftigen Mentalität des durchschnittlichen Erwachsenen.« SIGMUND FREUD

»Wenn du ein wirklicher Wissenschaftler werden willst, denke wenigstens eine halbe Stunde am Tag das Gegenteil von dem, was deine Kollegen denken.« ALBERT EINSTEIN

»Das Aufregende an der Zukunft ist, dass wir es in der Hand haben, ihr zu begegnen.« CHARLES HANDY

»Der Kopf ist rund, damit das Denken die Richtung ändern kann.« SPRICHWORT

»Wer tiefer irrt, wird auch tiefer weise.« GERHART HAUPTMANN

»Es ist leichter, ein Atom zu verändern als ein Vorurteil.« ALBERT EINSTEIN

»Die Ideen sind nicht verantwortlich für das, was die Menschen aus ihnen machen.« WERNER HEISENBERG

»Risiko ist die Bugwelle des Erfolgs.« CARL AMERY

»Ich sage wenig, denke desto mehr.« SHAKESPEARE

»Was unbegreiflich ist, ist darum nicht weniger wirklich.« BLAISE PASCAL

»Denken ist die schwerste Arbeit, die es gibt, deswegen beschäftigen sich auch nur wenige damit.« HENRY FORD

»Alles fließt.« HERAKLIT

Sich belohnen und feiern

Wenn niemand Sie lobt und die kleinen Schritte des Spinn-Prozesses wenig Erfolge erkennen lassen, dann feiern Sie selbst kleine Schritte im kleinen Rahmen. Trinken Sie ein spezielles Glas Wein auf den Teilerfolg des Tages oder schenken Sie sich selbst Blumen, die Sie an das heutige positive Gespräch erinnern. Seien Sie großzügig mit sich selbst und belohnen Sie sich von Zeit zu Zeit. In der Schule bekamen wir für besondere Leistungen »Gutbildchen«, die wir sammelten. Hatten wir zehn Stück davon, konnten wir sie gegen ein kleines Geschenk, ein Buch oder einen Stift, eintauschen. Ich habe Ihnen hier einen Bogen mit Gutbildchen beigelegt, mit denen Sie sich selbst belohnen können. Trennen Sie den Bogen aus dem Buch, schneiden Sie die Bildchen entlang der gestrichelten Linien aus und belohnen Sie sich selbst mit einem, wenn Ihnen etwas gut gelungen ist. Und wenn Sie zehn Stück gesammelt haben, dann schenken Sie sich etwas, ein Buch oder einen Stift zum Beispiel.

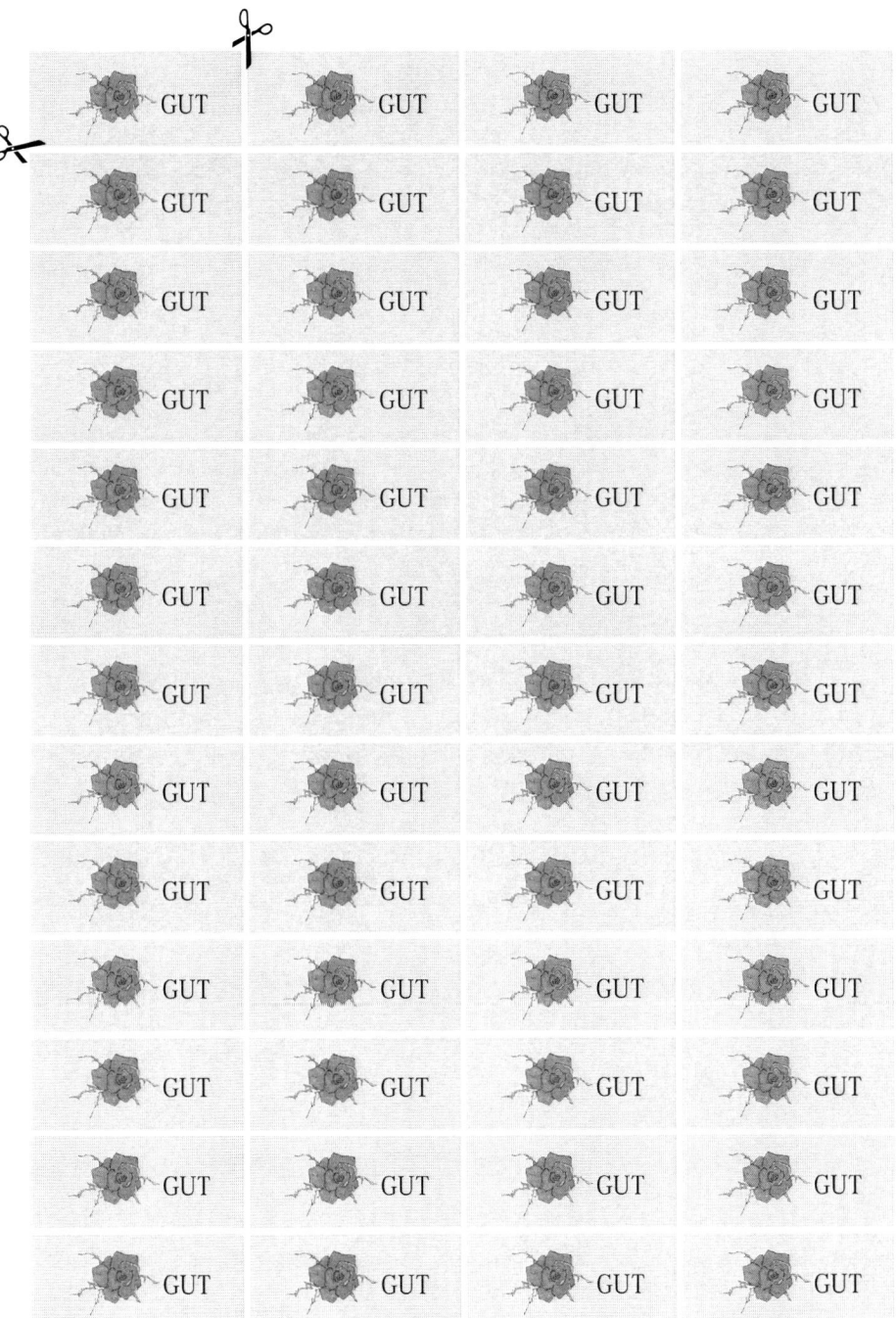

So machen Sie Ihr Umfeld spinntauglich

Spinnen beginnt im eigenen Kopf und jeder Spinner ist für seine Ideen, Gedanken und das, was er daraus macht, selbst verantwortlich. Veränderungen fangen bei der eigenen Person an und verbreiten sich in konzentrischen Kreisen nach außen. Nehmen Sie diese Verantwortung mutig an und schieben Sie sie nicht auf andere. Zeigen Sie nicht mit dem Finger auf Ihre Kollegen und Vorgesetzten oder als Vorgesetzter auf Ihre Mitarbeiter, weil die Ihrer Meinung nach an allem schuld sind. Willkommen im Leben Ihrer Wahl. Jeder Spinner funktioniert wie ein autonomes System und jeder neue Gedanke in ihm hat prinzipiell die Chance auf Erfolg, wenn er konstant gefüttert, gehätschelt und am Leben erhalten wird. Und wenn der Spinner in einem Umfeld aufwächst, das ihm die Möglichkeit zur Entwicklung gibt und ihn auf dem Weg zum Ziel begleitet.

Da sind sie wieder, die Sätze, die mit »Ja, aber« anfangen, ich kann sie hören. Ich weiß, dass viele von Ihnen in beruflichen Umfeldern arbeiten, in denen das Spinnen nur schwerlich möglich ist. Vielleicht werden Sie durch starre Hierarchien eingeengt und müssen sich mit Kollegen, Vorgesetzten, Mitarbeitern sowie lästigen Kunden auseinander setzen, die Ihnen das Leben als Spinner schwer machen. Doch gibt es auch dann wieder nur die drei Lösungen: Love it, leave it or change it! Ich weiß nicht, von wem dieser kluge Satz stammt, aber er erscheint mir sehr passend und er sollte unbedingt auf der ersten Seite Ihres Ideenbuchs stehen. Entweder Sie lieben das, was Sie tun, wo sie es tun und mit wem, dann gehören Sie zu den Glücklichen und haben das optimale Spinn-Umfeld. Oder Sie fühlen sich in Ihrer Arbeit so unwohl, dass Sie dort schon seit Jahren keine einzige gute Idee mehr hatten und niemanden um sich herum animieren können, gemeinsam mit Ihnen zu spinnen. Dann ist der Fall eigentlich klar: Kündigen Sie und verlassen Sie diesen Ort schnell.

Ein Drittel aller Ehen werden geschieden, weil beide Seiten im täglichen Zusammenleben merken, dass sie doch nicht miteinander können, obwohl sie mit guten Voraussetzungen gestartet sind. Warum sollte dies bei Unternehmen und ihren Mitarbeitern anders sein? Was nicht zusammenpasst, stellt sich trotz eines positiven Anfangs erst im Lauf der Zeit heraus. Wer daran Schuld hat, ist unwesentlich, denn immer sind zwei oder mehr Personen daran beteiligt. Bleibt jemand mit einem Menschen verheiratet, den er nicht mehr mag und der ihn schon nervt, wenn er nur »Guten Morgen« sagt, ist er entweder faul, bequem, ein Opfertyp, masochistisch veranlagt oder alles zusammen. Auf jemanden, der in einem Unternehmen arbeitet, in dem er sich jeden Tag ärgert und in dem er sich das Leben schwer machen lässt, treffen diese Eigenschaften ebenfalls zu.

Noch einmal: Herzlich Willkommen im Leben Ihrer Wahl. Denken Sie an die dritte Möglichkeit, die der Satz oben enthält: Change it! Sie können Ihre Situation verändern. Um den alten Zustand zu beenden und Ihr Umfeld spinntauglich zu machen, stehen verschiedene Möglichkeiten und Hilfsmittel zur Verfügung. Die nachfolgenden Ausführungen eignen sich übrigens auch hervorragend für Führungskräfte und Chefs, die manchmal Probleme mit den Spinnern in den eigenen Reihen haben. Kopieren Sie doch einfach die entsprechenden folgenden Seiten und legen Sie sie Ihrem Vorgesetzten oder Chef morgen auf den Tisch.

Verbündete suchen

Als einziger Spinner allein auf weiter Flur müssen Sie ein extremes Selbstbewusstsein haben, um unermüdlich Ihren Weg zu gehen und nicht an der nächsten Wegkreuzung weinend zusammenzubrechen. Deswegen sollten Sie als Erstes nach Verbündeten Ausschau halten, die es meistens in jeder Art von Unternehmen gibt, in allen Hierarchiestufen, Abteilungen, im Innen- und Außendienst, in anderen Niederlassungen oder bei ausländischen Tochterfirmen. Lassen Sie Ihren Blick weit schweifen und suchen Sie nach Menschen, die etwas bewegen, die Ideen einbringen und Neues umsetzen, die forschen und entwickeln, die die Produkte der Firma verkaufen, die sich mit den Reklamationen und Kundenwünschen beschäftigen oder die wissen, was die Konkurrenz macht. Unterhalten Sie sich mit diesen Leuten, fragen Sie nach ihren Ideen, nach Zielen, die sie beruflich verwirklichen möchten, nach ihren Träumen, wie sie die Firma einschätzen, wo Chancen stecken und was getan werden könnte, um die Möglichkeiten zu nutzen. Finden Sie heraus, wer Ihnen bei der Umsetzung Ihrer Idee behilflich sein kann und machen Sie sie oder ihn zum Verbündeten. Ich bin mir sicher, dass Sie schnell fünf Mitstreiter finden werden und nach den ersten fünf Gesprächen bereits genügend Informationen und Energie gesammelt haben, um Ihre Sache anzugehen.

Mitstreiter lassen sich aber nur finden, wenn Sie ein klares Ziel vor Augen haben, das auch für andere gut zu erkennen ist, und wenn Sie dabei die Sache in den Vordergrund stellen, nicht Ihre Person. Falls Sie nur Ihre schauspielerischen Fähigkeiten zum Besten geben und ziellos quertreiben wollen, um das Establishment wachzurütteln, werden sich Ihnen nur wenige anschließen, die auch schnell wieder abspringen könnten. Für die anderen Beteiligten muss erkennbar sein, dass Ihre Sache und Ihre Idee nicht nur Ihnen, sondern dem gesamten Unternehmen nützt, denn nur dann können Sie auch Ihre anfänglichen Gegner zu Verbündeten machen.

Talente fördern

Heterogene Teams profitieren vom individuellen Können und den Fähigkeiten jedes Einzelnen. Im täglichen Business und bei der Umsetzung von Ideen ist es jedoch notwendig, die Mitarbeiter mit ihren jeweiligen speziellen Talenten gezielt einzusetzen, um schneller zum Ziel zu kommen und die Motivation für alle möglichst lange möglichst hoch zu halten. Jeder von uns bevorzugt bestimmte Tätigkeiten und wird darin deswegen auch langfristig erfolgreicher sein. Manche sind Organisationstalente, haben aber selbst wenig neue Ideen, andere sind die geborenen Umsetzer und Macher, möchten dabei aber nicht unbedingt mit anderen Menschen sprechen. Wieder andere sprudeln den ganzen Tag vor Ideen, zeigen aber keinerlei Ambitionen, auch nur eine davon ansatzweise in die Tat umzusetzen. Und überall sind Spinner und Regelbrecher zu finden, in allen Bereichen, mit unterschiedlichem Können und unterschiedlichen Präferenzen. Ein Spinner, der zum Beispiel ein Möbelstück bauen möchte, aber noch kein Holz gekauft hat, sollte sich einerseits jemanden suchen, der das gerne für ihn erledigt, und andererseits jemanden, der Konstruktionspläne zeichnen kann. Fallen einem Spinner viele gute Ideen ein, braucht er dringend jemanden, der zwischen guten und schlechten unterscheiden kann und die richtig guten an richtig gute Umsetzer weitergibt. Alle, die bei der Umsetzung eines Vorhabens mitmachen, sollten jeweils nach ihren Fähigkeiten und Möglichkeiten beteiligt werden.

Netze bilden

Spinnen Sie mit Ihren Verbündeten Netze, verknüpfen Sie jeden und alles. Je mehr Menschen und Ideen verbunden werden, je mehr Kontakte und Möglichkeiten bestehen, desto größer sind die Erfolgschancen für Ihre neuen Ideen. Unternehmen, die sehr hierarchisch aufgebaut sind, zum Beispiel in Form einer Pyramide mit breiter Basis und nur wenigen an der Spitze, tun sich mit Netzwerken schwer, weil Netze per se eine andere Struktur aufweisen. Sie sind flächig und dreidimensional, haben viele Zentren, um die herum sich autonome Teams bilden. Der Blick der Beteiligten richtet sich nicht auf die Spitze des Dreiecks, sondern sie gucken in alle Richtungen, um Verknüpfungsmöglichkeiten zu finden. Spinnfreundliche Unternehmen haben das alte Denken über Bord geworfen und damit auch die überholten Strukturen. In ihnen wird die Macht im Unternehmen auf verschiedene Köpfe verteilt, denn Menschen, die eigenständig denken und handeln sollen, brauchen Handlungsspielraum und müssen Entscheidungen treffen können. Unternehmen sichern sich eine Vielzahl von Vorteilen, wenn Sie die Netzbildung unterstützen, nach allen Seiten offen sind und aktiven Austausch mit anderen Unternehmen und Menschen außerhalb der eigenen Reihen betreiben.

Spinn-Förderer werden

Ältere Mitarbeiter werden oft zu Mentoren von jüngeren, indem sie ihre Erfahrungen und ihr Wissen weitergeben, wovon die Neulinge profitieren können. Suchen Sie sich doch einen »Spinntor«, der Sie beim Spinnen unterstützt, einen Spin Doctor oder ein Hirngespinst, wie immer sie ihn nennen möchten. Animieren Sie geeignete Mitarbeiter dazu, Spinntorenschaften zu übernehmen. Vielleicht ernennen Sie in Ihrer Firma auch einen Spinn-Scout, der in jedem einzelnen Raum nach neuen Spinn-Talenten sucht, für die er spezielle Förderprogramme bereithält. Zusätzlich zum Forschungs- und Entwicklungsbudget sollte es zukünftig auch ein Budget für das Spinnen geben, einen Spinn-Fonds, aus dem Spinn-Projekte finanziert werden. Ein Verein für Spinner oder für Spinnerförderer e. V. könnte ins Leben gerufen werden, der die Interessen der Spinner nach allen Seiten vertritt.

Im Kreis denken und für Zirkulation sorgen

Zirkulation bezeichnet eine kreisförmige Bewegung, wie zum Beispiel im Blutkreislauf, in dem das Blut sich ständig bewegt und ein Austausch stattfindet. Aus der gleichen Wortfamilie stammt auch das Wort Zirkus, weil die Arena rund ist. Machen Sie Ihr Unternehmen zu einem Zirkus mit 360-Grad-Denkweise und buntem Programm.

Sorgen Sie für Inspiration und kreative Umfelder, die alle Mitarbeiter ermutigen zu spinnen, neue Ideen zu entwickeln und Entscheidungen zu treffen. Hilfreich dabei ist zum Beispiel das Rotationsprinzip, bei dem es ebenfalls rund geht, und durch das verhindert wird, dass Menschen mit ihrem Schreibtisch verwachsen. Jobrotation heißt, in regelmäßigen Abständen in anderen Bereichen und Abteilungen zu arbeiten, die Kollegen und den eigenen Arbeitsplatz zu wechseln. So bleibt jeder in Bewegung und erhält Einblick in die verschiedenen Bereiche des Unternehmens. Falls Ihre Firma Töchter oder Partner im Ausland hat, können Sie auch hier regen Austausch pflegen und von Kulturschocks und nationalen Eigenheiten profitieren. Für Bewegung und rundes Denken sorgt auch Projektarbeit in heterogenen Gruppen. Je nach Aufgabenstellung werden individuelle Teams in interessanter Zusammensetzung gebildet, und zwar aus Mitarbeitern, die unterschiedliche Fähigkeiten haben und aus verschiedenen Abteilungen kommen: Menschen aus der Produktion, dem Verkauf, dem Service, der Entwicklung, Kunden, Lieferanten, ein Künstler, ein Philosoph oder Vorschulkinder.

Wie wäre es mit einem »Open House«, einer regelmäßigen Veranstaltung, zu der alle geladen sind, die sich für Ihre Firma interessieren oder an denen Sie Interesse haben. Öffnen Sie Ihre Türen und lassen Sie neue Menschen mit neuen Ideen zu sich herein, geben Sie Ihnen etwas zu essen und zu trinken, diskutieren Sie über Gott und die Welt oder erarbeiten Sie gemeinsam konkrete Aufgaben. Solche Veranstaltungen sind übrigens ein guter Anlass, um auch Journalisten und Pressevertreter dazuzubitten, damit diese der breiten Öffentlichkeit über Ihre Unternehmenskultur berichten. Oder fahren Sie doch selbst mal mit Ihren Kollegen, Ihrer Abteilung oder einem gemischten Kreis zu einem Lebensmittelhersteller, einem Autowerk oder einer Kleiderfabrik und schauen Sie sich an, wie andere arbeiten und Ziele verwirklichen.

Die Werte wandeln

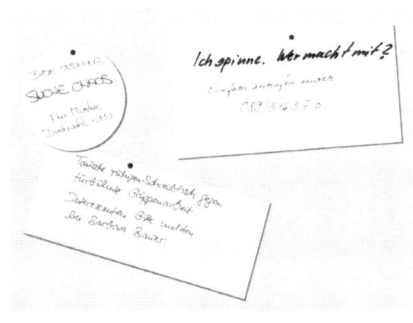

Sie und ich und die Menschen um uns herum haben sich in den letzten Jahrzehnten sehr verändert, die klassische Familienstruktur ist Schnee von gestern, wir leben in einer chaotischen, komplexen Welt, in der alle und alles immer näher zusammenrücken, wodurch sich Sicherheit zu einem wichtigen Gut entwickelt hat. Neue Techniken und Technologien wie das Internet revolutionieren die Kommunikation, der Wunsch nach Selbstverwirklichung und die Frage nach dem Sinn haben die Arbeitswelt bereits radikal verändert. Das alles ist nicht wegzuleugnen, auch wenn manche Unternehmen sich so verhalten, als hätte sich seit 1950 nichts verändert. Viele Firmen konnten mit dem Tempo der Veränderungen nicht mithalten und haben interne Prozesse nicht entsprechend weiterentwickelt. Wenn sich die Menschen und ihre Werte ändern, dann müssen sich auch die Werte der Unternehmen wandeln, schließlich bestehen diese zum großen Teil aus Menschen und stellen etwas für Menschen her. Und heute herrschen turbulente, chaotische Zeiten, die wenig Zukunftsplanung zulassen. Lernen Sie das Chaos lieben, freunden Sie sich mit ihm an, verzichten Sie auf zu viel Kontrolle und Druck, denn das lähmt die Spinner und die Menschen, die gerade dabei sind, die Welt neu zu erfinden, damit Ihr Unternehmen lebensfähig bleibt. Wenn Sie in Ihrer Firma ein schwarzes Brett haben oder eine Pinnwand, dann wandeln Sie diese doch in eine Spinn-Wand um und befestigen Sie daran große Zettel, auf denen stehen könnte:

Vorspinner sein

Wer andere zum Spinnen anstiften möchte, sollte es vormachen. Erfolgreiche Unternehmen haben Spinner in allen Abteilungen und Hierarchien und die Zahl der Manager, die sich offen zum Spinnen bekennen, wächst täglich.

Sie outen sich, gewinnen damit die Herzen Ihrer Mitarbeiter und treue Gefolgsleute. Großkonzerne machen häufig einen entscheidenden Ruck nach vorn, wenn nach einer Reihe von rein finanz- oder technisch orientierten Vorstandsvorsitzenden einmal Entwickler oder Marketingleute an die Spitze treten und mit ihnen eine neue Denke Einzug hält. Spinnen Sie vor, dann spinnen andere mit, machen Sie Platz in Ihrer Firma für Querdenker, die Fäden spinnen und diese miteinander verknoten. Machen Sie Ihren Helden den Weg frei, damit sie sich in alle Richtungen bewegen können. Nutzen Sie auch durchaus ungewöhnliche Methoden, um Informationen an den Mann und die Frau zu bringen, vor allem, wenn Sie Verhaltensänderungen bewirken wollen. Eine Möglichkeit besteht darin Gespräche zu führen oder Erklärungen und schriftliche Abhandlungen zu verbreiten. Eine andere und bessere ist, vorzuturnen und Ihre Ziele für andere erlebbar zu machen.

Kennen Sie »Mystery Shopping«? Hinter diesem Begriff verbirgt sich eine Methode, um Verkäufer in Aktion zu testen und Geschäfte aus Sicht von Kunden bewerten zu lassen. Dazu schicken zum Beispiel Kaufhausketten als Kunden getarnte Testpersonen, die aus speziellen Agenturen stammen, in ihre eigenen Geschäfte. Dort kaufen sie ein, beurteilen danach in einem Bericht die Qualität der Verkäufer, ihre Freundlichkeit, die Art der Präsentation, das Ambiente etc. und machen Verbesserungsvorschläge. Diese Methode ist wirkungsvoll und bringt meist erschreckende Ergebnisse. Allerdings halte ich die Geheimnistuerei dabei nicht für besonders Erfolg versprechend, weil sie die offene Kommunikation im Anschluss, wenn bekannt wird, dass die Firma ihre Mitarbeiter bespitzeln ließ, schwer macht.

Nichtsdestotrotz hat mich das Ganze inspiriert und auf die Idee des »Mystery Selling« gebracht. Das bedeutet, dass nicht fingierte Kunden losgeschickt werden, sondern ein »Maulwurf« in das Verkaufsteam im Laden eingeschleust wird, ein freundlicher, begnadeter Verkäufer, der den anderen vormacht, wie man richtig verkauft. Der Effekt dabei ist, dass sich die Klugen und Schnellen unter den Mitarbeitern abgucken können, wie erfolgreiches Verkaufen funktioniert, um es zu kopieren. Außerdem haben Sie die Möglichkeit, sich von einem Topverkäufer Tipps unter Kollegen geben zu lassen. Auf der anderen Seite können die weniger wandlungswilligen Verkäufer schnell identifiziert werden, denn diesen wird der neue Mann oder die neue Frau ein Dorn im Auge sein, weil diese Person die Ordnung durcheinander bringt und die Ruhe stört. Ihnen wird der oder die Neue Tipps, Tricks und Hilfe sowie speziell auf sie zugeschnittene Verkaufstechniken und entwaffnende Antworten auf Ja-aber-Einwände anbieten und beizubringen versuchen. Dann ist es an diesen Verkäufern, die ihnen gebotene Chance zu nutzen und ihre Einstellung zum Verkauf und zu ihren Kunden zu verändern. Fruchtet dies nicht, reagiert die Firma, indem sie Entlassungen ausspricht. Schließlich kann es sich kein Unternehmen leisten, seine Kunden durch Verkäufer zu verärgern, die ihre Aufgabe nicht erfüllen und keinerlei Anstrengungen unternehmen wollen, um sich zu verändern und Neues zu lernen.

Spinn-Vorbilder zu finden, an denen Sie sich orientieren können, ist nicht schwer. Sie finden in der Wirtschaftsliteratur, in Wirtschaftsmagazinen oder den täglichen Nachrichten immer wieder Beispiele erfolgreicher Spinner. Sie können Biografien von Leuten lesen, die ungewöhnliche Dinge getan haben. Auch in Ihrem Umfeld gab oder gibt es mit Sicherheit einige Spinner, vielleicht in Ihrer Familie und unter Ihren Freunden.

Die Einstellung ändern

Spinnen ist eine Frage der Einstellung. Jedes Unternehmen sollte die Suche nach Spinnern und Querdenkern zum festen Bestandteil des Recruiting-Prozesses machen und das bisherige Prozedere beim Bewerbungsgespräch komplett überarbeiten. Spinner lassen sich leicht an ihren Lebensläufen erkennen, die meist nicht geradlinig verlaufen. Außerdem kann man sie an ihren Interessen und Hobbys erkennen und daran, dass sie begeistert zu erzählen beginnen, wenn man sie darauf anspricht. Wer Spinner sucht, sollte auf Quereinsteiger, Jobwechsler, Anfänger, Spezialisten, Nicht-Akademiker, Nicht-Abiturienten, leidenschaftliche Typen und vielseitig Interessierte achten, also exakt die Lebensläufe herausfiltern, die bisher leicht aussortiert wurden, weil die klare Linie fehlte. Denh wenn Sie jemanden suchen, der Neues bewirken soll, muss Ihr Bewerber von der Norm und den Konventionen abweichen. Stellen Sie verstärkt die emotionale Intelligenz in den Vordergrund, die für das erfolgreiche Miteinander, die Kommunikation, Kreativität und das quere Denken Grundlage ist, und weniger gutes Rechnen und logisches Denken.

Robert I. Sutton geht noch einen Schritt weiter und plädiert dafür, Bewerber mit speziellen Defiziten einzustellen, um etablierte Strukturen und vorgefasste Meinungen auszuhebeln. Zum einen empfiehlt er »Langsamlerner«, die – wie der Name sagt – nur sehr langsam lernen, wie Dinge »richtig« gemacht werden. Denn wenn alle gleich schnell lernen würden, wie es angeblich oder zumindest bisher »richtig ist«, würde »jeder Neuling rasch zu einer Kopie der anderen in der Organisation werden, und es kämen keine neuen Ideen ins Spiel«. Als zweite geeignete Bewerbergruppe nennt Sutton Menschen mit großem Selbstbewusstsein und »solche mit wenig Hang zur Selbstbeobachtung, Menschen also, die besonders unempfindlich gegenüber den Hinweisen anderer sind, wie vorgegangen werden sollte«. Diese Mitarbeiter wären gegen Rudelverhalten und Konformismus immun, so Sutton. Aus eigenbrödlerischen Menschen, die fähig sind, an den zementierten Unternehmensregeln zu rütteln, besteht die dritte Gruppe. Sutton schlägt vor »Leute einzustellen, die Ihnen Unwohlsein bereiten oder sogar solche, die Sie nicht mögen …«. In der vierten Gruppe bräuchte es »Mitarbeiter, deren Fähigkeiten das Unternehmen derzeit nicht wirklich braucht«, um bereits heute Angebote von morgen in die richtige Spur zu schieben. Er sei durchaus möglich, dass alle diese Menschen ihre Chefs und Kollegen in den Wahnsinn treiben könnten, sie seien aber gleichzeitig Garanten dafür, dass Neues entsteht, weil sie »Organisationen zwingen, Ideen zu erproben, die sonst verworfen worden wären«.[31]

Aus meiner eigenen Erfahrung mit extremen Quertreibern und grenzwertigen Persönlichkeiten im Team weiß ich, wie befruchtend, aber auch wie furchtbar anstrengend das sein kann. In jedem Fall haben diese Menschen immer für Bewegung gesorgt und neue Prozesse in Gang gebracht. Damit in solch einer menschlich anspruchsvollen Konstellation alle voneinander profitieren, sollte meiner Meinung nach das Team entsprechend groß sein, sodass die »defizitären« Mitarbeiter prozentual vertretbar sind. In kleinen Teams dagegen müssen die Spielregeln und Zielsetzungen für alle von Anfang an klar sein, und jeder Einzelne sollte in einer Testphase für sich klären können, ob er die Situation als persönliche Chance nutzen und mit seinen Extrem-Kollegen konstruktiv arbeiten kann. Hilfe-Schilder, Wild Cards oder 360-Grad-Mützen sind Instrumente, um den Prozess zu unterstützen, und durch Rollenspiele lassen sich oftmals festsitzende Vorurteile und Aggressionen lösen.

---

[31] »Der Kreativität den Boden bereiten« von Robert I. Sutton, in: Harvard Businessmanager 2/2002, Seite 9-17.

Miteinander reden

Veränderungen können in Unternehmen nur stattfinden, wenn alle wissen, was, wann, wie und weshalb verändert werden soll. Viele Change-Projekte der 1990er Jahre sind fehlgeschlagen, weil die Mitarbeiter dabei vergessen wurden. Mangelnde oder falsche Kommunikation hat dazu geführt, dass die Betroffenen nicht wussten, was vor sich geht, was die Firmenleitung vorhat und wo es hingehen soll. Kein Wunder, dass die neuen Ideen, die im stillen Kämmerchen der Geschäftsleitung geplant wurden, auf wenig Gegenliebe stießen und keiner sich für die Umsetzung verantwortlich fühlte. Spinnen ist ein Prozess, bei dem alle Beteiligten gleichermaßen involviert sein sollten, sonst funktioniert er nicht.

Doch manche Vorgesetzten halten ihre Mitarbeiter fälschlicherweise für dümmer als sie sind, ebenso manche Unternehmen ihre Kunden. Obwohl Kunden im Lauf der Zeit allerdings verblöden können, wenn man ihnen nur Banalitäten vorsetzt, ihnen sinnlose Produkte verkauft, die dazu noch auf unsägliche Art und Weise beworben werden. Oder Mitarbeiter, wenn man sie jeden Tag dieselbe Arbeit machen lässt und sie nicht darüber informiert, was das Endziel ist. Auch wenn sie von Kunden oder Lieferanten aus zweiter Hand erfahren, was die Firma, in der sie arbeiten, zukünftig vorhat, ist das ein alarmierendes Zeichen mangelnder interner Kommunikation.

Bei meiner Arbeit als Innovationsberaterin bin ich manchmal überrascht darüber, wie Unternehmen die eigenen Mitarbeiter in Bezug auf Kommunikation einschätzen. Des Öfteren habe ich schon festgestellt, dass sie wohl eine ganz spezielle Spezies von Mensch sein müssen, die einer Spezialbehandlung bedürfen, weil sie so außergewöhnliche Wesensmerkmale aufzeigen. Einige Unternehmen scheinen regelrecht vergessen zu haben, dass Mitarbeiter, egal ob sie am Band im Takt oder in der Vorstandsetage arbeiten, ganz normale Menschen sind, mit Bedürfnissen, Ängsten, Nöten und Freuden wie alle anderen auch. Jeder Mitarbeiter ist zugleich auch Privatperson und Konsument und bedarf deswegen derselben kommunikativen Pflege wie die Konsumenten außerhalb des Firmengeländes. Noch immer werden viele Werbegelder für konzeptlose Außenkommunikation verschwendet, doch wo bleiben die internen Kampagnen, die Entwicklungen und Veränderungsprozesse nach innen kommunizieren, alle Beteiligten informieren und dadurch für Engagement und Motivation sorgen könnten? Wer für seine Kunden Kommunikationskonzepte entwickelt und psychologisch wohl überlegte Aktionen plant, der sollte dies auch für seine Mitarbeiter tun.

Und wenn Sie dies tun, werden Sie sich wundern, welche Energie frei wird, wie sich Menschen verändern, wenn sie erst einmal losgelassen werden. Wenn sie mitdenken dürfen, sich ausspinnen und aussprechen können, was in ihnen vorgeht und dadurch Wertschätzung erfahren. Ich bin mir sicher, dass wir viele unserer Mitarbeiter und Kollegen unterschätzen und es sich lohnen würde, deren verborgene Talente zu entdecken. Hierfür sind Informationen nötig, wir müssen uns für unsere Kollegen interessieren, sie fragen und näher kennen lernen. Dabei hilft zum Beispiel ein einfaches Spiel in der Gruppe. Jeder schreibt folgende drei Dinge auf einen Zettel:

1. Eine schlechte Angewohnheit, die niemand im Arbeitsumfeld kennt
2. Etwas Spezielles, das sie oder er kann, von dem aber keiner weiß
3. Ein Hobby

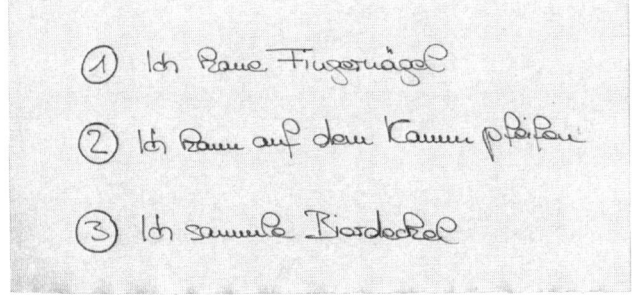

Die Zettel werden von einer Person eingesammelt, die sich die verquersten oder ungewöhnlichsten Antworten heraussucht und sie laut vorliest. »Wer von uns sammelt Wäscheklammern?« »Wer kann japanisch und Kopfstand?« »Wer pupst immer in Aufzügen?« Die Gruppe versucht herauszufinden, auf wen dies jeweils zutrifft, lernt sich so relativ schnell kennen und hat jede Menge interessante Themen, um in weiteren Gesprächen anzuknüpfen.

Offen zu kommunizieren ist eine Grundvoraussetzung, um Veränderungsprozesse in Gang zu bringen und sie erfolgreich durchzuführen. Die Herausforderung besteht darin, richtig zu kommunizieren, nackte Informationen emotional aufzuladen, sie verständlich und nachvollziehbar zu machen und ungewöhnliche, vielleicht konflikthaltige Sachverhalte smart zu vermitteln. Viele Ideen scheitern im ersten Schritt nicht wegen inhaltlicher Schwächen, sondern weil sie sprachlich nicht gut präsentiert und vermittelt wurden. Die Holzhammermethode – Klappe auf, Idee raus, Klappe zu – funktioniert nur selten. Besser hat es zum Beispiel Frank Bantleon gemacht, der 28 Jahre als Controller und Leiter der betriebswirtschaftlichen Abteilung bei Löwenbräu und der späteren Spaten-Löwenbräu-Gruppe tätig war und jetzt in Rente ist. Wenn er seine queren, ungewöhnlichen Ideen darstellte, hat er meist mit »Ich spinne jetzt mal …« begonnen, was so viel bedeutete wie: »Ich stelle mich mal kurz neben mich, gönne mir ein paar verrückte Gedanken, und Ihr um mich herum könnt mir zuhören, etwas mit meiner Meinung anfangen oder mich überhaupt nicht ernst nehmen.« Mit dieser simplen Formulierung nahm er denjenigen, die gleich ein »Ja, aber« einwerfen wollten, von Anfang an den Wind aus den Segeln und weckte die Aufmerksamkeit der Zuhörer, die wissen wollten, was dem Bantleon jetzt wieder eingefallen ist. Außerdem gab er mit seiner Spinn-Initiative all seinen Mitstreitern die Möglichkeit mitzuspinnen, selbst quere Ideen zu entwickeln, die möglicherweise bereits im Innersten schlummerten, die aber bisher noch nicht ans Tageslicht gekommen waren.

Regeln für Auftraggeber von Spinnern

Kurt Tucholsky verfasste unter anderem Richtlinien für den Umgang mit Künstlern, die ich sehr gelungen finde. Ersetzen Sie einfach den Begriff Künstler durch Spinner, der Rest behält trotzdem seine Gültigkeit und Aktualität.

10 Gebote für einen Geschäftsmann, der einen Künstler engagiert
von Kurt Tucholsky

Gebot 1: Lass ihn in Ruhe.

Gebot 2: Überlege dir vorher, ob der Mann für deinen Betrieb passt: Das machst du am besten so, dass du dir seine Werke ansiehst und dich bei jedem fragst: Kann ich das gebrauchen? Wenn du die Mehrzahl nicht gebrauchen kannst, engagiere den Mann nicht. Denn:

Gebot 3: Wenn ein Künstler anständig ist und etwas taugt, ändert er sich dir zuliebe nicht, nur weil du mit ihm einen Vertrag gemacht hast – ändert er sich aber, hast du nur einen Namen bezahlt, also einen Mann überbezahlt.

Gebot 4: Lass ihn Ruhe.

Gebot 5: Disponiere sorgfältig, damit sich dein Mann nicht zu überstürzen braucht – Kunst will Zeit wie eine saubere Bilanz. Man kann, wenn man Pech hat, Flöhe aus dem Ärmel schütteln; Werke nicht.

Gebot 6: Du sollst den Feiertag deiner Leute heiligen; du irrst, wenn du glaubst, dass es für Fremde ein Genuss ist, den Sonntag in deiner Familie zu verbringen. Es ist mitnichten einer.

Gebot 7: Wenn der Künstler, den du engagiert hast, am Werk ist, halte ihm täglich fremde Arbeiten vor die Nase und fordere ihn, in anerkennenden Worten für den anderen, auf, dergleichen auch mal zu machen, das ermuntert ungemein.

Gebot 8: Wenn du mit deinem Künstler verhandelst, besinne dich nur nicht, dass auch du eigentlich ein Künstler seist; du hast beinah studieren wollen, doch dein Vater hat dich ins Getreidegeschäft getan … Zugegeben. Aber nimm deinen falschen Ehrgeiz nicht mit ins Büro; der Künstler redet dir ja auch nicht in die Abschlüsse hinein – o beschneide auch Du die holden Maientriebe deiner vertrockneten Kunstanschauung, diese Rose von Jericho.

Gebot 9: Höre auf die Stimme des Publikums, aber überschätze sie nicht – in dir selbst muss eine Kompassnadel die Richtung anzeigen. 20 Briefe aus dem Publikum sind noch nicht die Volksstimmung – vergiss dies nicht, und lass die Dummheit der Leute den Künstler nicht entgelten.

Gebot 10: Lass ihn in Ruhe.

Ein Lob auf Kurt Tucholsky, den Schutzpatron der Spinner. Wohl gesprochen. Das Gebot 7 interpretiere ich als ironisch, denn wäre es ernst gemeint, könnte ich es so nicht unterschreiben. Ihr besonderes Augenmerk möchte ich auf Gebot 1, 4 und 10 lenken.

Sicherheitsabstand und Freiräume

Liebe Menschen, die Ihr Ideen in Auftrag gebt. Ich weiß, wie schwer es ist, einen kreativen Auftrag zu erteilen, loszulassen und abzuwarten. Aber auch Sie müssen die Unruhe, den konstanten Wandel und das Warten aushalten. Halten Sie von sich aus Abstand, gewähren Sie die notwendige Arbeitszeit, werten Sie nicht vorschnell und vertrauen Sie den Spinnern, die Sie engagiert haben und die sich mit vollem Elan, Leidenschaft und all ihren geistigen Fähigkeiten für Sie engagieren. Es gibt einen guten Grund, aus dem Sie genau diese Menschen beauftragt haben, den sollten Sie sich immer wieder ins Gedächtnis rufen.

Spinner brauchen einen besonderen Schutz, damit die kleinen Ideenpflänzchen nicht niedergetrampelt werden, bevor sich das erste Blättchen entwickelt hat. Schaffen Sie in Ihrem Unternehmen spezielle räumliche Rückzugsmöglichkeiten für »Spinner im Prozess« und schirmen Sie sie vor anderen Menschen ab. Sutton spricht von einem »geschützten Raum« und zitiert William Coyne, den ehemaligen Chef der Forschungsabteilung von 3M, das sind die mit den Post-its: »Wer einen Samen einpflanzt, gräbt ihn nicht jeden Tag aus, um zu sehen, wie er sich entwickelt.«[32]

Das Spinnen attraktiv machen

In einigen Unternehmen gibt es ein internes Vorschlagswesen oder Ideenmanagement, mit dessen Hilfe alle Mitarbeiter Ideen und Verbesserungen einbringen können. Die guten Vorschläge, die zur Umsetzung kommen, werden auch entsprechend geldwert belohnt. Zudem gibt es Förderpreise für wissenschaftliche Studien und, Dank der New Economy, Business-Wettbewerbe, bei denen Ideen und Geschäftspläne prämiert werden. Forschen, entwickeln, spinnen und Neues schaffen ist ein langer Prozess, der Ressourcen, Zeit und viel Geld kostet.

Eine interessante Idee zur Finanzierung habe ich in »Newtons Koffer« gefunden, einen Vorschlag des Enfant terrible der Biomedizin, David F. Horrobin. Er spricht sich dafür aus, dass sich Finanzierungskommissionen zur Umsetzung ungewöhnlicher Ideen nicht aus Experten zusammensetzen sollten, sondern

---

[32] Ebd., S. 14.

aus denen, die ein echtes Interesse an Lösungen haben. Er wettert gegen die Experten, die in der Forschung ihre Daseinsberechtigung nur deswegen haben, weil Probleme immer noch nicht gelöst wurden. Diese Experten seien nach erfolgreichem Projektabschluss ja überflüssig, verlören ihre Daseinsberechtigung und wären deswegen bei der Finanzierung von neuen Projekten kontraproduktiv. Echtes Interesse an der Lösung hätten, zum Beispiel in der Biomedizin, Menschen, die an einer seltenen Krankheit leiden, und deren Angehörige, Mediziner, die in direktem Kontakt mit den Kranken stehen, oder Geschäftsleute, Politiker und Menschen in öffentlichen Funktionen, die sich täglich mit Expertenmeinungen auseinander setzen und diese zu bewerten wüssten.

Horrobin schlägt vor, die Forschung, speziell die Arbeit der Spinner und Amateure, durch Preiswettbewerbe zu finanzieren. Dabei greift er auf einen Fall aus dem Jahr 1714 zurück, als sich die Kapitäne der englischen Flotte an das Parlament wandten. In einer Petition forderten sie die britische Regierung auf, das Problem der Ungenauigkeit der Längengradmessung auf dem Meer zu lösen, das für viele Unglücke, den Verlust von Schiffen, Menschenleben und Geld die Ursache war. Die Experten der Royal Society und berühmte Denker wie Galileo Galilei oder Isaac Newton hatten bis dato zu diesem Thema keine Lösung vorlegen können. Die englische Regierung, die sich ihrer Verantwortung nicht entziehen konnte und reagieren musste, hatte die Idee, für die Lösung des Problems erfolgsabhängige, extrem hohe Geldpreise auszuschreiben, die den Gewinner reich machen konnten. An der Aktion sollte jeder teilnehmen dürfen und das Ganze wurde auf breiter Basis publik gemacht. John Harrison, Sohn eines Zimmermanns und von Beruf Uhrmacher, schaffte es schließlich, immer genauere Uhren zu bauen, die die Navy erfolgreich einsetzte. Er konstruierte Chronometer, die die Schiffsbewegungen und mögliche Temperaturschwankungen ausglichen und erhielt nach vielen Jahren Arbeit, Intrigen und politischen Wirrungen das Preisgeld und den Ruhm, der ihm für seine herausragende Leistung zustand.

Horrobin schlägt weiter vor, die Regierungen der verschiedenen Länder sollten sich an diesem erfolgreichen Beispiel orientieren, eine Prioritätenliste der wichtigsten wirtschaftlichen Probleme erstellen und für die Lösung jedes Problems einen attraktiven hohen Preis ausschreiben. Bei weltumspannenden Problemen sollten die Regierungen ihre Budgets zusammenlegen und noch höhere Preisgelder zahlen. Der Gewinn müsste steuerfrei sein, teilnehmen könnten

Einzelpersonen, Firmen, Forschungsgruppen oder Interessensgemeinschaften. Auf diese Weise könnten die Gesamtausgaben für Forschung und Entwicklung verringert und der Fortschritt beschleunigt werden. Außerdem würden die Preise den kreativsten Mitgliedern unserer Gesellschaft zugute kommen, den Überzeugungstätern, die das Geld sehr wahrscheinlich nicht vergeuden, sondern in neue Forschungsprojekte stecken würden. Ein gewagter Ansatz, den Horrobin da vertritt, der Grundlagenforscher Amok laufen lässt, aber die Idee dahinter ist so simpel und logisch, dass es sich lohnen würde, dafür Verbündete zu suchen.[33]

Um Spinnen attraktiv zu machen, sollten Unternehmen spinnförderliche Aktivitäten in ihre Incentiv-Planung miteinbeziehen. Bieten Sie die Teilnahme an Kulturereignissen an, Karten für die Opernfestspiele, Kinogutscheine, persönliche Führungen durch Museen oder Aktivitäten in der Natur, eine Fahrradtour mit Guide, ein Wochenende in den Bergen in einer Selbstversorgerhütte oder Anregungen zur Förderung der eigenen Kreativität.

---

[33] DiTrocchio, Federico: Newtons Koffer. Rowohlt 2001, S. 127-133.

Mut und eine gesunde Einstellung zu Fehlern

Ich habe Ihnen bisher bereits einige Werkzeuge und Tipps an die Hand gegeben, wie Sie Ihr persönliches Spinn-Potenzial aktivieren und im Alltag einsetzen können. Eine der wichtigsten Eigenschaften von Spinnern und ein wesentlicher Erfolgsfaktor ist aber der Mut. Spinner denken und agieren couragiert und überwinden ihre Angst vor der Meinung der anderen und vor der eigenen Unvollkommenheit.

Spinne ich oder sind es die anderen?

Spinne ich oder spinnt meine Umwelt? Eine Frage, die Sie sich sicher schon des Öfteren gestellt haben. Es gibt immer wieder, manchmal sogar täglich, spezielle Situationen, in denen auch ich – obwohl ich hartgesotten bin – kurz innehalten muss, dann meist den Kopf leicht schief lege, damit mein Gehirn in Bewegung kommt, die Augenbrauen nach oben ziehe, tief durchatme und mir diese besagte Frage stelle. Spinne ich oder sind es die anderen?

Neulich hat mir mein Freund Sven erzählt, der sein Geld mit Ideen, Texten und guten Geschichten verdient, dass er in einer Präsentation von seinem Kunden aufgefordert wurde: »Werden Sie einfach richtig laut, aber dezent und zurückhaltend.« Bei anderer Gelegenheit wurde er gefragt: »Was? Das soll neu sein? Das hab ich ja noch nie gesehen!« In solchen und ähnlichen Momenten entscheidet es sich, ob Sie psychiatrische Betreuung in Anspruch nehmen wollen oder sich lieber mit Ihrer Stecknadelsammlung zurückziehen, um diese nach identischen Paaren zu sortieren. Oder ob sie selbstbewusst aus dieser Situation hervorgehen, nicht unkritisch, aber mit fester Miene und ruhiger Herzfrequenz, und sich nicht ins Bockshorn jagen lassen. Ich kann Ihnen nur einen Tipp geben. Ich habe in einer dieser verzwickten Spinn-ich-oder-sind-es-die-anderen-Situationen eine Entscheidung fürs Leben getroffen: Es sind die anderen, auch wenn sie meistens in der Überzahl auftreten. Lassen Sie sich davon ja nicht beeindrucken, das ist deren Taktik. Aber wenn Sie das Spiel einmal durchschaut haben, dann haben diese Wesen vom anderen Stern keine Chance mehr. Es sind die anderen, definitiv, glauben Sie mir, aber erzählen Sie es denen nicht. Das ist unser Geheimnis.

Seien Sie ignorant!

Für Neues offen zu sein, mit gespitzten Ohren und wachen Augen durch die Welt zu laufen und alles gierig in sich aufzusaugen, das sind die Tugenden eines Spinners. Doch gleichzeitig sollte er taub, blind, ohne Geruchssinn und ein absoluter Ignorant sein, wenn es darum geht, sich gegen Angsthasen, Miesmacher und Ja-aber-Sager zu schützen. Wenn alle das Recht haben, ihre Meinung zu äußern, dann haben auch alle das Recht darauf, diese Meinung nicht hören zu wollen. Ignorieren Sie Miesmacher, verweigern Sie sich Pseudo-Schlauheiten, die Sie nur Zeit kosten und keinen Schritt weiter nach vorn bringen. Ich bin in meinem Umfeld mittlerweile radikaler geworden, was Tipps und Meinungen angeht. Ich nehme nur noch Ratschläge von Menschen entgegen, die wissen, wovon sie sprechen.

Spinner sollten sich von der Meinung anderer möglichst unabhängig machen, weil man neue Ideen leichter zerreden als realisieren kann. Außerdem ist das Neue meist damit verbunden, dass man von anderen oft nicht verstanden wird, daher brauchen Spinner ein gutes Selbstbewusstsein und eine verwegene Mischung aus Mitteilungsfreude und Ignoranz, um sich selbst vor dem Aber und das Neue vor dem Alten zu schützen. Die Gegner Ihrer Ideen werden Sie immer begleiten, das ist normal. Normal ist auch, dass Sie menschlich mit einigen Kollegen oder Mitarbeitern besser umgehen können, mit anderen weniger gut. Zudem wird es in Ihrem Umfeld immer Leute geben, die es sich herausnehmen, Sie nicht zu mögen und Ihnen das auch zu zeigen. Spinner mit starkem Harmoniebedürfnis oder faulen Ausreden aus Angst vor Auseinandersetzung, die keine sachlichen Argumente haben und von allen geliebt werden wollen, werden nicht weit kommen. Wer ein »Gegner« ist, bestimmt immer die eigene Haltung. Sie können denken: »Der muss mich doch mögen, ich habe ihm nichts getan und sage immer guten Morgen. Ich werde ihn schon noch für mich gewinnen«. Aber genauso auch: »Der gute Mensch muss gar nichts und es ist sein Recht, dass er mich nicht leiden kann. Mein Glück hängt aber nicht davon ab. Mir geht es um die Sache und ob sie oder er mit an Bord ist oder das Projekt blockiert.«

Leider gibt es keine Patentrezepte, keine richtigen und falschen Verhaltensregeln für Menschen mit gegenteiliger Meinung, für Leute, die prinzipiell gegen alles sind, sich quer stellen oder intrigieren. Ich versuche es mir leichter zu machen, indem ich deren Haltung generell nicht persönlich nehme. Zugleich will ich aber auch nicht wissen, welche traumatischen Ereignisse der Kindheit für dieses Verhalten verantwortlich sind. Ich bemühe mich zu allen Menschen in meinem Umfeld freundlich zu sein, versuche den Fokus immer wieder auf die Sache zu lenken und die zwischenmenschlichen Reibereien zu ignorieren. Manchmal funktioniert das Nettsein, manchmal sind es die richtigen Argumente, manchmal ein kleiner Witz am Rande, manchmal aber auch ein unqualifizierter Emotionsausbruch und eine unmissverständliche Ansage. Ein Sprichwort sagt: Wenn du jemanden nicht überzeugen kannst, dann überrasche ihn. Das muss jeder, der für seine Ideen kämpft, selbst ausprobieren und die Grenzen mit Zuckerbrot und Peitsche ausloten, die eigenen und die der anderen. Zum Glück kann ein Spinner diese scheinbar widersprüchlichen Attribute in einer Person vereinen, das gehört zu seinen besonderen Fähigkeiten.

Niemals aufgeben

Ein anderes Sprichwort heißt: »Wie isst man einen Elefanten? Stück für Stück.« Spinnen ist ein Prozess, ein stückweises Vorankommen, Drehen und Wenden, Rückwärts- und Seitwärtslaufen. Egal wie schwierig dieser Prozess ist, er wird nur dann zum Erfolg führen, wenn Sie dies ganz fest wollen. Wenn Sie nicht an Ihre Idee glauben, wer soll es dann tun? Es ist immer wieder verblüffend, was Menschen alles erreichen können, wenn sie es nur wollen und ihr Ziel konsequent verfolgen.

In der klassischen Literatur für das Management taucht an dieser Stelle gerne das Wort Vision auf. Sie brauchen eine Vision für Ihr Leben, Ihre Firma, für Ihren beruflichen Erfolg. Als aussagekräftiges Beispiel für eine Vision wird gerne Präsident John F. Kennedy genommen, der der amerikanischen Nation die große Karotte der Mondfahrt vor die Nase hielt, hinter der alle freudig herliefen. Kennedys Vision von den Amerikanern als erste Menschen auf dem Mond setzte im ganzen Land ungeahnte Potenziale frei und brachte einen gigantischen Erfolg, von dem die USA heute noch zehren.

Auf dem Mond war die Menschheit nun schon und das Formulieren ähnlicher Visionen treibt in vielen Unternehmen seltsame Blüten. Das Besondere an Kennedys Vision war, dass sie nicht nur seinen eigenen persönlichen Wunsch umfasste, sondern zur Sache des amerikanischen Volkes wurde. Das Ziel stand absolut im Vordergrund und wurde auch nach der Ermordung des Präsidenten während des Projekts mit aller Kraft weitergeführt. Es ist schwierig für ein Unternehmen und seine Mitarbeiter, eine Vision zu formulieren, hinter der alle stehen, weil sie sich mit der Sache identifizieren können und sich für ihre Verwirklichung verantwortlich fühlen. In vielen Fällen sind die Unternehmensvisionen Hirngeburten der Unternehmensleitung oder der Werbeabteilung, wenig authentisch und so künstlich aufgesetzt, dass sie beinahe lächerlich klingen.

Ich war bestimmt zehn Jahre lang auf der Suche nach der Vision für mein Leben, meine Arbeit, meine Firma, die Firmen meiner Kunden. Mittlerweile bin ich zu dem Schluss gekommen, dass ich diese Suche einstelle, denn Visionen haben eine enorme Schwere, etwas extrem Bedeutsames für die Ewigkeit. Sie sind sehr hoch aufgehängt und für die meisten von uns zu praxisfern, um sich uneingeschränkt für sie einsetzen zu können. Der kleine Bruder der Vision ist das Ziel, das sich weniger theatralisch formulieren lässt. Wer ein Ziel hat, kann den Weg dorthin und die Gruppe der Mitspieler festlegen, auch wenn sich beides unterwegs immer wieder verändern wird. Wenn das Ziel klar erkennbar ist, haben die Menschen um Sie herum die Möglichkeit zu entscheiden, ob sie dorthin mitgehen werden und mit wie viel Engagement und in welcher Phase des Prozesses sie sich beteiligen wollen. In den Unternehmen sind die Spinner mit den verqueren Ideen und Zielen nicht unbedingt die Manager mit Starcharakter, deren Namen regelmäßig in den Zeitungen auftauchen. Eher fallen oftmals die ruhigeren, bescheidenen und unprätentiösen darunter, die aber zugleich enorm mutig und konsequent sind, widersprüchliche Spinnereigenschaften miteinander verbinden und ihre Sache unbeirrt verfolgen.

Vergessen Sie also die große Vision, aber formulieren Sie ein klares Ziel, bei dem die Sache im Vordergrund steht. Halten Sie daran fest und geben Sie niemals auf, auch wenn Sie einmal auf Hindernisse oder an Grenzen stoßen. Denken Sie an andere, die über Jahre hinweg ihr Ziel fest im Auge behielten und vorankamen. So dauerte allein der Bau der Sixtinischen Kapelle im Vatikan acht Jahre, anschließend malte Michelangelo vier Jahre an den Deckenfresken. Vom Entwurf bis zur Fertigstellung der Freiheitsstatue vergingen 14 Jahre, auch die Arbeiten am Mount Rushmore mit den vier steinernen Präsidentenköpfen brauchten so lang. Etwas weniger, nämlich jeweils zehn Jahre, dauerte der Bau des Suez- und des Panamakanals.

Machen Sie Spinnen zu Ihrer persönlichen »Ideeologie«, zur Wissenschaftslehre Ihrer Ideen und Innovationen. Und weil ja jede Art von -logie einen Lehrstuhl braucht, sollte sich eine der innovativen Universitäten in Deutschland schnellstmöglich daran machen, einen solchen zu gründen. Spinnen könnte dann zum Pflichtfach in allen Schulen und zur offiziellen Jobbezeichnung werden.

Mut zu Fehlern

Robert I. Sutton schlägt unter der Rubrik »Ungewöhnliche Ideen für das Management von Kreativität« vor, nicht nur Erfolge, sondern auch Misserfolge zu belohnen. Er zitiert die Meinung von Steve Ross, dem ehemaligen Vorsitzenden von Time Warner, dass Mitarbeiter, die keine Fehler machen, gefeuert werden sollten und fährt fort: »Nur wenige Unternehmen tolerieren Fehler, noch weniger belohnen sie. In einer Organisation, die kreativ sein will, ist Untätigkeit der schlimmste Fehler – und der einzige, der bestraft werden sollte.«[34]

Wo gehobelt wird, fallen Späne, und wo Ideen entwickelt werden, Aktivität herrscht und Neues geschaffen wird, entstehen Fehler. Das ist nicht nur normal, sondern sogar notwendig, um immer wieder neue Möglichkeiten und Lösungen auszuprobieren. Thomas Alva Edison unternahm angeblich 5.000 Versuche, also Fehlversuche, bis endlich eine Glühlampe brannte und hielt. Seinen Kritikern sagte er, dass er der Einzige sei, der genau wisse, wie es nicht geht und deswegen der Wahrheit am nächsten sei. Ein Leistungssportler zum Beispiel übt mehrere Stunden am Tag die gleiche Bewegung, schlägt den Ball aber dann doch ins Netz oder macht drei Fehlstarts hintereinander und übt weiter.

Der Begriff »lebenslanges Lernen« ist Ihnen sicherlich schon begegnet. Das Einzige, auf das wir uns in unserem Leben verlassen können, ist, dass sich alles permanent verändert und wir ständig alte Denkmuster hinter uns lassen und Neues lernen müssen oder besser dürfen. Wer meint, bereits mit 36 oder 45 oder

---

[34] »Der Kreativität den Boden bereiten« von Robert I. Sutton, in: Harvard Businessmanager 2/2002, Seite 9-17

58 alles zu wissen, alles gesehen zu haben und dass es nichts mehr gibt, was ihn überraschen könnte, der kürzt sein Leben unnötig ab. Wer diese Einstellung vertritt, hat eine innere Kündigung für sein eigenes Leben ausgesprochen, hat sich geistig und emotional verabschiedet, nur der Körper lebt weiter. Das ist sicher nicht sinnvoll. Denken Sie an Kinder, die ihre Bauklötze unermüdlich immer wieder in neuen Varianten aufeinander türmen, egal wie oft das Ganze zusammenstürzt. Sie machen so lange weiter, bis der Turm stehen bleibt, und dann werfen sie ihn meistens selbst um und bauen etwas anderes. Nehmen Sie sich vor, einen Tag nur als erfolgreich zu betrachten, wenn Sie an diesem mindestens zehn Fehler gemacht haben. Falls Sie es Herrn Edison gleichtun wollen und seine 5.000 Fehlversuche noch überbieten möchten, dann müssen Sie allerdings bedeutend mehr Fehler pro Tag produzieren. Denken Sie daran, nur wer Fehler macht, ist aktiv. Streichen Sie das Wort Perfektion aus Ihrem Wortschatz, wenn es darum geht, Neues zu entwickeln. Für Herzchirurgen und Uhrmacher ist sie unerlässlich, aber nicht für Spinner. Bei komplexen Spinn-Prozessen könnte Perfektion sogar stören, weil zu viel Zeit und Energie für die letzten zehn Prozent, die zwischen einem perfekten und einem normalen Produkt liegen, aufgewendet wird. Nutzen Sie diese Zeit lieber, um Neues auszuprobieren, noch einmal von vorn anzufangen und wichtige Fehler zu machen.

Mut zum Tun

Sie als Spinner sind das Epizentrum des Bebens, von Ihnen geht die ganze Kraft und die Bewegung aus. Vergessen Sie das nicht, wenn Ihre Energiewelle einmal frontal gegen eine Wand prallt, eventuell gegen Ihren Vorgesetzten oder Ihren Kollegen, der die üblichen Spinner-Killersätze verwendet. »Ne, Schmid, so geht das nicht. Das haben wir noch nie so gemacht. Halten Sie sich an die Regeln!« Dieser Aufprall tut weh, da kann man sich leicht einen Nasenbeinbruch oder ein blaues Auge holen. Fangen Sie dann aber bloß nicht an zu weinen, seien Sie nicht wehleidig. Jammern Sie nicht, sondern wagen Sie lieber einen neuen Anlauf! Vielleicht sollten Sie Ihre Vorgehensweise überdenken und von Zeit zu Zeit variieren. Sie müssen sicher nicht immer von neuem frontal gegen die gleiche Wand rennen, vielleicht gibt es ja auch einen kleinen Trampelpfad, der unscheinbar an der Wand entlang und um sie herumführt. Oder Sie benutzen ein Trampolin und springen über die Barriere. Sie könnten auch laut rufen, damit irgendjemand auf der anderen Seite der Wand Sie hören kann. Oder singen Sie, das hat im Lauf der Weltgeschichte ganz oft funktioniert. Wenn Sie in der Lage sind, einen Papierflieger zu basteln, dann schreiben Sie vorher Ihre Idee darauf und werfen ihn über die Mauer. Dann wäre da noch die Möglichkeit, ein Loch in die Mauer zu bohren und eine Sprengladung anzulegen. Sie sehen also, dass nicht die Wand das Problem darstellt, sondern Sie, wenn Sie keine Ideen entwickeln, um die Barriere zu beseitigen. Denken Sie nicht in Problemen, sondern in Lösungen, sonst kriegen Sie das Hindernis nie aus dem Weg.

Wenn Sie zum Beispiel eine neue Verfahrenstechnik entwickelt haben, die die Chemie revolutionieren wird, dann sind Sie im Spinn-Prozess schon sehr weit, aber das ist nur der erste Schritt. Die Spitze des Eisbergs und die eigentliche Arbeit liegen noch vor Ihnen. Jetzt müssen Sie Ihre Idee kundtun und so lange für sie kämpfen, bis sie Wirklichkeit wird. Ideen zu haben ist verhältnismäßig einfach, aber sie zum Leben zu erwecken und umzusetzen erfordert echte Spinnerqualitäten. Und die Verantwortung für den Erfolg Ihrer Idee liegt bei Ihnen, denn, falls Sie es schon vergessen haben sollten, Sie sind das Zentrum des Bebens, also beben Sie.

Wenn Ihr Bauch rebelliert oder Sie zwischendrin kalte Füße bekommen, machen Sie eine Worst-Case-Rechnung. Was passiert im schlimmsten Fall, wenn ich mir für das nächste Strategiegespräch mit den Vorständen unserer Chemiefirma eine rote Pappnase aufsetze, mit großen bunten Stiften meine chemischen Formeln und die Herleitung meiner Idee an die Wand male, meine Kollegen nach ihren Super-Heros frage und allen Wild Cards mit lustigen Jobbezeichnungen um den Hals hänge?

Das Horrorszenario könnte so aussehen: Das Gesicht des Vorstandsvorsitzenden nimmt die Farbe Ihrer roten Pappnase an, er steht auf, schreit Sie an, dass Sie mal zum Arzt gehen sollten und sich sofort in seinem Büro einzufinden haben. Sobald Sie vor seinem Schreibtisch stehen, schreit er wieder und entlässt Sie anschließend fristlos. Ihre Kollegen lachen schallend über Sie und verwenden Wörter wie »Schwachsinniger«, »Idiot«, »Gefahr für die Menschheit«. Sie müssen von Ihrem kleinen Forschergehalt den Konferenzraum streichen und haben sich bis auf die Knochen blamiert. Zu Hause werden Sie von Ihrer Frau mit einer Ohrfeige und einem »Ich fahre mit den Kindern zu meiner Freundin und komme erst wieder, wenn du normal bist« belohnt. Und dann ist auch noch das Bier aus und das Auto springt nicht an und, und, und. Wenn Sie damit nicht leben können, dann sparen Sie sich die Investition in die rote Pappnase und Ihren Auftritt.

Vielleicht ist dieses Horrorszenario für Sie aber gar nicht so schlimm, weil sie eigentlich niemals in Ihrem Leben in einem Unternehmen arbeiten wollten, das von der Forschungsabteilung nur Verbesserungen des Vorhandenen, aber keine wirklich neuen Ideen erwartet und in dem Leute wegen einer roten Pappnase ausrasten. Stellt sich das Szenario dann als doch nicht so schlimm heraus, wie Sie vielleicht zunächst dachten: Tun Sie's, seien Sie mutig.

Und wenn Sie Unterstützung brauchen, aktivieren Sie Ihren Superhelden, rufen Sie Winnetou, Superman oder Harry Potter auf den Plan und lassen Sie sich helfen. Denen fällt bestimmt etwas ein. Übrigens wird Ihr Mut noch einen entscheidenden Vorteil mit sich bringen: Ist der Ruf erst ruiniert, spinnt sich's völlig ungeniert.

Ihr Spinn-Programm für den nächsten Monat

Fangen Sie gleich heute an zu spinnen und vollbringen Sie jeden Tag eine gute Spinn-Tat. Überstürzen Sie nichts, aber bleiben Sie am Ball. Es ist wie im Sport. Wenn Sie seit Jahren keine sportlichen Aktivitäten betrieben haben, sich dann spontan in einem Fitnessclub anmelden oder sich von Freunden zum Joggen überreden lassen, dann sollten Sie nicht gleich am ersten Tag drei Stunden trainieren oder 20 Kilometer laufen. Ansonsten werden Sie einen Muskelkater haben, der Sie gleich zu Beginn um Wochen zurückwirft. Lassen Sie das Ganze ruhig angehen, wählen Sie kleine Trainingseinheiten, vermeiden Sie Muskelkater und steigern Sie langsam Ihre Leistungen.

Der nachfolgende Spinn-Plan erstreckt sich über einen Monat, wobei die einzelnen Tätigkeiten und Übungen auch anders kombiniert werden können. Nur die Startaktion, die Formulierung Ihrer Ziele, muss ganz am Anfang erfolgen, damit alle Folgeaktivitäten entsprechend ausgerichtet sind. Im Buch finden Sie noch viele andere Tipps und Anregungen, mit denen Sie spielend auch die Folgemonate füllen, die Sie untereinander kombinieren und individuell weiterentwickeln können. Ihrer Fantasie sind dabei keine Grenzen gesetzt.

Spinn-Plan für einen Monat

Spinn-Plan

Einen Monat spinnen und
Neues schaffen

1
Machen Sie sich Gedanken über Ihr persönliches und berufliches Ziel und schreiben Sie es auf.

2
Legen Sie Ihr erstes Ideenbuch an, notieren Sie Ihre Ziele und kleben Sie ein inspirierendes Startmotiv auf die erste Seite.

3
Erkunden Sie Ihre Umgebung, richten Sie sich Ihre persönliche Kreativecke ein. Oder kaufen Sie sich einen Klappstuhl.

4
Halten Sie Ausschau nach Verbündeten und laden Sie eine Testgruppe in Ihre Kreativecke ein.

5
Führen Sie Ihr erstes gemeinsames Brainstorming zu einem aktuellen Thema durch und schreiben Sie alle Ideen auf.

6
Benutzen Sie andere Verkehrsmittel und suchen Sie neue Wege zu Ihrer Arbeitsstelle.

7
Sprechen Sie jeden Tag eine unbekannte Person zu einem aktuellen Thema an und sammeln Sie Meinungen.

8
Essen Sie nur Dinge, die rot sind. Laden Sie Freunde zum Spieleabend ein.

9
Nutzen Sie Ihr Ideenbuch? Lassen Sie sich inspirieren bei einer Bergwanderung oder gehen Sie zum Japaner essen.

10
Suchen Sie sich Ihren Superhelden aus, visualisieren Sie ihn, finden Sie ein Bild und kleben es in Ihr Buch.

11
Müssen Sie morgens immer noch Kühe melken oder finden Sie Zeit, eine halbe Stunde zu lesen?

12
Erledigen Sie ab jetzt jeden Morgen die wichtigsten drei Sachen zuerst.

13
Machen Sie mittags immer einen kurzen Spaziergang und bringen Sie Ihren Kollegen ein Fundstück mit.

14
Tun Sie heute nur Dinge, die mit S anfangen, wenn nötig taufen Sie Tätigkeiten um.

COMPANY
große freiheit

15
Vergessen Sie Ihren Superhelden nicht und aktivieren Sie ihn in schwierigen Situationen.

16
Kaufen Sie sich eine Zeitschrift, die Sie noch nie gekauft haben, und lassen Sie sich inspirieren.

17
Planen Sie einen Kurztrip mit Familie oder Freunden an einen unbekannten Ort.

18
Lesen Sie Ihr Lieblingsbuch mal wieder.

PROFESSION
Chief Thinker

EMAIL
apelzer@freihei

19
Versuchen Sie die ganze Woche auf das Wort »aber« zu verzichten. Ersetzen Sie es durch ein »und«.

20
Machen Sie sich mit Mitarbeitern anderer Abteilungen bekannt (Kantine, Produktion, Marketing, Verkauf).

21
Bieten Sie sich an, das nächste Gruppenmeeting vorzubereiten und lassen Sie sich etwas Besonderes einfallen.

22
Gestalten Sie Ihren Arbeitsplatz um. Was macht Ihre Kreativecke?

23
Geben Sie sich eine neue Jobbezeichnung und regen Sie Ihre Kollegen auch dazu an.

24
Benutzen Sie das Spinni als Einstieg in ein Brainstorming im kleinen Kreis.

25
Legen Sie das neue Thema der Woche fest und sammeln Sie Kommentare Ihrer Kollegen.

26
Kopieren Sie ab jetzt interessante Artikel für Chef und Kollegen und legen Sie die Kopien morgens auf deren Schreibtisch.

27
Tauschen Sie heute Ihren Arbeitsplatz mit einem Zulieferer oder einem Hersteller.

28
Misten Sie alle Ordner aus. Gehen Sie die Themen und Ideen innerhalb einer Woche an oder werfen Sie alles weg.

29
Machen Sie einen Besuch auf einem Spielplatz und beobachten Sie Kinder.

30
Schreiben Sie Ihre Eindrücke und Erfolge dieses Monats auf und planen Sie den nächsten Monat.

Wenn Sie wollen, können Sie sich jede Woche eine kleine Aufgabe stellen. Bestimmen Sie zum Beispiel vorab:

◆ das Thema der Woche
◆ die Farbe der Woche
◆ das Unwort der Woche
◆ die Zielperson der Woche

Sprechen Sie über das Thema der Woche, zum Beispiel »neue Sitzordnung im Büro«, mit möglichst vielen Leuten und holen Sie unterschiedliche Meinungen ein, die Sie alle aufschreiben und parat haben, wenn Sie den Plan in die Tat umsetzen wollen. Konzentrieren Sie sich in dieser Woche auf die Farbe Blau und nehmen Sie bewusst alles Blaue um sich herum wahr. Essen Sie nur blaue Speisen und Lebensmittel, kleiden Sie sich in Blau, versuchen Sie die Wirkung der Farbe zu beschreiben und tragen Sie die unterschiedlichen Schattierungen und Töne in Ihrem Ideenbuch zu einer Kollage zusammen. Verbannen Sie pro Woche ein Wort aus Ihrem Wortschatz, zum Beispiel »aber«, indem Sie es durch ein anderes ersetzen, vielleicht durch ein verbindendes »und«. Oder vermeiden Sie das Wort »warum«. Stellen Sie Ihre Fragen anders und überprüfen Sie die Reaktionen. Sie können auch eine Zielperson der Woche fixieren, mit der Sie sich schon immer einmal unterhalten wollten – bisher haben sie sich nicht getraut, sie anzusprechen, oder es gab einfach keine Gelegenheit. Nehmen Sie Kontakt zu der Person auf, halten Sie Smalltalk oder laden Sie sie in Ihre Kreativecke ein.

Ich bin mir sicher, dass Sie schon nach wenigen bewussten Spinn-Aktionen merken werden, wo sich ungenutzte Potenziale verbergen, welche Menschen in Ihrem Umfeld wohltuend und inspirierend sind. Sie werden schnell spüren, dass Ihre tägliche Arbeit eine andere Wertigkeit erhält und sich um Sie herum viele Menschen und Dinge bewegen, die interessant sein können, wenn Sie sie wahrnehmen und miteinbeziehen. Nachdem ich neugierig bin und Spinnen vom Austausch lebt, würde ich mich sehr darüber freuen, wenn Sie mir Ihre neuen Erfahrungen mitteilen, am besten per E-Mail an amg@freiheit.de

Ich hoffe sehr, dass ich mit diesem Buch meine Ziele erreicht habe, Sie positiv zu verwirren und zu inspirieren. Dass ich Ihnen Mut machen konnte, das, was in Ihnen steckt, zuzulassen und zu fördern, Ihre Ideen auszusprechen und in die Tat umzusetzen.

Willkommen im Club der Spinner, in der Gemeinschaft derer, die etwas bewegen und dafür sorgen, dass das Neue aktiv gefördert und gepflegt wird. Wer spinnt, gewinnt und hat mehr vom Leben.

Nur Mut und viel Spaß dabei!

Danksagung

Ganz herzlichen Dank an alle, die mich beim Schreiben dieses Buches unterstützt haben. Allen voran Stefan, der mich ernst nimmt, über mich lacht und mein Fels in der Brandung ist. An meine Eltern, die mir alle Türen geöffnet haben, speziell meine Mutter, die selbst wunderbar spinnt. Molto Grazie an Monika Scheddin, die mich sanft dazu gezwungen hat, öffentlich zu sprechen und alles aufzuschreiben. Vielen Dank an Heidi Langer für ihr unermüdliches Engagement, die grafische Gestaltung des Buches, die Zeichnungen und Fotos, danke an Sylvia Rädlein und Jürgen Schopper für die Illustrationen und an Lena Stutterheim fürs Modell stehen und das tagelange Recherchieren. Vielen Dank an Dr. Tom Sommerlatte von Arthur D. Little für seine Hilfe und die Kontakte, an meine Interviewpartner Dr. Hans-Henry Wendt von Beiersdorf, Prof. Björn Wallmark von Schering und Helge Henschel von Sartorius für die überaus interessanten Gespräche und den wertvollen Input. Danke an alle, die ich vergessen habe und an Sie, die Sie dieses Buch in Händen halten.

Anhang

Spinnen im Internet

Hier finden Sie ein paar unzusammenhängende, unsortierte und absolut persönlich herausgezogene Fäden zum weltweiten Weiterspinnen:

www.freiheit.de

Unsere eigene Seite mit Spinnhilfen, Innovationsbeschleunigern, interessanten Texten und Feedbackmöglichkeit unter amg@freiheit.de

www.land-der-ideen.de

Herzlich willkommen in Deutschland, im Land der Ideen!
Die Initiative »Deutschland – Land der Ideen« betont die Stärken des Standortes Deutschland und spiegelt wesentliche Eigenschaften der Deutschen wider: Einfallsreichtum, schöpferische Leidenschaft und visionäres Denken. Hier gibt es viele interessante Beispiele, die die Zukunftsfähigkeit, Leistungs- und Innovationskraft unseres Landes belegen.

www.innovationen-fuer-deutschland.de

Hier finden Sie u. a. ein pdf zum Download mit dem Titel »Deutsche Stars. 50 Innovationen, die jeder kennen sollte.«

www.changeX.de

changeX ist das führende Online-Medium für Entscheider und Multiplikatoren, die den Wandel in Wirtschaft und Gesellschaft konstruktiv begleiten und mitgestalten wollen. changeX versucht hierfür aktuelle Hintergründe und Zusammenhänge zur Verfügung zu stellen.

www.kreativ-sein.de

Die Seite der deutschen Gesellschaft für Kreativität, die jedes Jahr den CREO, den Preis für herausragende Kreativleistung, verleiht.

www.brainstore.ch

Die Erfinder der Ideenfabrik entwickeln seit 1996 sehr erfolgreich kleine und große Ideen, denken in Badewannen, bieten Franchise- und Investitionsmöglichkeiten an.

www.sagmal.de/brainstore.htm

(Auszug aus einem Interview mit Markus Mettler von Brainstore)
Biografie: »Mit null Jahren geboren 1966. Mit fünf Jahren Steine verkauft an den Boss einer Konservenfabrik. Mit neun Jahren Spacefood aus den USA importiert (genügend Gewinn, um mich satt zu essen). Mit zwölf Jahren Gemüse und Bier aus Griechenland importiert (erste Werbetexte, viel Spaß, keine Kunden). Mit 19 Matur in Trogen (Appenzell). Mit 19,5 am Broadway in N.Y in einem kleinen Büro Café geholt und Post verteilt. Mit 20 an der Uni in Genf Betriebswirtschaft angefangen. Mit 21 an der Uni in Genf Betriebswirtschaft erfolgreich abgebrochen und mit

Kollegen die Dactis gegründet. Mit 30 bei der Entwicklung des ersten Brainstores mitgemacht. Und zur Zeit immer noch bei BrainStore.com. Weil es so interessant ist.«

sagmal.de: Welche Ausbildung braucht man, um bei Brainstore Ideen zu verkaufen?

Markus Mettler: Den Beruf des Ideenfabrikanten gibt es ja noch nicht. Daher setzt sich unser Team aus ganz unterschiedlichen Disziplinen zusammen. Wichtig ist die Freude an Methodik, unermüdliche Schaffenskraft, logisches Denken und vor allem, dass alle »Brains« völlige Individuen sind. Wir haben Betriebswirtschafter, Hoteliers, Konditorinnen, Theaterpädagogen, Psychologen, Marktforscherinnen, Journalisten, Spinner, Querdenker und Grafiker im Team und noch viele mehr. Die 35 Personen, die bei uns arbeiten, werden ergänzt durch ein internationales Netzwerk von über 2.500 Menschen, vom Jugendlichen über die Studentin bis zur Industriedesignerin und dem Schokoladespezialisten, je nach Fragestellung.

www.arminwitt.de/erfinder.htm

Armin Witt ist der Gründer der Gesellschaft für außergewöhnliche Ideen und engagiert sich für unterdrückte Entdeckungen und Erfindungen. Hier sind einige Erfinder porträtiert.

www.medical-tribune.de/GMS/nachrichten/Raupenkollagen

Neueste Spinnerei: Kollagen von Seidenraupe
HIROSHIMA - Manchmal muss man nur ein wenig praktisch denken. Braucht man ohne Ende Seide? Nicht wirklich. Was macht man aber dann mit unterbeschäftigten Seidenraupen? Kollagen herstellen lassen? Vielleicht schon eher - und zwar nicht nur als Implantat oder zur Herstellung von künstlicher Haut, sondern auch als Wundauflage. Japanische Forscher machten sich an die Arbeit und haben mittels genetischer Manipulationen Seidenraupen dazu gebracht, statt Seidenfädchen humanes Kollagen zu spinnen. Die veränderten Seidenraupen haben aus dem leicht modifizierten Faden in drei Tagen einen Kokon gesponnen, aus dem sich das humane Kollagen recht unaufwändig extrahieren lässt. Und weil das so gut geklappt hat, spinnen die Forscher munter weiter an innovativen Produktionsplänen: Die Raupen könnten beispielsweise die Basis für Gerinnungsfaktoren oder Insulin spinnen. Kein Raup-bau.

www.gebr-grimm.de/faden.htm

Dies ist der Web-Spielplatz der Gebrüder Grimm aus Köln mit Büchern, CDs, Spielen und der Möglichkeit, Fäden weiterzuspinnen.

www.spinne-magazin.de

die spinne ist ein monatliches Online-Magazin, das über Mittel- und Osteuropa berichten, informieren und unterhalten, Horizonte erweitern und Unbekanntes sichtbar machen möchte. Wer redaktionelle Beiträge zur Verfügung stellen will, kann gerne mitwirken. Das Ganze ist ein Projekt des Theodor-Heuss-Kollegs und wird von der Robert Bosch Stiftung unterstützt.

www.dicke-spinne.de

Eine witzige Site über die kleinen Tierchen samt ärztlicher Beratung. Das Dr.-Spinner-Team kann bestimmt auch Ihnen helfen. Machen Sie doch einmal den Psychotest »Hab ich Angst vor Spinnen?«.

www.study-in-germany.de/german/2.653.1617.html

Kluge Köpfe - internationale Nachwuchsforscher in Deutschland. Eine umfangreiche Seite für angehende Forscher mit Informationen zu Studien, Stipendien, Wettbewerben, Erfinderclubs, Institutionen, Events und vielem mehr.

www.spinne.ch

Willkommen im Hotel Spinne in Grindelwald in der Schweiz. Der Name stammt nicht vom Tier, sondern von der berüchtigten »weißen Spinne« in der Eigernordwand. Und genau da liegt die Spinne, am Fuß des Eigers, im Herzen des berühmten Gletscherdorfs.

www.sailhawaii.com/Images/dolphins1/goodspin.mpg

Haben Sie schon einmal einen Spinner-Delfin gesehen? Das sind Delfine, die sich meistens an der Küste von Hawaii aufhalten und sich beim Sprung um ihre eigene Achse drehen. Die Homepage bietet ein kleines Quicktime-Movie.

Vereine und Clubs

Probieren Sie doch mal den ein oder anderen Verein aus. Hier finden Sie mit Sicherheit neue Menschen und jede Menge Inspiration.

- Gemütlich lustiger Freizeitverein Hünenberg, www.glfh.ch
- Shisha-Liebhaber-Club (Shisha = Wasserpfeife), www.scbeo.ch
- Wikingerclub Gützkow e. V. http://vereine.freepage.de/ronaldkayser/
- Grillverein Sasel n. e. V., www.grillverein-sasel.de
- Klub langer Menschen Deutschland e. V., www.klm-mainz.de
- Private Homepage zur Unterstützung des Vereins Deutscher Meerschweinchenzüchter e. V., www.meerschweinchen.de
- Bonner Bonbons e. V. - Männerballett (dicke Bäuche, kurze Röcke), www.bonner-bonbons.de
- Gesprächskreis für Mythologie und Naturreligion, www.goetterkraft.de
- Verein Deutscher Rosenfreunde, www.rosenfreunde.de
- Verein der Sprachkritiker, www.mauthner-gesellschaft.de
- Verein Korkenzieherfreunde, www.corkscrewnet.com/germangerman.htm
- Verein Innenhofkultur, www.innenhofkultur.at
- Verein der Rattenliebhaber und -halter in Deutschland e. V., www.vdrd.de
- Verein zur Erhaltung der Nutzpflanzenvielfalt e. V., www.nutzpflanzenvielfalt.de
- Verein Pro-Christkind, www.pro-christkind.org
- Verein für Pilzkunde München e. V., www.mushrooms-pilze.de
- Stuttgart Solar e. V., www.stuttgart-solar.de

Die folgenden und noch mehr Vereine fand ich auf der Seite von Derk Marko Reckel www.reckel.de/derk/inh/vereine.htm

- DCG Deutsche Cichliden-Gesellschaft e. V. (größter Aquarienverein der Welt), www.dcg-on-line.de

- IGF Interessengemeinschaft Froschlurche, www.gerdvoss.de/I_G_F/I_G_F/i_g_f.html
- SAE South American Explorers (Für Reisende in Mittel- und Südamerika), www.samexplo.org/
- Sportsfreunde der Sperrtechnik – Deutschland e. V. (für alle, die sich ausgesperrt haben und eine sportliche Lösung suchen), www.ssdev.org/

Berühmte Spinner

Das waren die Antworten auf die fünfte Frage meiner Internetumfrage »Welcher berühmte Mensch ist für Sie ein Spinner und warum?«, die Sie gerne unter www.spinnenistpflicht.de mit Ihren Nennungen ergänzen können.

SALVADOR DALÍ, JEAN TINGUELY, NIKI DE SAINT PHALLE, PETER GREENAWAY, weil sie Neues gemacht haben, beeindruckt haben, überraschend waren, vielleicht Vorbilder.

JULES VERNE, der weit vor der Zeit von U-Booten und Atomkraft sehr erfolgreich über die Möglichkeit solcher Technologien schrieb.

OTTO, weil er ein supernetter Spinner ist.

SIR PETER USTINOV, weil dieser begnadete Mensch immer noch in jedem Interview oder bei öffentlichen Auftritten Tiergeräusche nachmacht, wenn er dazu aufgefordert wird.

MADONNA, weil sie immer einen Schritt weiter ist, als man von ihr erwartet hat.

ROBBIE WILLIAMS, weil er viele verrückte Ideen hat, sehr spontan macht, was er will und es funktioniert!

FREDDY MERCURY

JESUS, LEONARDO DA VINCI, GALILEO GALILEI, WERNHER FREIHERR VON BRAUN, die in ihrer Zeit als Spinner angesehen wurden.

MEIN PAPA, weil er sich nie wirklich etwas aus Regeln gemacht hat, ein glückliches und intensives Leben führt mit viel Humor anderen und sich selbst gegenüber.

PABLO PICASSO, der aus Blechautos und sonstigem Unrat eine Ziege zusammenschweißt, die alle Merkmale einer Ziege aufweist, obwohl das einzelne Element nichts mit einer Ziege zu tun hat. Weil er sich, obwohl er phantastisch malen konnte, getraut hat, der Figur eine neue Dimension zu geben: seine eigene.

KLAUS KINSKI, weil keiner je wusste, ob er spinnt oder spielt.

TIMOTHY LEARY, weil er zu oft im Tank war.

CHRISTOPH SCHLINGENSIEF, weil es sein Image ist und weil er eine eigene Partei gegründet hat.

RUDOLF SCHARPING, weil er es bis heute nicht kapiert hat.

SALVADOR DALÍ, weil er in seinen Bildern das Wesen der Dinge aufhebt.

JOSEPH BEUYS, weil er sich über viele Konventionen hinweggesetzt, damit schockiert und zum Nachdenken angeregt hat. Weil er die vermeintlichen Grenzen der Kunst gesprengt hat.

MARILYN MANSON, weil er einfach anders als die Norm ist und damit etwas Bestimmtes bei der Gesellschaft erreichen will und auch erreicht.

STEFAN RAAB, MICHAEL MITTERMEIER, HELLA VON SINNEN, weil sie positive Energie haben, quer treiben und andere mitreißen.

Ein ehemaliger IT-Manager, über den ich gelesen habe, der seinen Job verloren und sich jetzt selbständig gemacht hat. Und zwar mit dem Aufstellen von »Babamaten«, Automaten, aus denen Kinder Flummis rauslassen können. Ich finde es einfach Klasse, wie ein IT-ler die durchgeknallte Idee entwickelt, sich mit dem Verkauf von Gummibällen selbständig zu machen.

Nina Hagen, weil sie übertreibt, manchmal sehr abstrakt ist, sehr engagiert und vielseitig. Bei ihr habe ich den Eindruck, dass sie ihre Fäden in alle möglichen Richtungen auswirft und doch in ihrer »eigenen Mitte« steht.

Bill Gates war mal ein Spinner wegen seiner damals verrückten Ideen.

Helge Schneider, weil ihm intelligente Tabuzonen heilig sind, aber er dem Nonsens verpflichtet ist.

Daniel Kübelböck, weil er tatsächlich spinnt und sich nicht beeindrucken lässt.

Stefan Raab, weil er so ein Mensch ist.

Leonardo da Vinci, weil er sich über die Ansichten seiner Epoche hinweggesetzt hat und mit seinen Konstruktionen und Ideen die Wissenschaft vorangetrieben hat.

Roberto Benigni, weil er einer der wohl gelaunten Kreativen ist.

Gildo Horn, weil er sich über Konventionen hinwegsetzt und dadurch polarisiert, jedoch dabei niemandem etwas tut.

Mr. Bean, weil er einen, ohne zu sprechen, zum Lachen bringt.

Veronika Feldbusch, weil sie jeden Blödsinn mitmacht und dabei supergut verdient.

Albert Einstein, weil er immer wieder vollkommen neue Wege gegangen ist und dabei die ganze Weltordnung revolutioniert hat. Weil er nur mit Spinnen innovative Theorien entwickeln konnte und weil er so aussieht.

The fire captain who wrote the play »The Guys« about the firefighters, who were lost in the WTC disaster. People told him he couldn't write it because it was too personal, too soon, too raw, too …

Sean Penn, because of his film »September 11« directed by 11 different directors. It's controversial.

Mayor Rudolph Giuliani, because he's a passionate leader with a heart.

Nelson Mandela, because of his passion, his virtues, his sacrifices, his convictions.

Albert Schweitzer, weil er die Norm »Waisen kommen ins Waisenhaus« durch die Idee »Da muss es doch eine Alternative geben, ein Kinderdorf« durchbrochen hat, obwohl das neu, anders, nicht finanzierbar und ein viel zu großer Aufwand war.

Lassie, denn ein Hund, der von sich glaubt, einer zu sein, muss spinnen.

Karl Marx, weil er an das Paradies in Form des Kommunismus glaubte und dabei den Mensch und dessen Charakter außer Acht gelassen hat. Vielleicht war er auch ein spinnender Träumer, weil das Paradies an sich ja nicht schlecht ist.

Michael Jackson, weil er ein großer Künstler ist, seine Erziehung und Entwicklung leider sehr problematisch war und sein Verhalten für »Normalos« unverständlich ist. Würde er nicht spinnen, wäre er nicht so erfolgreich.

André Heller, weil er Ideen hat, die sonst keiner hat.

Jim Carrey, weil er verrückte Rollen spielt.

Eminem, weil er eben ein Spinner ist.

THEODOR FONTANE, weil er einen bereichernden Gedanken an den anderen reihen kann, in einer ganz leichten, jungen Sprache.

FRIEDRICH HÖLDERLIN für den »Hyperion« und seine Gedichte, eigentlich für sein ganzes Schaffen.

SPORTLER, wenn sie es schaffen, den Punkt Konzentration und Entspannung perfekt abzurufen, weil sie die Ausdauer haben, ihr Ziel nicht aus den Augen verlieren und die Balance zwischen Spannung und Entspannung halten. Sich unter der Erwartung von Millionen konzentrieren zu können und seine beste Leistung abzurufen, das kann glaub ich nur ein Spinner, zum Beispiel Oliver Kahn, die Turmspringerin, deren Namen ich vergessen habe, die Gold gewonnen hat, Timo Boll.

TOKUGAWA IEYASU, der japanische Shogun, der das Land einte und eine über 250 Jahre anhaltende Dynastie gründete.

REINHOLD MESSNER, weil er ein Grenzgänger ist.

CHRISTO, weil er den Reichstag einpackte.

HARALD SCHMIDT, weil er es einfach nicht lassen kann, sich aufzulehnen, alltäglich gewordene Dinge ad absurdum zu führen und so zweifelhafte Konventionen aufbricht und neue Wege weist.

FRIEDENSREICH HUNDERTWASSER, weil er abweichend von der üblichen Architektur schiefe, bunte Häuser baut.

Zusätzlich wurden noch genannt: Ozzy Osbourne, Frank Zappa, Dieter Bohlen, Christoph Kolumbus, Sigmund Freud, Rudolf Mooshammer, Oasis, Schneider von Ulm, Ikarus, William Gibson, Thomas Alva Edison, Vincent van Gogh, Funny van Dannen, Oskar Lafontaine, Charles Bukowski, Spider-Man, Hape Kerkeling, Götz George, Karl Lagerfeld, Murdock vom A-Team und Prinz Ernst August von Hannover.

Literatur

Adams, Douglas: Per Anhalter durch die Galaxis. Rogner & Bernhard 1981.

Baur, Eva Gesine: Was kommt, was bleibt. dtv 1999.

Beyers, Bert: Die Zukunftsmacher. Campus 1999.

Birkenbihl, Vera: Stroh im Kopf? mvg 1998.

Branson, Richard: Business ist wie Rock 'n' Roll. Campus 1999.

Csikszentmihalyi, Mihaly: Kreativität. Klett-Cotta 1997.

Ders.: Flow: Das Geheimnis des Glücks. Klett-Cotta 1998.

Das große Lexikon der Antike. Heyne 1962.

Davis, Stan/Meyer, Christopher: Das Prinzip Unschärfe. Managen in Echtzeit. Gabler 1998.

De Bono, Edward: Taktiken und Strategien erfolgreicher Menschen. mvg 1995.

Ders.: De Bono's neue Denkschule. mvg 2002.

DiTrocchio, Federico: Newtons Koffer. Rowohlt 2001.

Gardner, Howard: So genial wie Einstein. Klett-Cotta 1996.

Ders.: Kreative Intelligenz. Campus 1999.

Etymologisches Wörterbuch des Deutschen unter www.spinn.de/ethym.html.

Gerr, Elke: 4.000 Sprichwörter und Zitate. Humboldt 1997.

Gershon, Michael: Der kluge Bauch. Goldmann 2001.

Gibbons, Barry: Manager, Visionäre, Wahnsinnige. Ueberreuter 2003.

Gleich, Michael: Web of Life. Hoffmann und Campe 2002.

Goeudevert, Daniel: Mit Träumen beginnt die Realität. Rowohlt Verlag Berlin 1999.

Goleman, Daniel/Kaufmann, Paul/Ray, Michael: Kreativität entdecken. dtv 1997.

Horx, Matthias: Der Zukunftsletter (monatlich). VNR- Verlag.

Ders.: Die acht Sphären der Zukunft. Signum Verlag 1999.

Jensen, Rolf: The Dream Society. McGraw-Hill 1999.

Kelly, Kevin: NetEconomy. Econ 1999.

Klein, Naomi: No Logo! Riemann 2000.

Knischek, Stefan (Hrsg.): Lebensweisheiten berühmter Philosophen. Humboldt 1999.

Lundin, Stephen C./Paul, Harry/Christensen, John: Fish. Ueberreuter 2000.

Martens, Ekkehard: Der Faden der Ariadne oder Warum alle Philosophen spinnen. Reclam Leipzig 2000.

Matathia, Ira/Salzmann, Marian: Next. Wie sieht die Zukunft aus? Econ 1998.

Maywald, Fritz: Der Narr und das Management. Piper 2003.

Michalko, Michael: Erfolgsgeheimnis Kreativität. mvg 2001.

Mikunda, Christian: Der verbotene Ort oder Die inszenierte Verführung. Ueberreuter 2002.

Müller, Mokka: Das vierte Feld. Mentopolis Verlag 1998.

Neff, Thomas J./Citrin, James M.: Lessons from the Top. Doubleday Books 1999.

Nöllke, Matthias: Anekdoten, Geschichten, Metaphern für Führungskräfte. Haufe 2002.

Pierer, Heinrich v./Oetinger, Bolko v.: Wie kommt das Neue in die Welt? Carl Hanser Verlag 1997.

Pine, Joseph B./Gilmore, James H.: The Experience Economy. Harvard Business School Press 1999.

Popcorn, Faith: Der Popcorn Report. Wilhelm Heyne Verlag 1996.

Possehl, Gianna/Meyer-Grashorn, Anke: Trust Yourself! Wie Sie Ihre Intuition für Entscheidungen nutzen. Haufe 2008.

Roddick, Anita: Business as unusual. Thorsons 2000.

Schmitt, Bernd H.: Experiential Marketing. The Free Press 2000.

Schwanitz, Dietrich: Bildung. Eichborn 1999.

Senge, Peter: Die fünfte Disziplin. Klett-Cotta Verlag 1999.

Ders.: The dance of change. Signum Verlag 2000.

Simmons, Annette: Story Faktor. DVA 2002.

Simon, Walter: Lust aufs Neue. Gabal Verlag 1999.

Sprenger, Reinhard K.: Mythos Motivation. Campus 1999.

Sobel, Dava: Längengrad. btb 1998.

Tracy, Brian: Thinking big. Gabal Verlag 1998.

Warnecke, Hans-Jürgen/Bullinger, Hans-Jörg (Hrsg.): Kunststück Innovation. Springer 2002.

Wieners, Brad/Pescovitz, David: Reality Check. Midas 1997.

Wujec, Tom: Neues aus der Kreativitätsküche. mvg 2002.

Anke Meyer-Grashorn

Jahrgang 1967, aufgewachsen im Allgäu. Anke Meyer-Grashorn studierte Marketing, war in der Schweiz, in Frankreich und Italien im Tourismus tätig und arbeitete als Konzeptionerin für verschiedene Kommunikationsagenturen und Filmproduktionen. 1996 gründete sie die Firma große freiheit GmbH, die sich auf die Themen Innovationsentwicklung und systematische Ideenproduktion spezialisiert hat. Anke Meyer-Grashorn berät Unternehmen bei der Entwicklung neuer Ideen, Produkte und Services, hält Vorträge und leitet Seminare und Innovations-Workshops.